日本書紀研究会 編

日本書紀研究

第三十二冊

塙書房刊

序

本研究会は、一九五五年夏に『日本書紀』を輪読する会として産声を上げました。そして一九六〇年五月一三日に「日本書紀研究会」の名称で研究発表や輪読会などを行うようになり、現在に至っています。

発足当初からの会員でありました薗田香融先生（関西大学名誉教授）が、昨年八月四日、鬼籍に入られました。享年八七歳でした。薗田先生からは、長らく本研究会を主宰された横田健一先生・上田正昭先生ご逝去の後も、多くのご助言をいただきました。

薗田先生には、数え切れないほどの研究業績がありますが、特に古代財政史、古代仏教史、和歌山地域史にすぐれた足跡を残されました。

財政史の第一論文集『日本古代財政史の研究』（塙書房、一九八一年）は、出版後、四〇年近くたった今日でも、学界に大きな影響を与えています。所載論文の中でも「皇祖大兄御名入部について」は、ミヤケや部民等の制度史を扱う際には必ず参考にされる論文ですが、これは一九六八年に刊行された本研究会の『日本書紀研究』第三冊に掲載されたものであります。仏教史では『平安仏教の研究』（法藏館、一九八一年）・『日本古代仏教の伝来と受容』（塙書房、二〇一六年）などがあり、また和歌山の地域史や藤原氏について論じた『日本古代の貴族と地方豪族』（塙書房、一九九一年）なども上梓されています。長年にわたってご支援をいただいた薗田先生のご冥福を謹んでお祈りいたします。

この数年で、本研究会は、横田先生、上田先生、薗田先生と、研究会創設期から会を牽引されてきた先生方をお見送りすることになってしまいました。会員一同、諸先生方の学恩に報いるためにも、真摯に古代史研究に邁進しなければならないと決意を新たにしている次第であります。

本冊から、「研究の現状と課題」という項目を設けました。先学が発表されたあまたの研究を整理して、現時点での到達点を把握するとともに、問題点や今後に残された課題の指摘を行うという試みです。いうまでもなく、歴史学の研究とは、史料の中から問題点を見いだし、その点に関する先行研究をはじめ、あらゆる方面の史・資料を探索し、理解を深め、そしてその上に新しい歴史像を構築していくという、気の遠くなるような作業です。今日、様々な分野で膨大な先行研究が蓄積されておりますが、それらのいくつかでも整理を行うことで、これからの古代史研究の発展に些かでも寄与したいとの意図のもと、企画いたしました。

来る二〇二〇年は、『日本書紀』完成一三〇〇年の年に当たります。次の第三十三冊は、その記念号にしたいと考えております。会員の皆様にはこれまで通り自由論題論文のご投稿とともに、「研究の現状と課題」、『日本書紀』撰進一三〇〇年記念」を念頭におかれたものなど、活発なご投稿を期待するところであります。

◇　◇　◇　◇　◇

本書には九編の論考を収載しました。いずれも新しい視点から考察を加えた、示唆に富んだ論考です。理解が得られやすいように、提出された論文の要旨を以下に掲げておきます。

Ⅰ部

生田敦司「犬養氏と犬養部の理解に関する現状と課題」

「犬養」の職掌と氏族の性格については、ミヤケ（屯倉）の守衛（番犬）を目的として王権に奉仕することを主とし、宮城十二門の門号氏族となるなど、軍事的な性格をも帯びるようになったとする、黛弘道氏の考察が通説の位置を占めている。本論は、氏族伝承や、考古資料によるイヌと人との関わり方等を分析し、犬養部・犬養氏について再検討を進めた。結果、イヌは守衛・軍事のほか、狩猟・贈答（愛玩）・食用などのためにも王権内で飼育、管理されていたことが明らかとなった。

上遠野浩一「『古事記』『日本書紀』の開発記事について―七世紀以前の開発史研究の現状と課題―」

本論は、『記』『紀』の開発記事について考古資料から分析を進めた結果、溝を通すという開発は古くからあったが、池による灌漑と段丘地開発に関しては、七世紀以降に行われたものである可能性が高いと考えられた。また、推古紀にみえる開発は、ミヤケ設定記事とセットになっていることから王権主導の開発であろうが、狭山池など推古紀に記録がみえないものは、王権による開発ではなく、各地域首長等が行った開発ではないかと推論されるなど、古代の地域開発についての私見の一端を述べた。

西川寿勝「三角縁神獣鏡研究の現状と課題」

本論では、三角縁神獣鏡の最近の研究の到達点と課題をしめした。そもそも、考古学における古墳時代の開始年代は史料研究に影響され、三世紀後半以降とされてきた。これに対し、理化学年代研究から導かれた年代は半世紀近くさかのぼるものであり、これは三角縁神獣鏡の編年研究などと整合するものである。さらに、近年の成果として、三次元測量による同笵鏡研究や、洛陽発見とされる三角縁神獣鏡について紹介し、古墳時代開始論にも新たな論点を示した。

Ⅱ部

宇野愼敏「四世紀後半における九州とヤマト政権―佐紀陵山古墳タイプの古墳出現の歴史的意義―」

九州の首長墓は、各地域で出現、継続、断絶する首長墓系譜がみられる。それはこれまで各地域の政治集団の盛衰ととらえられてきた。しかし、四世紀後半の前方部の短い佐紀陵山タイプの古墳の出現は、関門海峡から玄界灘沿岸部に多く分布し、さらに『記』『紀』の朝鮮出兵記事の「穴門の豊浦宮」や「崗津」などの地名と符合することなどから、緊迫した朝鮮半島情勢による「佐紀政権」の政治的変動に連動して、九州の首長墓系譜も変動していることを論じた。

中井かをり「大来が奉仕した伊勢神の性格―斎王を手がかりとして―」

伊勢神は本来、「来臨する自然神」としての太陽神であったが、大来の奉仕によって「常在する神」となったこと、外宮の祭祀に「自然神」から「常在する神」になった痕跡があり、内宮の祭祀は外宮の祭祀をもとに王権祭祀として整えられたこと、斎王の前身はアマテラスが祀られる以前から神宮の祭祀に関与していたこと、などを述べた。大来はアマテラスではなく、天皇の守護神となった伊勢神に奉仕していたと考えられる。

中塚武「高分解能古気候データを『日本書紀』の解釈に利用する際の留意点

年単位の古気候復元は日本でも急速に進んでおり、樹木年輪の酸素同位体比や年輪幅が示す夏の降水量や気温のデータは、日本史に新しい知見を提供しつつある。一般に史料の気象イベントの記述と年単位の古気候データの相関は低いが、『日本書紀』の中には長期の気候災害を反映していると目される飢饉や紛争の記録も多い。中世・近世に大きな影響を与えた気候の数十年周期変動が『日本書紀』にはどのように反映されているのか、今後の研究が期待される。

長谷川恵理子「飛鳥時代の大型方墳―蘇我本宗家と榛原石―」

古墳に使用されている榛原石の研究史を概観した上で、近年調査され話題となっている大型方墳築造の歴史的状況について検討した。帯解黄金塚古墳・平石古墳群・小山田古墳（小山田遺跡）、さらに小山田古墳との関連が注目される舒明天皇押坂内陵についても分析の対象とした。これらは、いずれも榛原石が使用されているとともに築造時期が七世紀前半と共通し、造墓の背後に蘇我本宗家の影響が窺われた。榛原石の動向は、被葬者を議論するうえで大きな手掛かりとなると考える。

長谷部寿彦「律令国家形成期の天皇観とミカド」

本稿では、宮殿の門の敬称ミカドが天皇の呼称として成立した時期と、その背景の天皇観を明らかにすることをめざした。第一章では、ミカドの語句そのものに天皇の呼称となる原因があったこと、第二章では、天武朝頃にミカドと天皇の意味が結合したことを明らかにした。第三章では、中国的官僚制の仕組みを受容するなかで、「朝庭（ミカド）」と天皇を重ねる天皇観が天武朝から持統朝頃に定着し、この天皇観を背景にミカドが天皇の呼称として成立してきたことを解明した。

八木充「古代外国使の迎接と客館」

七世紀以降、東アジアの国際関係において、倭国・日本は頻繁に使節を受け入れた。その際、外交儀礼・饗応などは朝廷内、難波や筑紫などがその役割を担った。関連施設として唐館、三韓館・難波館・筑紫館と難波大小郡、筑紫大小郡などが付設され、大小郡は浄御原令施行で玄蕃寮に継承、客館は難波館・筑紫館に加えて、平城京内に増設され、平安初期鴻臚館と改称された。他方、天平中期以降大宰府域内に大宰府客館が造立され、筑紫鴻臚館、大宰府鴻臚館と改名される。西海道北端両鴻臚館の遺構は、現在考古学調査が進みつつあり、その成果を用いた考察も行った。

最後に、本書ならびにこれまでの『日本書紀研究』の刊行について、ひとかたならぬご高配を賜った塙書房の白石タイ氏に、心より厚く御礼を申し上げます。

二〇一七年八月二五日

日本書紀研究会
編集委員会

目次

『日本書紀研究』第三十二冊

Ⅰ部

犬養氏と犬養部の理解に関する現状と課題

生田敦司

はじめに

古代の日本では王権に奉仕した集団のひとつに犬養部がある。これらを統率した氏族が犬養氏だったと考えられる。おそらく、イヌを養う（飼う）ことからその名がついていると考えられるが、犬養氏には、その呼び名だけでも複数の種類があった。犬養についての理解は、現在では黛弘道氏の見解が通説的になっている。[1]すなわち、大王の直轄領であるミヤケの番犬から始まって氏族は軍事的な性格をもつようになったという考え方である。しかし、この説が出されてから半世紀が経過しており、イヌやミヤケなどに対する研究も新しい知見が出されている。近年の古代史研究に照らしても犬養に関しては再検討が必要であると考えられるが、後続の目立った研究はみられず、辞書類も基本的に黛説を踏襲している。[2]

そこで本稿では、「犬養」に関する再検討を試みる。これにあたっては、犬養に関する史料や犬に関する出土資料等の状況を参照しながら、古代日本における犬の役割を確認する。これにより、王権内のさまざまな局面でイヌが活用された可能性を指摘し、犬養部や犬養氏が持つ職掌や性格の一端を提示できればと考えている。

一　黛説の確認

論点を整理するために、まず黛説の内容を確認する。黛氏は犬養に関する先行研究の諸説を整理して次のように分類した。

①　犬を飼養して狩猟に従事することを職務とした（狩猟説）
②　犬を飼養して屯倉を守衛することを職務とした（守衛説）
③　犬を飼ったかどうか不明とするもの
④　狩猟・守衛いずれも行ったとする折衷説

これらのうち、①③④の説は採用せず、②を積極的に支持してその根拠を示している。

まず、否定する諸説の評価からみる。①説は最も通説的で有力であるとしながら、常識をもって説を成した感があり、養老職員令兵部省主鷹司正の職掌に「調二習鷹犬一事」との記載もあるが、何等根拠が示されないので、直ちには採用し難いとした。③説は馬飼部・猪飼部・鵜養部などが実際に馬・猪・鵜を飼わなかったとは考え難いのと同様に、犬養が犬を飼わなかったとは考えられないとした。④説は狩猟・守衛いずれの説をも積極的に支持ないし否定できない立場から両説を併せて説をなしたものと想像され、積極的な根拠を持つものとは考え難いとした。

黛氏が②説を積極的に支持する根拠は主に次のように整理できる。

（ア）地名のイヌカイやミヤケが近接してみられる例が複数ある
（イ）犬養氏はクラ（大蔵・内蔵）や蔵に関わる氏族との関係が指摘できる
（ウ）宮城十二門の門号氏族に稚（若）犬養氏と海犬養氏があり、これらは守衛から武力に関わり門衛を職掌とすることを選んだ

黛氏が否定した諸説も含め、黛説以前の犬養部や犬養氏の理解は、辞書類や職業部全体の中の一部として犬養を述べた性格のものが多く、犬養のみを個別に取り上げて論究したものは少なかった。それゆえに積極的な根拠を持たない印象を与えたのであろう。ただ、黛氏の諸説評価も、ミヤケなどの守衛説を推そうとするあまり、執拗に狩猟説に根拠がないことを指摘している嫌いがないわけではない。上述の根拠（イ）も氏族の関係については推論を脱し切れているわけではない。狩猟説についても、養老職員令兵部省主鷹司の記載（鷹狩のための犬）だけではない可能性もある。

筆者は守衛説自体を否定するわけではなく、後述するように、ミヤケなどとの関わりも深かったと考えるが、守衛説が犬養のすべてを理解する根拠にならないと考える。したがって、改めて狩猟説、守衛説、その他の可能性も検証し直す必要がある。

二　犬養の氏族的伝承と守衛

『日本書紀』安閑二年秋八月乙亥朔条に、「詔置二國々犬養部一。[3]」という記事がある。これが犬養に関する『日本書紀』の初見となるが、その直後の九月甲辰朔丙午条に、「詔二櫻井田部連・縣犬養連・難波吉士等一、主二掌屯倉

之税一。」と続く。犬養部が設置された直後に県犬養連が屯倉の税を主掌することになったとあるのは、王権への貢納に関わる県と結びつく犬養と、屯倉（ミヤケ）の税とが関わる点において、イヌによる守衛（番犬）は連想されやすい。黛氏はこの史料状況から、県犬養氏が最も古くから発展したものだとしているが、県犬養と表記がある以上は、他の某犬養氏との区別を想定すべきである。『日本書紀』をみると、孝徳紀と天武壬申紀に、おそらく同一人物の犬養（連）五十君の名がある。[4] 安閑紀の一連の記事は、仮に、ある程度当時の状況を反映した記事だとしても、年月や氏族の存在状況とは別問題である。

県犬養連は天武十三年に宿禰を賜姓されている。[5] このとき、同じ犬養氏では、稚犬養連と海犬養連も宿禰賜姓に与っている。これら三氏は犬養氏族の中でも当時最も格が高かったことが推察される。

県犬養氏の『日本書紀』での出方を追うと、上述の安閑紀の後には天武壬申年の功臣として県犬養連大伴（大侶）の名が散見される。ミヤケ管理の時代から県犬養氏が活躍していたとしても、宿禰が賜姓される大きな要因は、大伴による壬申の乱での功績とみられる。『日本書紀』天武九年七月戊寅条に、「天皇幸二犬養連大伴家一、以臨病。即降二大恩一、云々。」とあるのは氏族の評価とも関係があるだろう。

稚犬養氏と海犬養氏はいわゆる宮城十二門の門号氏族である。門号二氏で注目されるのは、『日本書紀』皇極四年六月に蘇我入鹿が斬殺される話で、中臣鎌子（鎌足）が中大兄に佐伯連子麻呂と葛城稚犬養連網田を推挙する。六月戊申条では、

時中大兄、即自執二長槍一、隠二於殿側一。中臣鎌子連等、持二弓矢一而爲二助衞一。使二海犬養連勝麻呂一、授二箱中両劒於佐伯連子麻呂與二葛城稚犬養網田一曰、努力々々、急須二應斬一。

とある。中大兄が長槍を持って殿の側に隠れ、中臣鎌子等が弓矢を持ってこれを助衛するが、そこには、上述の

佐伯子麻呂と葛城稚犬養網田、さらに海犬養連勝麻呂があった。中臣以外はすべて門号氏族の人物である。彼らは明らかに私的に集合した武装集団だが、その人選においては、中大兄の考えに与する強力な武人であることが望まれたであろう。その結果選ばれた彼らは、偶々門号氏族だったのではないと考えられる。記事によれば、「努力々々、急須㆓應斬㆒」と激励されるので、彼らは皇子とともに入鹿を攻撃する役割だが、同時に「助衛」も任務であった。おそらく、中臣鎌子が推挙した人物は、日ごろから中大兄の護衛を行っていた可能性がある。稚犬養網田の名の上に「葛城」が冠されていることと、中大兄が葛城皇子とも称されたこととは、無関係ではないと考えられる。このような状況から、皇極朝の時点において、稚犬養氏や海犬養氏は宮門の守衛をすでに担っていたとみてよい。[6]

黛氏は、県犬養が古くから県やミヤケの政治的クラ（大蔵・内蔵ほか）の守衛であったのに対して、稚犬養・海犬養もミヤケとの関わりは深いながら、県犬養氏より後発であったから宮門の守衛に転身したとみる。しかし、上述のように、県犬養がいつからミヤケの税を主掌するようになったかは確実には定めがたい上に、稚犬養氏・海犬養氏もいつからミヤケと関わり、いつから宮門守衛を行うようになったかは、史料的には判断ができない。県犬養氏や稚犬養氏・海犬養氏などの性格や展開は、個別に再検討を行う必要があるだろう。

三　犬養各氏の出自と分類

犬養各氏の性格や展開を考えるために、犬養氏の出自を『新撰姓氏録』から集約すると次のようになる。[7]

左京神別中（天神）

縣犬養宿禰　神魂命八世孫阿居太都命之後也。

大椋置始連　縣犬甘同祖。

右京神別上（天神）

天語連　縣犬養宿禰同祖。神魂命七世孫天日鷲命之後也。

右京神別下（地祇）

安曇宿禰　海神綿積豊玉彦神子穂高見命之後也。

海犬養　海神綿積命之後也。

阿多御手犬養　同神（火闌降命）六世孫薩摩若相楽之後也。(8)

摂津国神別

安曇犬養（連）　海神大和多羅命三世孫穂己都久命之後也。

犬養　同神（神魂命*）十九世孫田根連之後也。

*前条「多米連　神魂命五世孫天比和志命之後也」による。（筆者註）

日下部　阿多御手犬養同祖。火闌降命之後也。

河内国神別（天孫）

丹比連　火明命之後也。

若犬養宿禰　同神十六世孫尻綱根命之後也。

以上をまとめると、犬養・縣犬養は神魂命系で、同様の出自を語る氏族は、概していえば、賀茂県主や紀直に関わる氏族、伴造の氏族に多く見られる。若（稚）犬養は火明命系で、これは有名な氏族として尾張氏などが挙げられるが、『新撰姓氏録』の内容に則していえば、宿禰や連などの姓を持つ、旧来の伴造氏族に多い傾向を重視すべきであろう。安曇犬養・海犬養は海神系で、海民を統括する安曇氏や海部氏から派生したとみるべきである。阿多御手犬養は火闌降命を始祖とし、隼人と同系である（後述）。すなわち、犬養は同一の祖を持つ同族集団ではなく、犬養の上に冠する語の違いによって系統の異なる氏族であることが確認できる。

神魂命　縣犬養宿禰　大椋置始連（左京）、天語連（右京）
神魂命　犬養　多米連（摂津）
海神　海犬養　安曇犬養
火闌降命　阿多御手犬養　日下部（摂津）
火明命　若犬養宿禰　丹比連（河内）

この状況は、犬養が関わるイヌや各犬養氏・犬養部が、それぞれの系統・性格によって、期待される機能が異なっていたことを示すのではないだろうか。

同様のことを考えるために、「犬養」の人名や地名などの分布を表に示す。「犬養」の分布については、すでに黛氏による調査・考察があるが、黛論文より時が経っているため、黛氏の調査に出土木簡の情報を追調査して表に反映した（表中※印）。黛氏は「某犬養」と称する氏族が見られるのは主に畿内で、畿外には犬養ばかりが見られる傾向を指摘した(9)。本表でも同様の結果が得られた。信濃国の辛犬甘は、『倭名類聚抄』に信濃国筑摩郡に辛犬郷、『日本三代実録』仁和元年（八八五年）四月五日己未・十二月廿二日壬申各条に、居宅を焼かれ、家人男女八人が焼死させられたことを太政官に愁訴した辛犬甘秋人の名がみられる。この他には特段の情報がなく詳細は不明だが、地方の犬養部のひとつとみてよいであろう。また、平城宮木簡に「石犬養」と読めるものがあるが、

地域				県犬養	若（稚）犬養	海犬養	安曇犬養	阿多御手犬養	その他	犬養
畿内	長岡京左京									犬甘※
	平安左京			県犬養宿禰						犬甘
	平安右京			県犬養宿禰		海犬養		阿多御手犬養		
	山城国	愛宕郡								犬養、犬甘
	藤原宮					海犬甘※ 海犬甘連※				（犬）甘足尼※、犬甘連※、犬甘※
	藤原京左京			（県）犬甘連※		海犬甘※				犬甘連※、犬甘（部）※、犬甘※、犬甘（首）※
	平城宮			県犬甘※	若犬甘部※				石犬養■使※	犬甘※
	平城左京			県犬養宿禰		海犬養（甘）連				犬養首、犬養、犬養部※
	大和国	添上郡		県犬養						犬養宿禰
		葛上郡			葛城稚犬養連					
		葛下郡		県犬養						
		高市郡								犬甘部※
		山辺郡	長屋郷							犬甘
	摂津国						安曇犬養連			犬養
	河内国				若犬養宿禰	海犬養				
		錦部郡								犬養
		古市郡		県犬養宿禰 県犬養連						
		志紀郡		県犬養宿禰						
	和泉国				若犬養宿禰					
		日根郡		河内川県犬養神祠						
東海道	伊勢国	多気郡								犬甘
	志摩国	答志郡（志摩郡）	（道後里）							犬甘直※
	下総国									犬養
東山道	美濃国	味蜂間郡								犬甘部
	信濃国	筑摩郡							辛犬甘	
	上野国	新田郡								犬養
	下野国	足利郡								（犬カ）甘首名※
山陽道	備中国	賀夜郡								犬甘部首
		加夜評	八田部里							犬甘部※
		浅口郡								犬養部
	長門国	美祢郡								犬甘※
南海道	讃岐国	大内郡								犬甘

表　犬養の分布

この木簡自体、〇八一型式（折損・割截・腐蝕その他によって原形の判明しないもの）[10]に分類されているため、本来の文字配列では単なる犬養の可能性もある。

したがって、犬養は畿内・畿外地域を問わず分布する犬養（部）と畿内地域に分布する県犬養、稚（若）犬養、海犬養、安曇犬養とに大きく分けて差し支えない。黛氏が指摘するとおり、各地の犬養部が地方の伴造に率いられて、中央の某犬養氏などに管掌されたと考えることができる。さらに黛氏は、出自となる始祖を同じくする氏族を同族氏として、上述のクラに関わる氏族のほか、門部・膳部・ミヤケ関係の氏族との関係を示唆した。しかし、『新撰姓氏録』の段階における始祖伝承は、記紀伝承の段階以上に氏族の数も多く、新興の氏族が記紀伝承に載せる氏族に寄せて同族を主張したものがあることを考慮しなければならない。

犬養氏と深く関わるような同族氏を考える場合には、連続する記載の流れで、「同祖」とか「同神」という書き方をしたものを参考にすべきであろう。先に記載された氏族が同族氏をまとめて本系や氏族誌に記載して、朝廷に提出した可能性があるからである。この考えに基づいて、上述の『新撰姓氏録』から、改めて各犬養氏との同族関係を主張する氏族を検討する。

県犬養氏との同族をみると、大椋置始連は、大蔵・置き染に通じる複姓で、大蔵の仕事のうち染色関係に従事する職掌に基づくとみられる[11]。黛氏はこの氏族との関係からクラと県犬養氏とを結び付けたが、「縣犬養宿禰同祖」と伝える同族氏には、ほかに天語連がある。この氏は新嘗・大嘗祭に奉仕して天語歌（『古事記』雄略段）の奏上に関わる氏族であろう。宮廷儀礼の性質上、穀類とクラに関わるという説明も不可能ではないが、天語の伝える古謡の本質はそこではないだろう。むしろ、宮廷の儀礼に関わるという端的な性質を評価すべきである。

摂津国の犬養と同族という多米連は、宮内省大炊寮に奉仕する負名氏とみられる[12]。『日本書紀』では田目連ともあり、天武十三年に宿禰を賜姓された[13]。厩戸皇子の実弟に田目皇子がいることから、皇子の養育にも関わったとみられる。

阿多御手犬養には、摂津国の日下部も同族とする。日下部は『古事記』仁徳段で名代として大日下部、若日下部と定めた、あるいは雄略段で大后若日下王の名代として見られる伝承にあるように、王族の資養に関わる集団である。諸史料では隼人系に限らない様々な系統の出自を示している。隼人が摂津地域に分布し、日下部などと関係を有したことが指摘されているので[14]、地縁的に同族になった可能性もあるが、王族の資養と犬養が何らかのつながりを持った可能性もある。特に動物の飼部によく関わっていることは注目してよいであろう[15]。

河内国の若犬養宿禰と同族を示しているのは丹比連である。この氏も王族の資養に関わる集団の伴造であり、宮城十二門の門号氏族である。

以上のように、『新撰姓氏録』で同祖を明示する表記から、氏族本系提出段階での他氏との同族関係を概観したが、各犬養氏と関連が想定される諸氏には、クラに関わるもののほか、宮廷儀礼奉仕、王宮への食膳供給、王族の資養などを専門とするものがみられる。黛氏は、膳関係の同族氏が目立つことを指摘したものの、議論を深めることはなかった。しかし、王族の資養に関わるものが比較的目立つことには注意が必要である。

「御名代」の呼称として大日下部や若日下部などがあるように、王族の資養に関わる氏族には「大」「若」を冠するものが多い。若犬養氏という氏の名称も王族の資養に関わったことが本来で、宮城十二門の門号氏族となったことも、王族宮の経営・警護から発したもので、県犬養の後発であったから守衛の氏族に転身したという説明のほうがむしろ不自然である。

海犬養氏と安曇犬養氏はいずれも海神を始祖とする点で、海洋民を率いる安曇氏・海部氏などの派生とみられるが、黛氏は、犬飼の故地とみられる地名が令制の筑前国那珂郡海部郷にあり、同郡三宅郷との隣接から、福岡（筑紫）における那津官家と海犬養との関係を指摘した。福岡市博多区にある比恵遺跡からは、一九八四年の調査で、六世紀後半から七世紀はじめにかけての総柱建物群が検出され、後世の官衙や正倉とのつながりが指摘されている[16]。また、那津官家と密接に関わる施設と考える意見もある[17]。海部など海洋民と関わりが深いとみられる海犬養や安曇犬養が那津官家のような施設に関わり、守衛などに従事した可能性ももちろん考えられるが、海犬養氏の王族の資養という側面は、後述する食料供給などと合わせて考える必要がある。

四　守衛説と狩猟説におけるイヌ

犬養の職掌がミヤケや宮門の守衛であったとする守衛説において、イヌが関わるとすれば、その用途が番犬ということに異論はない。ただ、黛氏は従来の守衛説を継承したものの、イヌがどのように活用されたかは具体的に論じていない。黛氏が狩猟説を批判した根拠のひとつとして、「常識を以て説をなした感があり、何等根拠が示されない」という指摘があった。しかし、イヌについて具体的に論じられない以上、守衛説における番犬もまた「常識を以て説をなした感」が払拭できない。問題は、犬養部を設定してイヌを飼育、調教、あるいは献上させるなどの需要が政治の中心部のどこにあったかである。

犬養や犬養部の伝承で番犬に関するとみられるものは、史料的に判然とするものがない。例えば、『万葉集』巻十三―三二七八に、

赤駒を　厩に立て　黒駒を　厩に立てて　其を飼ひ　わが往くが如　思ひ夫　心に乗りて　高山の　峯のた

をりに　射目立てて　しし待つが如　床敷きて　わが待つ君を　犬な吠へそね[18]

とあるのは、家畜もしくは愛玩動物として飼われたイヌが、吠えることで番犬の機能を果たしたものであろう。これは現代にも通じるごく一般的な様相である。

これに対して、狩猟説に関わるイヌは王権としては需要があった。黛氏は養老職員令の兵部省主鷹司の職掌に鷹犬の調習があることを取り上げ、イヌを狩猟に用いる慣行ないし制度は大化前代から存したが、犬養部との関係が依然として不明であるとした。

『令集解』の職員令兵部省主鷹司には、

正一人。〈掌調二習鷹犬一事。〉令史一人。使部六人。直丁一人。鷹戸。

「古記及釋云。別記云。鷹養戸十七戸。倭。河内。津。右経レ年毎レ丁役。為二品部一免二調役一。」

とある。[19]主鷹司は大宝令制では放鷹司といったようだが、[20]いわゆる鷹狩に関する役所である。鷹狩が令制前から王権の能くするところであったことは、『日本書紀』の所伝から明らかである。仁徳四十三年九月庚子朔条に、依網屯倉で捕えた初見の鷹を酒君に授けて調教させ、天皇に献上、是の日に百舌鳥野で鷹を放ち、遊獵して数十の雉を得たとある。また、是の月には鷹甘部を定め、鷹を養ったところを鷹甘邑といったとある。鷹を授けられた酒君は百済から来た百済王族であるという（同四十一年三月条）。右の『令集解』によると、養老令制下では鷹戸の規定があり、集解の古記に鷹養戸十七戸が倭・河内・津（摂津）にあったとある。

秋吉正博氏の研究によると、鷹戸の活動領域は、鷹甘邑の比定地である大阪市東住吉区鷹合付近を中心に、依網屯倉・百舌鳥野にかけて、すなわち令制の摂津・河内・和泉の三国の境界付近にかけてであり、鷹戸には百済系渡来氏族の者が充てられたのではないかとする。[21]この場合、令制の放鷹司・主鷹司が管轄する鷹（養）戸の職掌にイヌの調習があったかどうかが問題である。放鷹に鷹もイヌもセットであることを自明とするならば、イヌの飼育も鷹戸が担ったと考えられるが、仁徳紀の伝承を令制鷹戸の前身と位置付けて考えると、鷹甘部が担ったのは専ら鷹の調教であった可能性がある。職員令主鷹司集解には、養鷹戸が倭・河内・津にあったとし、山城国には設定されていなかったようである。これを先に示した表と対比してみると、平城・平安京内を除いて、中央氏族とみられる某犬養氏や犬養（部）は、大和・摂津・河内・和泉の各国に比較的厚く分布し、山城国内では薄い様相である。史料残存による偶然の一致の可能性もあるが、令制前から行われた鷹狩（放鷹）において必要とされるイヌは、鷹甘部の活動地域の近隣にあって、鷹甘部とは別に犬養部が供出した可能性が指摘できる。

イヌが狩猟に使われた例としては、放鷹のほかにイノシシ狩りが挙げられる。考古資料によると、出土するイヌの頭蓋骨に動物に噛まれた痕が認められ、これはイノシシによるものであることが指摘されている[22]。出土遺物の意匠を見ると、伝香川県出土銅鐸の線画の中に、イノシシとみられる四足獣に、イヌとみられる小型の四足獣が群れで囲むものがある。また、岡山県赤磐市可真上出土の子持装飾付脚付壺（六世紀）でも同様の意匠がみられる。それぞれ同じ考古資料では、シカとみられる四足獣に人が単独で矢を射るような意匠が認められるので、弥生時代以降、イノシシ狩りはイヌに集団で襲わせる形が特徴であった[23]。この狩猟方法は「犬山」と呼ばれて後世にも残る[24]。また、古墳時代後期ごろに盛んにみられる動物象形埴輪にはイヌ型のものも見られるが、その中には首輪をしたもの、その首輪に鈴のような小型の意匠が付随する場合がある[25]。これは後世のイヌの様相からも狩猟用とみられる[26]。『播磨国風土記』託賀郡には、品太天皇（応神）の猟犬が猪を追って射るという伝承を伝える。

伊夜丘者、品太天皇獦犬〈名麻奈志漏〉與レ猪走二上此岡一、天皇、見之云、射乎。故曰二伊夜岡一。此犬與レ猪相闘死。即作レ墓葬。故此岡西有二犬墓一[27]。

イノシシ・ブタは、弥生時代には食用のほか農耕儀礼の犠牲獣に用いられるようになったとみられ、イノシシ・ブタの下顎骨に穴を開けたものがまとめて出土する例がみられる。(28)また、この状況は一部イヌの例でもみられる。(29)

大王の政権に対して、イノシシ・ブタを供出した者については、猪使（猪甘）部が想起される。『古事記』安康段には、市邊王の王子等（意祁王（仁賢）と袁祁王（顕宗））が、難を逃れる際、山代の苅羽井で御粮を食す時に、面黥の老人が来て粮を奪った。その老人が「我は山代の猪甘ぞ」と言った伝承がある。猪使部の主な職掌は食物の供出であったとされ、史料に猪とあってもブタを指したともみられる。(30)祭祀との関わりについては、『播磨国風土記』賀毛郡猪養野条に、

猪養野

右、號二猪飼一者、難波高津宮御宇天皇之世、日向肥人朝戸君、天照大神坐舟於、猪持參來進之。可レ飼所、求申仰。仍所賜二此處一而放飼レ猪。故曰二猪飼野一。

とあり、難波高津宮御宇天皇（仁徳）の世に、日向の肥人（くまひと）朝戸君が天照大神の坐す舟に、猪を持参して進上したという。これは神事においてイノシシを捧げた事例であろう。『延喜式』神祇四時祭式の祈年祭では、御歳社への幣帛に白馬・白猪・白鶏を加えるとある。また、道饗祭では「牛皮二張、鹿皮・猪皮・熊皮各四張」とある。

これらの事例から、民間のみならず王権の祭祀でも、律令制以前から祭祀儀礼にイノシシもしくはブタが供犠とされ、イノシシであった場合にはイヌを用いた狩猟が行われた可能性がある。こうした需要に応えるためにも、イヌの飼育・調教が行われたと考えられるが、それを担いうるのは犬養部を除いてはないだろう。

五　食用、その他のイヌの需要

黛氏の論考では、イヌが食用であったことにも触れられていたが、食犬の風をもって犬養部創設の動機とはならないであろうとした。ただ、上述のように、犬養の機能が必ずしもミヤケのクラなどの守衛にとどまらないとすれば、犬養部創設の動機でなくとも、犬養部の機能のひとつとして、食用犬の供出は考慮する必要がある。このような視点に立てば、イヌに対する諸伝承や考古資料の状況から、犬養部の職掌や機能について更に別の需要を指摘できる可能性がある。

まず、食用についてみる。史料的に古代日本でイヌが食用であったことを示すのは、『日本書紀』天武四年四月庚寅条である。

庚寅、詔二諸國一曰、自今以後、制二諸漁獵者一、莫下造二檻穽一、及施中機槍等之類上。亦四月朔以後、九月卅日以前、莫レ置二比彌沙伎理・梁一。且莫レ食二牛馬犬猨鶏之宍一。以外不レ在二禁例一。若有レ犯者罪之。

日本列島でイヌが顕著に食される例がみられるのは弥生時代からで、出土した骨の類例によると、弥生時代のイヌは若い成犬が解体されて出土する割合が多く、狩猟などで早く死んだ個体は解体されて皮革を採取し、場合によって煮炊きして食された[31]。肉食は必ずしも日常食ではなく、むしろ祭祀・儀礼の時の特別な食品であったとの指摘もある[32]。他方、解体されたイヌの多くが食されたわけではなく、時折嗜好品として食された可能性があるとの見解もある[33]。

志田諄一氏は、猪使部の職掌は食料供給ではなく、祭祀用途の調達ではないかと推論した[34]。これは例えば鹿飼部のようなものが見られないところから、食用肉の調達が容易な動物は部が置かれなかったとの根拠によるが、『古事記』の猪使氏の伝承からみる限り、食に関わることはなお捨てがたい。

先行研究が食用動物について祭祀を重視するのは示唆に富む。犬についても同様に、祭祀儀礼用に供するイヌが含まれた可能性は上述の通りである。これに、祭祀儀礼用の食や後述する外交儀礼の饗応にも視野を向けると、イヌを食する文化に則って、食用にイヌが献上されることもまた考えられる。この場合、狩猟で事故死したイヌを供したとみるよりは、それ専用に飼育されたとみるのが自然であろう。宮城十二門の門号氏族には稚犬養氏や海犬養氏があり、同じ門号氏族に猪使氏がある。多米連と同族の犬養があること、河内国の若犬養宿禰と丹比連との関連が深いことは、門号氏族として宮門警護の責を負うだけでなく、王宮や王族宮に対する資養の供給を負う伝統も含まれたと考えられる。

このほかに、イヌの用途として、贈答用あるいは愛玩用のイヌが想定される。

『古事記』雄略段では、大后の若日下部王が坐す河内の日下に天皇が行幸した際、道中に見た志幾の大県主の屋敷が天皇の御舎に似せて堅魚木を上げるものであったため、その家を焼かしめようとした話がある。このとき、大県主は贖罪として「布を白き犬に繋け、鈴を著けて、己が族、名は腰佩と謂ふ人に、犬の縄を取らしめて献上りき」[35]とある。さらにこの犬は、「是の物は、今日道に得つる奇しき物ぞ。故、都摩杼比（つまどひ）の物。」と詔して賜い入れたとある。献上された白い犬が婚礼の成立を示す機能を果たしている。[36]

他にも『播磨国風土記』賀古郡に、大帯日子天皇（景行）が印南別嬢を妻問いする話に、

於レ是、天皇、乃到二賀古松原一而覓訪之。於レ是、白犬、向レ海長吠。天皇問云、是誰犬乎。須受武良首對曰、是別嬢所レ養之犬也。天皇勅云、好告哉。故號二告首一。

とあり、印南別嬢が養う白い犬が海に向かって長吠えしたことで、逃げ隠れた別嬢を見出し妻とすることになる。

イヌの贈答は外交儀礼でも見られる。『日本書紀』によると、天武朝に新羅からの「調」として犬（狗）が含まれている。[37]『日本書紀』清寧三年十月壬午朔乙酉条には、「詔、犬馬器翫、不レ得ニ獻上一。」とあるが、これは『隋書』高祖紀に基づく文飾とみられる。[38]それであれば、中国・朝鮮半島では愛玩用のイヌが贈答品として遣り取りされる風習が一般化していたと考えられる。倭国・日本でもそれに倣って、あるいは対応すべく、贈答用あるいは愛玩用のイヌを政権が調達する可能性は高い。その際に、犬養部を通じて中央の犬養氏族が調達の任に関わったことが考えられる。

あるいは、外交に関わってイヌの調達が行われたとすれば、海洋民と関わる海犬養や安曇犬養などの氏族や、北九州方面の犬養などの関与が想定される。那津官家修造の詔を記した『日本書紀』宣化元年五月辛丑朔条に次のように記されている。

夏五月辛丑朔、詔曰、食者天下之本也。黄金萬貫、不レ可レ療レ飢。白玉千箱、何能救レ冷。夫筑紫國者、遐迩之所ニ朝届一、去來之所ニ關門一。是以、海表之國、候ニ海水一以來賓、望ニ天雲一而奉レ貢。自ニ胎中之帝一、洎ニ于朕身一、收ニ藏穀稼一、蓄ニ積儲粮一。遥設ニ凶年一、厚饗ニ良客一。安レ國之方、更無レ過レ此。（以下略、傍線筆者）

那津官家修造の名目は、穀稼を蓄積して、凶年に備えるとともに海外からの賓客に饗することであった。外交の玄関口となる筑紫で、あるいは難波津の館において、中国・朝鮮半島からの使節に対する饗応で食用にイヌが供された可能性も否定できない。日本列島でイヌを食する風習は、中国・朝鮮半島における農耕社会が蛋白源として摂取していたものが、弥生時代に稲作とともに伝わったものである。[39]海洋民と関わりが深い犬養氏は、外交にもミヤケにも関わった可能性が今のところ考えられるが、これには隼人系の犬養氏と関わる可能性もある。

六　イヌと隼人

中央にある犬養氏の一つに阿多御手犬養があり、『新撰姓氏録』によれば火闌降命の後裔で、直接の祖は、その六世孫の薩摩若相楽と伝えている。この氏は隼人系とみられる。この氏については史料も乏しく、これ以上掘り下げるのは難しいが、イヌや犬養と隼人がどのように関わるのか、若干整理してみたい。

犬養と直接関係があるかどうかは、なお検討を要するが、隼人とイヌとの関係では、隼人による犬吠えの奉仕がある。『延喜式』兵部省隼人司には、「凡元日即位及蕃客入朝等儀。（中略）群官初入自二胡床一起。今来隼人発二吠声一三節」「凡践祚大嘗日。分陣二応天門内左右一。其群官初入発レ吠。」「凡遠従駕行者。（中略）其駕経二国界及山川道路之曲一。今来隼人為レ吠。」「凡行幸経レ宿者。隼人発レ吠。但近幸不レ吠。」とあり、天皇の重大行事および行幸において吠声を発する。この吠え声が犬であることは、『日本書紀』神代下第十段第二の一書に、

兄既窮途、無レ所二逃去一。乃伏罪曰、吾已過矣。従レ今以往、吾子孫八十連屬、恆當レ爲二汝俳人一。一云、狗人。請哀之。弟還出二涸瓊一、則潮自息。於レ是、兄知二弟有二神徳一、遂以伏事二其弟一。是以、火酢芹命苗裔、諸隼人等、至レ今不レ離二天皇宮墻之傍一、代吠狗而奉レ事者矣。

といい、『令集解』職員令、衛門府隼人司「正一人〈掌二検校隼人一〉」には、

古辞云、薩摩大隅國人、初捍、後服也。諸請云、已為レ犬、奉二仕人君一者、此則名二隼人一耳。

ともある（傍線筆者）。吠声を担う役割について、俳人とも狗人ともあって芸能的側面があることは[40]、『万葉集』に「隼人の名に負ふ夜声のいちしろく我が名は告りつ妻と頼ませ」（二四九七番）からもわかる。ただ実質的には、

犬吠えに期待される役割は天皇の守衛とされており、宮城十二門の守衛と共通するところがある。この点やはり犬養の役割としては、各地のミヤケの守衛のみが本来ではなく、それとは別途、王や王族宮を守衛する軍事目的での犬養の役割があったとみるべきである。

隼人がそれだけで軍事的な役割を果たしたことは、右に掲げた『延喜式』隼人司で、元日即位及蕃客入朝等儀に従事する隼人や遠従駕行者が、横刀を佩き、あるいは楯槍を執って近侍することからも裏付けられる。

上述の『播磨国風土記』賀毛郡猪養野条に、日向肥人朝戸君の名が見られた。肥人（くまひと）について、現在も定まった本拠地の説はないようだが、概ね令制の肥後国付近が想定されている。[41] また、肥人は隼人と文化的共通性を持つ海人的集団との指摘もある。[42] 上述の播磨国賀毛郡の伝承では天照大神が坐す舟に猪を進上したといって、水上交通を示唆している。朝戸君については日向国益城郡麻部郷との関わりも想定される。[43]

九州各地に隼人と共通の文化をもつ伝承で注目したいのが、『肥前国風土記』松浦郡値嘉郷の所伝である。

昔者、同天皇、巡幸之時、在二志式嶋之行宮一御二覧西海一、々中有レ嶋、烟氣多覆。勒二陪従阿曇連百足一、遣令レ察之。爰有二八十餘一。就中二嶋、々別有レ人。第一嶋名小近、土蜘蛛大耳居之。第二嶋名大近、土蜘蛛垂耳居之。自餘之嶋、竝人不レ在。於レ茲、百足、獲二大耳等一奏聞。天皇勅且レ令二誅殺一。時大耳等、叩頭陳聞曰、大耳等之罪、實當二極刑一。萬被二戮殺一、不レ足レ塞レ罪。若降二恩情一、得二再生一者、奉二造御贄一、恆貢二御膳一。即取二木皮一、作二長蚫・鞭蚫・短蚫・陰蚫・羽割蚫等之様一、獻二於御所一。於レ茲、天皇、垂レ恩、赦放。（中略）彼白水郎、富二於馬牛一。（中略）此嶋白水郎、容貌似二隼人一。恆好二騎射一、其言語、異二俗人一也。（傍線筆者）

引用文の「同天皇」は景行を指す。この天皇が志式嶋の行宮に在るとき、西海にみえる島々を阿曇連百足に視察に行かせ、そこで土蜘蛛の大耳等を捕獲した。誅殺されるにあたり、大耳等は贄の献上奉仕によって延命を請い、種々に鮑を加工して赦免されたとある。この島の白水郎（海人）は、隼人に容貌が似ていて、牛馬に富み、騎射を好むという。阿曇連百足に関わって鮑の贄を献上する起源を述べる点で、隼人の一部が水上交通によって松浦郡の島嶼に住みつき、海人集団として安曇氏の配下にあったと考える。

彼らが牛馬に富み、騎射を好んだとあることから、この集団は海洋民でありながら動物を飼育することを常としていたことがわかる。この状況とイヌとは関わりがないだろうか。

中司照世氏は、古墳より出土する同一工房で製造されたとみられる小型銅鈴の分布の傾向のうち、奈良県五條市の大阿太一三号墳の出土例をめぐって、隼人の移配地との関係を指摘し、紀氏と関わる軍編成や海人の関与を想定している(44)。この付近は令制の大和国宇智郡阿陀郷に当たり、隼人の移配は五世紀末～六世紀初にかけて行われたとの指摘もある(45)。後世の伝承になるが、この地をめぐっては、弘法大師空海と犬飼が遭遇する伝承がある（『金剛峰寺建立修業縁起』(46)、『弘法大師行化記』(47)、『今昔物語集』(48)の「弘法大師始建㆓高野山㆒語　第廿五」）。

弘仁七年（八一六年）に都を出て経歴を始めた空海は大和国宇智郡に至った時、二匹の黒い犬を従えた猟者と会ったという。この犬飼は「我是南山犬飼」と称し、その容姿について、「其形、深赤長八尺許、着㆓小袖青衣㆒、骨高筋太、以㆓弓箭㆒帯㆑身、大小二黒犬随従之」（『金剛峯寺建立修業縁起』）とある。『今昔物語集』では、「犬飼ヲバ高野ノ明神トナム申ス」とあり、また、空海はこの後「山王」である山人と会って高野山に「草菴」を作る。

常人に比べて大変に大柄な容姿であることも踏まえて、この犬飼は空海を導く何らかの神格であろうと考えられる(49)。南山すなわち高野山のものとみられる神格が、空海に会う際に犬飼の姿であり、その場所が宇智郡であった。上述のように、宇智郡は隼人の移配地であり、彼らは海洋民的な活動とともに集団で動物を飼育する性格があった。その文化が付近に定着していることを考えると、空海と会う犬飼の姿は、この地に結び付けられて発想されたものではないかと考える。

宇智郡に移配された隼人が犬養部であったとまでいえないが、九州の熊襲、隼人、肥人などと呼ばれた集団は、海洋民としての性格から安曇氏などの配下に入り、おそらく集団で動物も飼育した。その中でイヌを扱うものがあり、畿内地域で犬養の伴造のもと犬養部として奉仕したものがあったと推定できる。『新撰姓氏録』にみられる阿多御手犬養は、それが氏族化したものと考えられる。

上述の『古事記』雄略段では、河内の日下で志幾の大県主が贖罪として献上した白犬が若日下部王への妻問いの物となった。若日下部王は、日向の諸県君牛諸の女髪長比売を応神が娶って生まれた皇女であり、摂津国の日下部と阿多御手犬養とは同祖を称していた。日下部と隼人系集団、志幾の大県主と県犬養とは、関連付けて考えることができるかもしれない。

まとめと課題

以上みてきたように、古代の政権内において、イヌは守衛、狩猟、食用、贈答・愛玩用など、ごく一般慣習の中で行われたことと同様の需要があったとみられる。これらの需要に応えるべく、各地に犬養部が置かれ、地方伴造がこれを統括した。さらに中央では、県犬養、稚犬養、海犬養、安曇犬養などの各氏が、王権内の需要に応じてイヌの供出やイヌを伴った奉仕を行ったとみてよい。

県犬養は黛氏が論じたように(50)、アガタやミヤケやクラに関わる可能性がある。ただ、県については「コホリ」と訓ずる史料もある。県・評・郡の評価や前節で指摘した日下部との関係も含めて、県犬養の活動範囲はまだ議論の余地がある。

稚犬養や海犬養は宮城十二門の門号氏族であり、イヌを通じて王族の宮に関わったとみてよい。大炊や名代・子代と称される王族資養氏族とも近しく同族関係を有した可能性があり、同様の形態は猪使氏とも対比できる。また、外交儀礼（饗応や贈答）にイヌが関わる場合は、海犬養や安曇犬養が中心となって奉仕した可能性がある。稚犬養・海犬養が門号氏族であることは、黛氏のような、県犬養から出遅れて宮城守衛に転身したという解釈ではない。むしろ、門号氏族の多くがもともと軍事に関わるか、食事その他宮中内部の仕事を任務として天皇の側近に仕えるかの氏族に特徴が分けられるという従来の説(51)にあてはめて解釈するのが相応しい。

中央の犬養氏族として阿多御手犬養があるが、これは、畿内地域に移配された、または移住してきた隼人系集団のうち、特にイヌを扱うことで伴造の下部におかれたものと考えられる。その際、かれらの海洋民的性格から、安曇犬養との関わりを手がかりとした。海犬養や安曇犬養の配下の犬養は瀬戸内海の水軍に組み込まれたとの見解がある(52)。また、犬飼部・鵜飼部の一部を構成した阿多隼人はいったん事が起これば武力に転化する諸集団であった可能性の指摘もある(53)。阿多隼人や養部（飼部）を横断的に考察するという視点においても、そうした側面や他の犬養の伴造氏との関係は今後の課題である。

犬養部が設置されたのは『日本書紀』で安閑朝のこととしているが、実際の設置時期についても見直しが必要である。少なくとも、黛氏が指摘したような、税管掌記事の連続性からは評価できない。

犬養（犬飼）が律令制の官司で残るのは兵部省主鷹司の鷹・犬の調習である。また、令制後の養鷹では鷹飼と犬飼はセットとなるから、令制が成立するまでにイヌ供給の専業化は形骸したと考えられるのは黛氏が指摘する通りであろう。筆者の推測となるが、本稿で述べたように、イヌの需要が一般的なそれと王権・政権のそれとで大きく差がなかったとすれば、王権での犬養の設定後はその需要にしたがって伴造氏族の分掌も進んだが、軍事・狩猟などで特殊にイヌを編成することがなく、食糧供給や狩猟を専門とする氏族にイヌの需要が収斂したことで、大宝令段階までには官司制的な枠組みから外れる結果となったのであろう。

註

（1）黛弘道「犬養氏および犬養部の研究」（『律令国家成立史の研究』吉川弘文館、一九八二年所収、初出一九六五年）。以下、犬養に関する黛氏の説は本論文による。

（2）平野邦雄・坂本太郎監修『日本古代氏族人名辞典』（吉川弘文館、一九九〇年）、佐伯有清編『日本古代氏族事典』（雄山閣出版、一九九四年）。

（3）『日本書紀』は岩波古典文学大系（岩波書店）によった。以下、同史料の引用は同じ。

（4）『日本書紀』孝徳大化二年三月辛巳条、天武壬申紀七月壬子条など。

（5）『日本書紀』天武十三年十二月己卯条。

（6）『日本書紀』舒明二年正月戊寅条。

（7）史料の引用は、佐伯有清『新撰姓氏録の研究　本文篇』（吉川弘文館、一九六二年）によった。

（8）前条「坂合部宿禰　火闌降命八世孫邇倍足尼之後也」による。ただし、この伝えには史料の混同が想定される。右京神別下（天孫）の坂合部宿禰は橋本稲彦校訂本と栗田寛『新撰姓氏録考証』が「火明命八世孫―」とし、阿多御手犬養を「火闌降命六世孫―」としている。他の諸本は上掲のように双方とも火闌降命を祖としている。しかし、左京神別下（天孫）の坂合部宿禰では諸本とも「火明命八世孫邇倍足尼之後也。」としている。右京神別の阿多御手犬養は祖神の後が「六世孫薩摩若相楽之後也」とし、出身地を思わせる祖名を帯びて隼人に属する氏とみられる。この点からも、諸本において何らかの錯簡が生じ、「同神」で始まる伝えが生じたと考えたい。したがって本稿では、後述する同族関係について、坂合部宿禰は除外する。

（9）木簡の情報については、奈良文化財研究所「木簡データベース」（https://www.nabunken.go.jp/Open/mokkan/mokkan.html）によった。

（10）奈良文化財研究所「木簡データベース」（前掲）凡例。
（11）直木孝次郎「人制の研究」『日本古代国家の構造』（青木書店、一九五八年）。
（12）『政治要略』所引『新撰姓氏録』逸文に「姓氏録云。多米宿禰。出レ自二神魂命五世孫天日鷲命一也。四世孫小長田、稚足彦天皇〈諡成務〉御世、仕二奉大炊寮一。御飯香美。特賜二嘉名一、負二朕御多米一。六世孫三枝連男倭古連之後、天渟中原瀛眞人天皇〈諡天武〉御世、改賜二宿禰姓一。」とある。
（13）佐伯有清『新撰姓氏録の研究　考証篇第三』（吉川弘文館、一九八二年）。
（14）佐伯有清「猪養と猪使氏」『日本古代氏族の研究』（吉川弘文館、一九八五年）、初出「日本古代の猪養」『どるめん』十四（一九七七年）。平林章仁「日向の駒」『日本宗教文化史研究』一六―二（通巻三十二）（二〇一二年）。渡里恒信「大日下王と日下部―名代成立論への一視角―」『日本書紀研究』第三十一冊（塙書房、二〇一六年）。
（15）佐伯「猪養と猪使氏」（前掲論文）。平林、前掲論文。
（16）米倉秀紀「那津官家？―博多湾岸における三本柱柵と大型総柱建物群―」『福岡市博物館研究紀要』第三号（福岡市博物館、一九九三年）。
（17）柳沢一男「福岡市比恵遺跡の官衙的建物群」『日本歴史』四六五（一九八七年）。
（18）『日本古典文学大系　万葉集三』（岩波書店、一九六〇年）。
（19）『国史大系　令集解』（吉川弘文館）。
（20）松崎英一「進膳監と放鷹司」『九州史学』七十一（一九八一年）。
（21）秋吉正博『日本古代養鷹の研究』（思文閣出版、二〇〇四年）。
（22）内山幸子『イヌの考古学』（同成社、二〇一四年）。
（23）内山、前掲著書。
（24）谷口研語『犬の日本史』（ＰＨＰ研究所、二〇〇〇年）。
（25）例えば、群馬県伊勢崎市境上武士出土（東京国立博物館蔵）、荒蒔古墳出土（天理市教育委員会蔵）など。
（26）古代にとどまらず、中世近世に及ぶ狩猟犬の様子については、谷口『犬の日本史』（前掲著書）。
（27）秋本吉郎校注『日本古典文学大系　風土記』（岩波書店、一九五八年）によった。

(28) 西本豊弘「縄文人と弥生人の動物観」『国立歴史民俗博物館研究報告』第六十一集（一九九四年）。
(29) 内山、前掲著書。
(30) 佐伯有清「猪養と猪使氏」（前掲論文）。
(31) 内山、前掲著書。
(32) 平林章仁『神々と肉食の古代史』（吉川弘文館、二〇〇七年）。
(33) 内山、前掲著書。
(34) 志田諄一「鳥取造」『古代氏族の性格と伝承』（雄山閣、一九八五年）、初出「鳥取部と鳥養部」『遠藤元男博士還暦記念　日本古代史論叢』（一九七〇年）。
(35) 『日本古典文学大系　古事記　祝詞』（岩波書店、一九五八年）によった。以下、同史料は同じ。
(36) 吉田孝「律令時代の氏族・家族・集落」『律令国家と古代の社会』（岩波書店、一九八三年）。
(37) 『日本書紀』天武八年十月条「甲子、新羅遣二阿飡金項那・沙飡薩藥生一朝貢也。調物、金銀鐵鼎、錦絹布皮、馬狗騾駱駝之類、十餘種。亦別獻物。天皇・皇后・太子、貢二金銀刀旗之類一、各有レ數。」、同十四年五月条「辛未、高向朝臣麻呂・都努朝臣牛飼等、至レ自二新羅一。乃學問僧觀常・靈觀從至之。新羅王獻物、馬二匹・犬三頭・鸚鵡二隻・鵲二隻及種種物。」、朱鳥元年四月条「戊子、新羅進調、從二筑紫一貢上。細馬一匹・騾一頭・犬二狗・鏤金器、及金銀、霞錦綾羅、虎豹皮、及藥物之類、并百餘種。亦智祥・健勳等別獻物、金銀、霞錦綾羅、金器屏風、鞍皮絹布、藥物之類、各六十餘種。別獻二皇后・皇太子及諸親王等之物一、各有レ數。」。
(38) 『隋書』開皇元年三月に「丁亥、詔、犬馬器玩口味、不レ得二獻上一。」とある。
(39) 西本、前掲論文。
(40) 西郷信綱『古事記注釈』第四巻（平凡社、一九八九年）。
(41) 史料上の出典や本拠地の諸説については、平林「日向の駒」（前掲論文）に詳しい。なお、平林氏は球磨川流域の集団かと推定する。
(42) 中村明蔵「肥人をめぐる諸問題」『熊襲・隼人の社会史研究』（名著出版、一九八六年）。
(43) 日本古典文学大系『風土記』頭注（岩波書店、一九五八年）。

(44) 中司照世「古墳時代の同一工房製小型銅鈴―中・後期における分布とその歴史的意義―」『日本書紀研究』第三十冊(塙書房、二〇一四年)。
(45) 平林章仁「大和国宇智郡の隼人」『古代文化』二十八巻十号(一九七六年)。
(46) 『続群書類従』第二十八輯上、釈家部(続群書類従完成会)を参照した。
(47) 『続群書類従』第八輯下、伝部(続群書類従完成会)を参照した。
(48) 『今昔物語集』(『新訂増補　国史大系』吉川弘文館)を参照した。
(49) 鎌倉期の絵画において、神仏の示現・影向を巨大に描く特徴がみられる(伊藤聡『神道とは何か』(中央公論新社、二〇一二年))。絵画表現として現れる以前においても、仏像をはじめとして神仏を表現する際に巨大な容姿を観念することがあったと考えられる。
(50) 山尾幸久「大化改新論批判序説　上」『思想』五二九(一九六八年)、小林敏男『古代王権と県・県主制の研究』(吉川弘文館、一九九四年)、鎌田元一『律令公民制の研究』(塙書房、二〇〇一年)。
(51) 直木孝次郎『日本古代兵制史の研究』(吉川弘文館、一九六八年)。
(52) 中司、前掲論文。中村修「瀬戸内海水軍の氏族編成」『海民と古代国家形成史論』(和泉書院、二〇一三年)。
(53) 秋吉、前掲著書。

『古事記』『日本書紀』の開発記事について

―七世紀以前の開発史研究の現状と課題―

上遠野　浩一

はじめに

本稿では、『古事記』[1]（以下『記』）『日本書紀』[2]（以下『紀』）に記された開発記事と、考古学の成果の検討を通して、七世紀以前の灌漑（田畑に水を引き、土地を潤すこと）の有り様、段丘開発の開始時期、開発の主体者などについての考察を行う。ここでいう「開発」とは、人々が定着、定住し、その環境を人為的・継続的に変えることによって、より人間の生活に利する活動、何らかの生産活動を伴う活動を指す。たとえば溜池の築造、農業用水路の掘削、河川堤防の築造、井堰の設置、水田の造営などがあげられる。しかし、巨大古墳の築造や庭園中に作られた苑池については、多くの人々がその造成に携わり、優れた技術力があったことは認められるが、生産を伴わないため開発とはみなさない。

『記』『紀』が崇神や垂仁時代のこととして記す開発とは、段丘地に池を作ることであった。仁徳期には低地の開発や溝の掘削、津や道路など交通施設の設置が進められたことを記し、履中以降は一転、ミヤケの設定記事ばかりとなり、推古期にいたって再び池の築造が記されるようになる。『記』『紀』は大まかに、以上のような開発史を描いているのである（三四・三五頁の表）。この『記』『紀』の描く開発史は是認できるであろうか。

一方、狭山池（大阪狭山市）改修に伴う発掘が行われ、堤防の下から六一六年伐採のコウヤマキ製の樋管が見つかり、狭山池堤防が六一六年以降の築造であること明らかとなった。狭山池は、現在わかっている中では最古の溜池であるが、これを築造したという記事はこの時期の開発の記録にはみえない。同様に、南河内で発掘された古市大溝や丹比大溝、河合大溝といった大溝渠開発も記録にはみえない。これがなぜかという疑問は当然抱かれるであろう。あるいは狭山池が最古の溜池であるなら、『記』『紀』の記す池の築造記事はどう考えればいいのだろうか。

本稿では、以上の疑問を解決するべく、これまで検討されてきた研究史を整理し、七世紀までの開発の実態を明らかにし、若干の試案と、残された問題を提示したい。

一　『記』『紀』が記す開発史

本章では『記』『紀』が初期の開発の諸段階をどのように捉えていたのか、概観を記す。各時期の詳論は次章以降に記す。

次頁の表からみえる『記』『紀』の記す開発史を次のように整理してみる。

〔Ⅰ期〕応神期以前、大和と河内（和泉）に池を作る。筑前に裂田溝を掘る。諸国にミヤケを設定する。

〔Ⅱ期〕仁徳期に、難波堀江・茨田・横野堤・橋・栗隈大溝・難波京の南から丹比村へ通ずる道路を作る。
〔Ⅲ期〕履中期に磐余池・石上溝、雄略期に磯歯津路（呉坂）を造る。全国にミヤケを設定する。
〔Ⅳ期〕推古期に大和と河内に池を作る。南山背に大溝を掘る。難波と飛鳥を結ぶ道路を作り、大和・山背・河内にミヤケを設定する。

いうまでもないが、これらを無条件に史実とする立場はとらない。ただし、時代が下がるにしたがって『記』『紀』編者が参照した資料は質・量ともに充実するであろうし、近い過去であるからより正確さを増すと考えれば、最も新しいⅣ期の記事は、かなり信用できると考える。しかし、『記』『紀』の開発記事の検証は、基本的には今日の考古学の成果を取り入れ、各時期・時代の蓋然性をみた上で判断されるべきであろう。『記』『紀』の記録とそれを裏付ける発掘成果があるものは、その開発が行われたことが検証できたものと判断してよいであろう。発掘調査の成果はあるが、文献の記述がないものは、開発が行われたことは事実として捉えることができるが、史料の偶然性の問題を考慮するとともに、開発主体者とその目的の考察が必要となろう。逆に『記』『紀』その他文献に記述があるが、発掘調査の裏付けがないものは、多方面からの情報をもとに判断するべきであろう。

Ⅰ期の段丘開発や池の築造記事は、考古学は開発があった事実を示しておらず、この時代の記述内容も信用できない要素がかなり含まれており、記述通りの池溝開発があったかどうかは疑われるべきであろう。Ⅱ期についても、直接的な考古学の成果が出ておらず、決め手には欠けるが、発掘調査による五世紀代の状況から実際に行われたものも中にはあると考えられる。Ⅲ期については、ミヤケの設置記事がこの時代に集中的にみえる理由と意味、磐余池や石上溝などの開発記事がみえ、この時期のミヤケの意味と発掘成果をどう考えるかが問題となる。Ⅳ期においては、そこに記された池溝のほとんどは、実際に発掘・発見されているわけではないという点では、

時期区分	史料	天皇元号	年	干支 西暦	月	開発池溝・設置屯倉	種類	比定国
I	『紀』	崇神	62	辛未	7	狭山池	池	河内
	『紀』	崇神	62	辛未	10	依網池	池	河内
	『紀』	崇神	62	辛未	11	苅坂池、反折池	池	大和
	『記』	崇神				依網池、輕之酒折池	池	大和
	『紀』	垂仁	27	戊午		來目邑屯倉	ミヤケ	大和
	『紀』	垂仁	35	丙寅	9	高石池、茅渟池	池	河内
	『紀』	垂仁	35	丙寅	10	狹城池、及迹見池	池	大和
	『紀』	垂仁	35	丙寅		多開池溝數八百之	池溝	
	『記』	垂仁				血沼池、狭山池、日下之高津池	池	河内
	『紀』	景行	57	丁卯	10	田部屯倉、倭屯家	ミヤケ	諸国
	『紀』	景行	57	丁卯	9	坂手池	池	大和
	『記』	景行				倭の屯家、坂手池	ミヤケ・池	大和
	『紀』	仲哀	2	癸酉		淡路屯倉	ミヤケ	阿波
	『記』	仲哀				淡道屯家	ミヤケ	阿波
	『紀』	仲哀 （神功摂政前紀）	9 （4）	甲辰	4	裂田溝	溝	筑前
	『記』	神功				渡の屯家	ミヤケ	百済
	『紀』	応神	7	丙申	9	韓人池	池	大和か
	『記』	応神				劒池、百濟池	池	大和か
	『紀』	応神	11	庚子	10	劔池、輕池、鹿垣池、厩坂池	池	大和
II	『紀』	仁徳	即位前紀			屯田及屯倉	ミヤケ	大和
	『紀』	仁徳	11	癸未	10	難波堀江、茨田堤	堀江・堤	摂津河内
	『紀』		13			茨田屯倉	ミヤケ	河内
	『紀』	仁徳	12	甲申	10	栗隈大溝	溝	山背
	『紀』	仁徳	13	乙酉	9	茨田屯倉	ミヤケ	河内
	『紀』	仁徳	13	乙酉	10	和珥池	池	大和
	『紀』	仁徳	13	乙酉	10	横野堤	堤	河内
	『紀』	仁徳	14	丙戌	11	小橋	橋	摂津
	『紀』	仁徳	14	丙戌		京中南道（難波大道）	道路	摂津
	『紀』	仁徳	14	丙戌		感玖大溝	溝	河内
	『記』	仁徳				難波堀江、茨田堤、茨田三宅、丸迩池、依網池、小椅江、墨江之津	堀江・池・その他	摂津　大和 河内
	『紀』	仁徳	43	乙卯	9	依網屯倉	ミヤケ	摂津　河内
III	『紀』	履中	即位前紀	戊子		村合屯倉	ミヤケ	未詳
	『紀』	履中	1	己丑	4	蒋代屯倉	ミヤケ	未詳
	『紀』	履中	2	辛丑	11	磐余池	池	大和
	『紀』	履中	4	癸卯	10	石上溝	溝	大和
	『紀』	雄略	14	正月	1	磯歯津道	道路	河内
	『紀』	清寧	2	庚子	11	縮見屯倉	ミヤケ	播磨
	『紀』	顕宗	即位前紀			縮見屯倉	ミヤケ	播磨
	『紀』	継体	8		1	匝布屯倉	ミヤケ	大和
	『紀』	継体	22	戊申		糟屋屯倉	ミヤケ	筑紫

表　『記』『紀』にみえる池溝開発・屯倉記事一覧

時期区分	史料	天皇元号	年	干支 西暦	月	開発池溝・設置屯倉	種類	比定国
Ⅲ	『紀』	安閑	1	甲寅	10	小墾田屯倉毎国田部、桜井屯倉、毎国田部、難波屯倉、毎郡钁丁	ミヤケ	大和　摂津
	『紀』	安閑	1	甲寅	閏12	竹村屯倉（上御野、下御野、上桑原、下桑原）、毎郡钁丁	ミヤケ	摂津
	『紀』	安閑	1	甲寅	是月	過戸廬城部屯倉	ミヤケ	安芸
	『紀』	安閑	1	甲寅	是月	横渟、橘花、多氷、倉樔、四處屯倉	ミヤケ	武蔵
	『紀』	安閑	1	甲寅	4	伊甚屯倉	ミヤケ	上総か
	『紀』	安閑	2	乙卯	5	筑紫穂波屯倉、鎌屯倉	ミヤケ	筑紫
	『紀』	安閑	2	乙卯	5	豊國滕碕屯倉、桑原屯倉、肝等屯倉、大抜屯倉、我鹿屯倉	ミヤケ	豊
	『紀』	安閑	2	乙卯	5	火國春日部屯倉	ミヤケ	（火）肥
	『紀』	安閑	2	乙卯	5	播磨國越部屯倉、牛鹿屯倉	ミヤケ	播磨
	『紀』	安閑	2	乙卯	5	備後國後城屯倉、多禰屯倉、來履屯倉、葉稚屯倉、河音屯倉、婀娜國膽殖屯倉、膽年部屯倉	ミヤケ	備後
	『紀』	安閑	2	乙卯	5	阿波國春日部屯倉	ミヤケ	阿波
	『紀』	安閑	2	乙卯	5	紀國經湍屯倉、河邊屯倉、	ミヤケ	紀
	『紀』	安閑	2	乙卯	5	丹波國蘇斯岐屯倉	ミヤケ	丹波
	『紀』	安閑	2	乙卯	5	近江國葦浦屯倉	ミヤケ	近江
	『紀』	安閑	2	乙卯	5	尾張國間敷屯倉、入鹿屯倉	ミヤケ	尾張
	『紀』	安閑	2	乙卯	5	上毛野國緑野屯倉	ミヤケ	上毛野
	『紀』	安閑	2	乙卯	5	駿河國稚贄屯倉	ミヤケ	駿河
	『紀』	安閑	2	乙卯	9	屯倉の税の管理	ミヤケ	
	『紀』	宣化	1	丙辰	5	茨田郡屯倉	ミヤケ	河内
	『紀』	宣化	1	丙辰	5	伊賀国屯倉	ミヤケ	伊賀
	『紀』	宣化	1	丙辰	5	新家屯倉	ミヤケ	伊賀
	『紀』	宣化	1	丙辰	5	尾張国屯倉	ミヤケ	尾張
	『紀』	宣化	1	丙辰	5	那津官家	ミヤケ	筑紫
	『紀』	宣化	1	丙辰	5	筑紫肥豊三国屯倉	ミヤケ	筑紫　肥　豊
	『紀』	欽明	16	555	7	白猪屯倉	ミヤケ	吉備
	『紀』	欽明	17	556	10	韓人大身狭屯倉、小身狭屯倉、海部屯倉	ミヤケ	大和　紀
	『紀』	欽明	17	556	7	兒嶋郡屯倉	ミヤケ	備前
	『紀』	敏達	3	574	10	白猪屯倉、田部	ミヤケ	吉備
	『紀』	敏達	4	575	2	白猪の屯倉、田部の増益の報告	ミヤケ	
	『紀』	敏達	12	583		児島屯倉	ミヤケ	百済　吉備
Ⅳ	『紀』	推古	15	607		高市池、藤原池、肩岡池、菅原池、栗隈大溝、戸苅池、依網池	池・溝・ミヤケ	大和　山背　河内
		推古	15	607		毎国	ミヤケ	
	『紀』	推古	21	613	11	掖上池、畝傍池、和珥池、難波大道	池・道路	大和　難波　河内
	『紀』	皇極	1	642		依網屯倉	ミヤケ	河内
	『紀』	皇極	2	643	11	深草屯倉	ミヤケ	山背
	『紀』	孝徳(大化)	2	646	1	屯倉の廃止	ミヤケ	
	『紀』	孝徳(大化)	2	646	1	子代屯倉	ミヤケ	難波
	『紀』	孝徳(大化)	2	646	3	皇太子所有の屯倉の献上	ミヤケ	
	『紀』	孝徳(大化)	3	647	4	誤穿溝涜控引難波	溝	難波
	『紀』	斉明	6	660	5	狂心渠	溝	大和

Ⅳ期もⅠ・Ⅱ期と同様であるが、この時期の開発の事例として、記録にはないが、狭山池の発掘調査が行われており、この時期の技術がこれによってかなり正確に把握できる。この時期には狭山池のような施設を作る技術があり、あちこちに同様の池溝が作られたことはあり得たと推測できるならば、文献通り、おそらく実際に大和・山城・河内各国において池溝開発がなされ、ミヤケの設定がなされたとみてよいであろう。以下、Ⅰ期から、考古学の成果を入れて検討を行ってみる。

二　Ⅰ期の開発（応神期以前、四世紀以前）

前頁の表にあげたⅠ期とは応神期以前にあたり、ここでは四世紀以前の開発として考察する。この時期の開発内容は、主に段丘上に池を作ることである。三世紀や四世紀に、段丘開発すなわちそこに池を作りその水を利用するという灌漑農耕の技術があったかどうかの検証が必要となる。この時期の『記』『紀』の記述については、考古学の成果との照合を行って、その潤色部分を見極めなければならない。

西岡虎之助は[3]『記』『紀』の記事から、初期の開発を、第一段階として山間の川を塞ぎ止めて溜池を作り、用水溝を掘る灌漑が行われたとした。古島敏雄も[4]早期の河川灌漑はないとし、古墳周辺の耕作化は環濠の水を用い、あるいは天水田として稲作し得る小面積に限られるとした。西岡の説はおそらく古島にも影響を与えているであろう。末永雅雄は[5]、古墳の築造と池の築造は相対するものであるとし、古墳の環濠を水源にしたとした。原秀三郎は[6]、八世紀の開発を論ずる中で、やはり灌漑施設の歴史的変遷は西岡説を有効とし、末永の古墳の周壕を水利に利用していたという説を卓見とする。西岡説や古島説、末永説が、多くの人から支持される通説であったことがわかる。西岡・古島・末永三氏に共通することは、『記』『紀』の記事から、開発とはまず池を作ることと捉え、水源確保の方法として「池」をかなり早い時期からあったものと考えていることである。門脇禎二[7]もまた『記』『紀』の記述を認め、鉄製農耕具の普及を理由として、三世紀末頃から河内平野で池が作られたとした。八賀晋[8]は、農耕土壌の分析を行い、弥生時代の第一段階では湿田経営とし、第二段階に至って半湿田に移行していくとした。井関弘太郎[9]は、東海地方の遺跡の事例から、縄文晩期から水田耕作に適した位置に集落が成立しており、それが初期の低湿地での農業に入り得た理由であるとした。そこでは常に新しい土壌の堆積が行われていたためその肥沃土に頼ったいわゆる「略奪農業」が行われていたが、時代が下がるにしたがって比較的高燥な地帯において行われるようになったとし、低湿地から高燥地への移行を想定した。亀田隆之[10]は井関説を認め、水害を懸念し、一部は低湿地から居住地を山麓部に移し、山麓斜面の湿地を稲作地として耕作したとした。ただ亀田も谷間の水を堰き止め、池を作り、用水溝を引いて谷間の水田開拓を行ったとしており、これは生産地を背後に持つ丘陵の縁辺台地に古墳が築造されてくる時期と相応じているとし、その点では西岡から末永、原説の上に重ねた説といってよいであろう。また亀田はⅠ期の池溝開発記事については、「おおよそ五世紀代に大和朝廷が積極的に行った造池事業と解することが可能」とする。これらの論が発表された当時は未だ発掘調査の事例は少なく、『記』『紀』等文献によって考察をせざるを得ず、その結論には限界があったことは否めない。

最近の考古学が明らかにした初期の稲作とは、西岡らが想定したものとは様相がかなり違っている。

弥生時代早期（先Ⅰ期・Ⅰ期）の福岡県板付遺跡[11]では、旧諸岡川から用排水路が引き込まれ、水路には井堰が設置されており、水をコントロールできるようにしている。また、土盛り畦畔で囲まれた水田には水口を設けている。立地は低湿地ではなく、湿地から分離された安定的な低位段丘面が選択されている。板付遺跡の南西約二・

五㎞に位置する野多目遺跡[12]でも、板付遺跡と同時期の水路二条・井堰・水口・畦畔の痕跡が検出されている。水路の敷設は若干の時間差があり、これは水田の拡大を意味している。板付遺跡より約一〇〇年遡る佐賀県唐津市菜畑遺跡[13]では、縄文晩期の地層から、大規模な水田が営まれていたことを裏付ける水路、堰、排水口、木の杭や矢板を用いた畦の仕切りなどが発掘され、高度な灌漑システムがあったことがうかがわれる。

大阪府牟礼遺跡[14]からは縄文時代晩期の堰、取水路、水田が発見されている。滋賀県服部遺跡[15]からも水口、堰状施設、土盛り堰、排水路などが作られていたことが報告されている。岡山県の百間川原尾島遺跡[16]では、人が七人並んで農作業をした跡が発見され、苗の移植（田植え）がなされた事が推測されている。奈良県の中西遺跡[17]は、周辺調査を合計すると耕地面積は約二万㎡以上もの拡がりを持つ水田遺構で、小畦畔の所々に水口を作り、畔越しによる掛け流しの配水方式をとっている。また調査区のほぼ中央には水路と思われる溝があり、このような水路も併用しながら配水することを意図している。同じく奈良県の奈良警察署跡地（平城京左京三条二坊十四坪下層遺構）[18]で見つかった水田跡は、約五〇〇区画あり、一区画の平均面積が約七㎡、水田を区切る畦は高さ約三㎝、東西に幅一ｍ弱の大きな畦一本が通り、幅約三〇㎝の小さな畦が「あみだくじ」状に配されていた。北側を東西に流れる川跡からは堰とみられる木材などが見つかり、水を堰き止めて水田に引いていたと考えられている。水路の遺跡は東国の群馬県日高遺跡、本州最北端の青森県垂柳遺跡などからも発見されており、弥生時代半ばには灌漑システムを伴った農耕が本州の最北端まで伝播していたことがわかっている。

これらはいずれも高度な灌漑設備を伴っており、苗の植えかえ（苗代・田植え）を伴っていたことが推測される遺跡さえあり、稲作が日本に伝えられたそのときから、系統的な灌漑システムも一緒に輸入され、相当完成した形の稲作が行われてきたことを物語る。従来からいわれてきたのは湿地帯に直播きされていた稲作から乾田稲作に発展するというイメージは既に修正されている[19]。もちろん湿田農耕は現在も多くの地域でなされているのであるから、これが全くなかったわけではなく、その土地々々に合わせた田地が営まれ、それぞれにあった給排水システムが設けられていたというのが実態であろう。右にあげた遺跡では、いずれも湧水、または近くの河川に井堰を設置して溝で水を導水しており、池は築造していない。木下晴一[20]は、「溝」とは「水田の灌漑する目的で掘られ、河川から取水する施設」とし、現在の日本の灌漑の八割は河川灌漑であり、古代においてもそれはあまり変わらないとする。河川に堰を設けた弥生時代の遺構はいくつも発見されている[21]。木下の見解は従うべきであろう。河川灌漑は、日本の初期の農耕においてはごく当たり前にみられることであった。

ここで『記』『紀』に戻ってみると、この時期の開発とは裂田溝を除けば、すべて池の築造である。右に述べた発掘調査が明らかにした初期の水利実態と『記』『紀』の記述とはかなり違うといわねばならない。

溜池は、そこで水田を作るための用水の確保が難しい場合（高燥地の水田開発など）に用水源として築造される。高燥地とは、いわゆる更新世に堆積した地層（段丘）で、水はけがよく、岩のように堅いため、段丘地は水田を作るにはもともと不向きな土地なのである。ここを開発するためには、水源の確保と鉄器の普及が条件となる。水源の確保には池を作り、その水量・体積に耐え得る堅固な堤防の築造技術と、その堅固さを崩すことなく池から効率的に水を取り出す樋の技術が必要であり、従来からの河川に井堰を設け、導水するよりずっと高度な技術力が要求される。加えてそれらを築造するだけの経済力と労働力を集める政治力が必要である。後者に関しては大規模古墳を作る経済力・政治力があったことは認められるが、池に湛水し、その容積に耐え得る堤防の築造技術や、池から水を効率的に取り出す技術力の存在については、この時期には出土例がなく、文献にみえるような池が築造されたかどうかはいまだ確認がとれない。出土例がないからといって「存在しない」という断定はできないが、この時代の耕作地が段丘には及んでいないこと、主に河川灌漑がなされていたことを考えると、段丘地に溜池が掘られ、その水を使った灌漑がなされていたかどうかは疑問である。

ただし、『記』『紀』共通に記された池築造記事については、『記』『紀』がともに参照した史料に池の築造が記されていたとみるほかあるまい。あるいは応神が構えた宮との関連で、『記』『紀』応神条に見られる池は、灌漑池ではなく、苑池（最初に定義した「開発」が目的ではない池）のようなものとして作られた池が記録された可能性はある。『記』『紀』がともに参照したと思われる史料が、いつ頃成立していたのかは定かではないが、そこに記された池が苑池ではなく、灌漑を目的とする池であるならば、段丘地に溜池を作る技術・経済・政治力が充実した時代、段丘地が溜池によって開発可能となった（築堤や樋の技術が普及した）七〜八世紀の農業実態をが反映したものとみざるを得ない。ただし、『記』『紀』は池による灌漑をより古く見せようとしたのではなく、その史料が記された時代（おそらく七世紀頃）を反映したものとみられる。いずれにしても、この時期に記録された池の記述については、池の存在自体もそうであるが、灌漑池であるかどうかは疑われなければならないだろう。

I期には、今のところ溜池灌漑が行われた痕跡は発見されていない。だからといって池の築造が全くなかったと結論づけることは控えるが、『記』『紀』の溜池築造記事の真偽は疑われるべきであろう。この時期の主な灌漑方法とは、弥生時代の灌漑の実態から、湧水または河川に堰を設けた溝による導水である。川から水を引く溝の掘削が行われたことは確実である。この時期の唯一の溝掘削記事、すなわち『紀』神功摂政前紀条にみえる「裂田溝」は現在も利水・治水両面に利用されている用水路がこの溝に比定され、発掘調査も行われている[22]。掘削時期の問題はあるが、裂田溝は、三・四世紀頃には河川灌漑が行われていたことを端的に表すものではないか。またミヤケの設置記事がこの時期にいくつかみえるが、明確な土地支配の概念の有無は明らかにはならないが、王権の財政を支える経済基盤が存在したことは想定しなければならないだろう。

三　Ⅱ期の開発（仁徳期、五世紀頃）

Ⅱ期の開発とは『記』『紀』では仁徳期に記された記事を指し、ここでは五世紀頃の開発を指す。いうまでもないが、「仁徳」という王一人の時代でも事績でもない。『記』『紀』仁徳条に堀江、津、道、堤、大溝等が作られたことが記される。開発記事としては、このⅡ期の記事はそれまでの記事の書きぶりとは全く異なっている。ただし、Ⅰ期にあれほど記された溜池築造の記事が二ヶ所のみとなり、低地開発と交通施設の設置を記している。『記』『紀』に記された具体的な開発が、発掘調査によって確かめられているわけではない。しかし、たとえば難波堀江の開削記事は、上町台地東側に滞留していた淀川・大和川の水を、速やかに大阪湾に排出するために掘られた水路と考えられ、天満川（現在の大川）に比定されている[23]（発掘調査による裏付けはない）。これによって、淀川・大和川の流れがスムーズとなり、この記事とセットで記される茨田堤（淀川左岸堤防）、横野堤（平野川堤防か）は、淀川・大和川の河道を固定し、水害を防いだというのであるから、前後の脈絡は整合している。実際に堤に護られた地域に人が住める環境となったことは、たとえば淀川左岸下流域（河内湖の名残のあった地域で、湿地帯であり、四世紀代にはほとんど集落遺跡のなかった地域）において、五世紀後半には集落遺跡が急増することから[24]、確実にいえる。この変化を、『記』『紀』が示すⅡ期（仁徳期）の開発と重ねてみることは、あながち無理なことではあるまい。加えて、一九八七年に発見された大阪市中央区法円坂の大倉庫群（五世紀後半頃か）も、右記推測を補強する。この倉庫群は堀江から数百m離れた上町台地上にあり、難波堀江の水運による物資を集積した場所であろう。倉庫群が作られるより少し前に堀江の掘削があり、それに伴って津の整備、茨田・横野堤の築造、淀川下流左岸地域の開発があって、ここ法円坂の倉庫群に物資の集積が行われたとみれば、難波堀江とこれに関連する一連の開発は、『記』『紀』の示す年代とはずれるが、五世紀代に実際に行われ開発とみて矛盾はないと思われる。

つまりⅡ期の王権は、淀川・大和川が作った沖積地を開発し、耕地の拡大に乗り出したのである。『記』『紀』茨田屯倉設置記事は、ミヤケという概念は後世的なものとしても、淀川下流地域でいわゆる新田開発が行われたこと、これが王権の経済基盤の一つ（茨田屯倉）となったことを表しているものと思われる。

この時期の開発に、栗隈大溝・感玖大溝という溝の掘削記事がある。栗隈大溝は、『紀』仁徳一二年条・推古二一年条にも記述があり、仁徳条には「大溝を山背の栗隈縣に掘りて田に潤く」と記され、推古条には「是歳（推古一五年）の冬に、倭國に（中略）。山背國に、大溝を栗隈に堀る。（中略）亦國毎に屯倉を置く。」と記されている。感玖大溝は、『紀』仁徳一四年条に「又大溝を感玖に掘る。乃ち石河の水を引きて、上鈴鹿・下鈴鹿・上豊浦・下豊浦、四處の郊原に潤けて、墾りて四萬餘頃の田を得たり。故、其の處の百姓、寛に饒ひて、凶年之患無し。」とみえる。溝とは農業用水路という意味であり[25]、どこから水を引くにせよ、水は稲作には必ず必要である。実際に水源からの導水路は稲作の開始の時期から行われており、それぞれの地域の開発を行う場合には、水源から農業用水路が必ず引かれていたはずである。裂田溝が現実にあった溝であると考えたのと同じように、この二つの溝もまた実在した可能性がある。

栗隈大溝については、後章でも述べるが、所伝が仁徳期・推古期と重複しており、仁徳期の記述は推古期の開発を古い時代に反映させたとみることは可能であるが、単純にそう考えてよいか否か問題もある。栗隈地域には久津川車塚古墳など、五世紀頃の大王墓級の古墳が造営されている（久津川古墳群）。久津川車塚古墳の被葬者は明らかにはなってはいないが、大王級であるという想定は可能である。『紀』仁徳一二年条には、「栗隈縣」と記されていることから、この地域には王権に従属性の強い「縣」の存在が想定される。これらのことから、この地域がヤマト王権と何らかの深い繋がりがあると考えられ、王権の主導によって栗隈大溝開削を行ったことは、五世紀代でもあり得た開発として想定できるかもしれない。

感玖大溝は、『紀』に加えて『住吉大社神代記』(26)（摂津国の住吉大社が天平三年（七三一）七月五日に神祇官に解文として上進したとされる）にも、「大島守を以て紺口の溝を掘らしめ」たという記事がみえる。「感玖大溝」と「紺口の溝」は同じものを指しているとみてよいであろう。原秀禎(27)が小字名や残存地名をもとにした歴史地理学の観点から石川左岸に現在も残る唐臼井路という水路に比定する説を唱えており、これは石川の水を水源としており、『紀』の記述とよくあっている。一方、『和名抄』に「紺口郷」がみえ、感玖大溝との関係も浮かぶ。しかし、紺口郷は富田林市佐備川の上流の竜泉・甘南備、千早赤阪村の東条川上流の地に比定され(28)、近くに寛弘寺という寺もあり、「コンク」と音が似ていることもこの地域に比定する理由となるが、紺口郷の比定地は石川から水を引くという位置ではない。この紺口郷に含まれる河南町芹生谷遺跡の発掘調査(29)では、ＴＫ43段階の須恵器と古墳時代後期の竪穴建物掘立柱建物、二条の溝が検出され、溝の一つ（溝２―２）からは、ＴＫ209段階の土器のみがまとまって出土した。集落が存続したのは六世紀後半から七世紀初頭まで、七世紀初頭に溝は一気に埋まっている。報告書はこの溝が感玖大溝の可能性を指摘するが、述べたとおり、そもそも紺口郷と「石川から水を引く」という記述は両立しない。またここでの出土土器と同時代のもの（ＴＫ209段階）が少し上流の千早赤阪村川野辺遺跡からも発見されていることから、この地域の開発は、六世紀後半から七世紀初頭で、その存続期間は案外短く、溝の年代は五世紀までは遡れない。七世紀の開発の反映とみることもできるが、いずれにしても石川から水を引くという記述とは整合しない。感玖大溝については、時期と場所についてなお検討が必要である。

この時期の池の築造記事として和珥池・依網池（『記』のみ）がみえる。両池とも推古期の開発にもみえ、後章で述べるが、依網池は、これより以前の『紀』崇神六二年一〇月条、『記』崇神段にもみえ、『紀』応神十三年秋九月条では、依網池は蓴（ぬなわ）の繁茂する池として描かれているので[30]、以前から存在していた池だったのかもしれない。ただし、池の水を使うための築堤や樋の技術はまだ考えられず、この池を利用した積極的な灌漑が行われたとは考えにくい。灌漑が行われたとしても、この池から自然に流下する水を利用する程度のことなら可能性としてはあり得る。

四　Ⅲ期の開発（履中から敏達期）

Ⅲ期とは、『記』『紀』の履中から敏達の段階にあたり、ここでは六世紀頃の開発として扱う。履中期をこの時期に入れることには少し躊躇があるが、Ⅱ期を五世紀代とし、これを仁徳期として開発史の一大画期としたので、仁徳以降は、履中期も含めてⅢ期の開発とせざるを得ない。ただし、履中期に記されている石上溝と目される五世紀後半頃の溝の遺構が出土しており、これはⅡ期に入れるべきかもしれない。一方、同じく履中期に記される磐余池であるが、これも最近の発掘調査成果があり、六世紀後半という年代が示されている。『記』『紀』の記述年代はかなり錯綜している。ここでは時期的にはⅡ期と重なるものもあるが、履中から敏達期に記された開発をⅢ期の開発として扱うこととする。

1　ミヤケ

この時期は、ミヤケ関連の記事が目立つ。[31] ミヤケの存在については、六世紀以降というのが通説であるが、それ以前でも、前章の仁徳の時期には、茨田堤―茨田ミヤケという関連がみえる。五世紀以前の「ミヤケ」という土地支配概念の有無は措くとしても、王権が開発した土地や、王権が管轄する地域あるいは前線基地的な存在はあったであろう。それらを六世紀以降にミヤケと呼んだ事は考えられるであろう。茨田ミヤケとは、堀江の開削と茨田堤の築造によって、この地域が開墾可能な土地へと変化したことを表していると想定でき、『記』『紀』の記載から、その開発の主体を王権と推測することが出来るであろう。仲哀期にみられる淡路屯倉設定記事も、淡路島が開発されたという意味もあるかもしれないが、当時の王権の交通路把握（瀬戸内海航路）とも関わり、淡路島に王権の基地的な存在があったことは考えられる。[32]

ではこの履中期以降にみえるミヤケの記事はどうであろうか。履中期には、村合屯倉・蒋代屯倉という二つの屯倉が見えるが、村合屯倉については、住吉仲皇子を討った褒賞として去来穂別皇子に与えられたものであり、蒋代屯倉は、もとからあった屯倉にて野嶋の海人を使役したという記事であるから、両方とも以前に王権によって開発された土地として記されている。また『紀』清寧・顕宗条にみられる縮見屯倉は、オケ・ヲケ王が身を寄せた場所であるから、播磨国に設定されていた屯倉のようであり、これも以前から存在した王権による開発地であろうか。これらが実際に存在したのかどうか、存在したとすれば、いつ頃開発されたのかが問題となるが、王権の支配の及ぶ土地が、五世紀代からあちらこちらに設定されていたと解釈してよいであろう。ここにみえる村合・蒋代・縮見の各ミヤケも、ミヤケという概念は後世的なものであっても、五世紀後半から六世紀代にかけて王権の支配の及ぶ土地すなわち王権の財政基盤となる土地が各所に存在し、後のミヤケという概念を遡及させてそれらを記述した可能性はある。

画期は継体期にあり、磐井戦争によって磐井の子の葛子より糟屋屯倉が貢進されたように、ミヤケは各地域首長から王権に貢進されるという一面を持つようになる。地域首長らは、自らの領地の一部を王権に差し出すことによって服属の証としたのである。ただし、ミヤケとして差し出した土地の管理、すなわち実効支配は引き続き各地域首長が行ったのであるから、土地を取り上げられたという観念はあまりなかったことと思われる。

安閑期は全国各地にミヤケが設置されたことが『紀』に記されている。これらは、全国の地域首長から王権に差し出された土地を、王権側が記録したものであろう。ここにおいてもやはり土地の実効的支配権は、引き続き地域首長が握っていた。ただ収穫の一部が王権に差し出されたというのが実態であろう。しかしともかく、王権は地域首長の支配領域の一部をミヤケとして差し出させ、収穫の一部を搾取するという形で、全国の支配を進めていったものと考えられる。その結果、ミヤケは王権の財政基盤として、確固たる位置を占めはじめる。宣化二年には、中央豪族が命令者となって、各地域に豪族を派遣し（各地域首長が実効支配していた各地のミヤケからの収穫の一部を、上番していた各地域首長を使役し差し出させたという意味か）各ミヤケから筑紫の官家（みやけ）に穀を運ばしめるという記事があり、この記事からは、ミヤケは中央の有力豪族が王権の一翼を担って、いわば王権をあげての財政政策であること、地域首長が支配する地域にミヤケが設定されていたこと、各地域首長がミヤケの管理者であったらしいことなどが読み取られる。地域首長が国造として把握されていったのもこの時期であろう。ミヤケに関する記事がこの時期に集中する理由は、『紀』編者が意図的にここに集中させたとみることも出来るが、王権の強大化によって、各地域首長に、服属の証として支配地域の収穫の一部を貢進させたことを記録したものと考えれば、案外短期間で進められたかもしれない。

次の画期は欽明・敏達期である。欽明一六年（五五五）七月壬午、蘇我稲目を派遣して、吉備五郡に白猪屯倉を置き、ついで同三〇年（五六九）一月辛卯には、王辰爾の甥の胆津を派遣して白猪田部丁籍を作成させ、胆津はその功により、白猪史の姓を与えられ、田令（ミヤケの管理官か）に任ぜられている。あるいは胆津は児島郡屯倉の田令葛城山田直瑞子の副にも任ぜられた。敏達三年（五七四）一〇月丙申には、大臣蘇我馬子を吉備国に派遣して、白猪屯倉とその田部を増し、田部の名籍を白猪史胆津に管理させたという。このミヤケ直轄政策ともいえる政策は、蘇我氏主導で行われ、この政策（田令の派遣、名籍による田部の把握・支配）は他のミヤケにおいても行われたと思われる。以降、王権がミヤケを直轄管理するようなシステムがとられるようになったと解釈してよいであろう。これによってミヤケからの収穫は直接王権に入る（地域首長が介在する余地がなくなった）こととなり、王権の財政基盤は強化された。同時に地域首長は地域支配力を弱めたことであろう。継体から敏達期に進められたミヤケ政策によって、王権はますます強大な力を得ることになった。これを主導した蘇我氏が、継体欽明朝から急速に力をつけ、王権の財政を担い、王権と姻戚関係を結び、王権内に強い発言権を持ち得たのも、この時期蘇我氏が推し進めたミヤケ政策―財政基盤強化政策によるとみてよいのではないか。

2　磐余池

この時期の開発記事として『紀』履中条に記された磐余池・石上溝がある。磐余池については、履中二年～三年にかけて、次のようにみえる。

二年冬十月に、磐余に都つくる。（中略）。十一月に、磐余池を作る。

三年の冬十一月の丙寅朔辛未に天皇、兩枝船を磐余市磯池に泛べたまふ。皇妃と各分ち乗りて遊宴びたまふ。

膳臣余磯、酒献る。（後略）

『紀』用明元年五月条には、

……是に、穴穂部皇子、陰に天下に王たらむ事を謀りて、口に詐りて逆君を殺さむといふことを在てり。遂に物部守屋大連と、兵を率て磐余の池邊を圍繞む。（後略）。（傍線筆者）

とみえる。履中条の記述では、宮を作ったことと連動して磐余池を作ったとすれば、ここにみえる磐余池は灌漑池ではなく苑池とみられる。宮のすぐそばに灌漑池を作るというのはあり得ないことではないが、蓋然性は低い。用明条の方は、用明の宮を穴穂部皇子が囲んだことを記しており、用明の宮が磐余池の近くにあったことは判明するが、磐余池そのものの描写ではない。しかし、宮の近くにあったということは、やはりこの磐余池も苑池であろう。苑池ならば、最初に述べたように、開発の定義からは外れるので、ここでは考察の対象外となる。

一方、発掘調査によって、磐余池の堤防跡らしき遺構が検出されている。二〇一一年末に橿原市教育委員会が市道の拡張計画に伴って発掘調査を行い[33]、戒外川左岸から西の妙法寺（御厨子観音）にかけての東西の高まりがあり、上空からみると、北に向かって「へ」の字に大きく湾曲していて、南西方向から延びてくる数条の谷筋を塞ぐ形になっており、発掘調査によってこの高まりが人工的に築かれた堤であることが確認された。また、この堤跡の南一〇〇mの地点からは、池の堆積土である粘土層や腐植土層が検出されており、かつてここが池であったことが確認された。堤上から三種類の異なる構造の建物が見つかり、その中で、最も古いとみられる大壁建物は、渡来人との関わりが考えられる。これらは六世紀後半～七世紀前半頃、池と同時期に存在していた。この建物は堤の上から池をみるための施設とみれば、池は苑池であるということが推測され、『紀』履中条、用明条の苑池の記述と合致する。一方、池は水を供給し易い高所に立地しており、灌漑用の池として考えてもおかしくはない立地ではある。

また二〇一三年の調査[34]では、七世紀頃作られた水位調整用とみられる溝跡（幅一五～二〇m）、六世紀頃から七世紀末までに作られた堤の護岸施設とみられる石敷きも見つかっている。最下層の石敷きは堤の裾部分にあり、六世紀後半に作られていた。堤は六世紀後半から七世紀末までに二度盛土をし、石敷きもその都度重ねられていた。最終的に、七世紀末頃には石敷きの上を含め全体に土を盛って堤を拡張し、結果、当初の堤から最大計約一・二m程度高くなっていた。

今回出土したものは、池の堤防の一部である。時期は六世紀後半～七世紀で、これが文献にみえる磐余池である可能性はおおいにあるが、これが灌漑用の溜池であったかどうかは、二〇一三年の調査によって確認された水位調整用とみられる溝が、灌漑用として機能していたかどうかの検証にかかる。ただし、発掘された堤防は六世紀半ば以降であり、また今回発掘された溝跡は、七世紀頃のものであり、たとえこの溝が灌漑用に使われたとしても、溜池の歴史を塗り替えるほどのものではない。

3　石上溝

履中四年冬十月条に、「石上溝を掘る。」とみえる。履中即位前紀に、履中が住吉仲皇子に対峙した場所が石上神宮と記され、石上神宮は物部氏の奉祭社であるから、住吉仲皇子の反乱を知った物部大前宿禰が履中を連れてきたという文脈で理解される。この一連の物語の構造は、王権内の勢力争いに、各豪族・王族が履中側につき、一方を滅ぼしたということであろう。

石上溝は、山内紀嗣[35]によれば布留遺跡の大溝1に当たるという。この溝は、石上神宮の西約五〇〇mのところで、幅一五m、深さ二mの溝で、約二五mにわたって検出された。布留川から水を引いた人工流路と判断される。最下層から出土した遺物から五世紀後半に掘られと思われ、一一世紀頃には埋まったようだ。底に堆積した土砂から、流水していたことは確実である。わざわざ丘陵を掘削して水を流しており、灌漑目的としか考えられない。溝1から北西に分岐する溝2も見つかっておりこれは六世紀前半頃とみられる。溝1はおおむね南西から西方向に流れ、現在の田村川の流路に入る。溝1の南東には六世紀初頭以前の高床建物とみられる総柱の掘立柱建物が三棟見つかっている。

現在布留川から分岐する田村川は、中世に灌漑目的で掘られた水路らしく、現在も布留川左岸を灌漑し、その灌漑面積は一〇〇〇ha以上に及ぶ。田村川の前身となる鎌倉時代の水路も確認されている。田村川と石上溝との関係は定かにはならないが、その年代からみて、田村川は石上溝の後継水路として、布留川左岸に新たに掘られた水路であろう。石上溝は現在の田村川の灌漑範囲とすべて重なるかどうかはわからないが、大溝1が石上溝とすると、布留川左岸地区の開発・灌漑を目的として、王権によって通された溝であろうと考えられ、五世紀後半から六世紀代には奈良盆地東部の灌漑を担った溝であり、奈良盆地東部が王権によって開発されたことを示すものと考えられる。

五　Ⅳ期の開発（推古期、七世紀前葉）

1　開発の画期としての推古期

Ⅳ期とは推古期にあたり、ここでは七世紀前葉の開発を指す。

Ⅳ期（推古期）は古代の開発の最大の画期である。推古一五年（六〇七）と二一年（六一三）の二度にわたって、畿内各所で池溝開発と屯倉の設定が行われたことが記されている。この時期の特徴は、池の築造記事が多くみえることである。しかしこれらの記事を裏付ける発掘調査結果はいまだ出ていない。一方、この時期の記録にはみえない狭山池は、発掘調査によって七世紀初頭の築堤によって天野川を堰き止めて作られた溜池であることが確かめられている。この時期、狭山池と同様、南河内には記録にはない大規模な溝（古市大溝・丹比大溝・河合大溝）も作られている（古市大溝は五世紀説・六世紀説もある）。七世紀前葉は大開発の時代といえる。通説[36]はこれら大開発は、記録にあるものもないものも含めて、王権によるものとする。しかし、これらすべてが王権による開発であるなら、なぜ狭山池や古市大溝の開発記事が『紀』にみえないのであろうか。『紀』がいちいちの開発記事すべてを記録したわけではない、あるいは記録から落ちたということも考えられるが、南河内の段丘地開発は、狭山池が嚆矢であることは間違いなく、あれほどの大規模で精緻な溜池開発を正史が書き漏らすことはあり得ないのではないか。また発掘された三つの大溝は、水利施設かどうか問題はあるとはいえ、固い段丘層を何ｍも掘り下げており、かなりの大工事かつ難工事であったことは間違いない。この時期のこれらの大規模な工事が『紀』の記事にはみえないことについては、何らかの理由があると考えなければならないだろう。

2　狭山池―記録にない開発①―

狭山池は、崇神六二年秋七月乙卯朔丙辰に「今、河内の狭山の埴田水少し。是を以て、其の國の百姓、農の事に怠る。其れ多に池溝を開りて、民の業を寛めよ」とあり、これが狭山池を作った記事とされるが、発掘調査の結果、狭山池堤防の築造年限は七世紀初頭以降であること、堤防の下に長大な樋管と樋門を設置し、必要な分だけの水を取り出すことができ、余水は、西側の除ケから逃がすという、灌漑用の溜池として大変によく考えられた構造であることが明らかになっている。またその巨大な堤防は、「敷葉工法」によって築かれていることも判明している。この工法は、水の透過層をわざと作ってやることによって、堤防の崩落を防ぐという工法で、強さとしなやかさを兼ね備えた堤防の工法である。敷葉工法による堤防は、狭山池よりも約一〇〇年古い大阪府亀井遺跡（五世紀末～六世紀初頭）からも見つかっている。[37]敷葉工法自体は古くからある工法で、中国安豊塘遺跡（一世紀）や朝鮮碧骨堤遺跡（四世紀）から堤とみられる遺構が出土している。[38]日本でも、弥生時代中期の長崎県原の辻遺跡から敷粗朶が、[39]同後期（一世紀）の岡山県上東遺跡の波止場状遺構に敷葉が用いられている。[40]この上東遺跡から五世紀末の亀井遺跡にいたるまでの遺跡が見つかっていない。また亀井遺跡の堤防が、果たしてどんな目的で作られたのかは評価がまだ定まっていない。[41]亀井遺跡の年代の前後以降に同じ工法の堤防は各地に作られたが、残存しなかった堤防もあったことは想像できる。いずれにせよ、敷葉工法という工法は、五世紀末から六世紀初頭頃には既にあったことが判明している。

しかし、敷葉工法は狭山池以前に遡ることは可能であるが、狭山池でみられた樋や除ケによる能率的かつ合理的なシステムは、六世紀以前には確認されていない。河川から水を引くことが困難な高燥な段丘地の開発は、豊富な水の確保（溜池）と確実な水の制御装置（樋）が必須であり、築堤の技術は既にあったものの、これらの条件を満たす施設は、現在確認される中では狭山池がはじめてである。ともかくも、七世紀初頭にはこれらの技術が存在していたことが、この狭山池の実例から確認できる。しかし、その狭山池が推古期の記録に表れていないということは大きな疑問である。

3　古市大溝―記録にない開発②―

同様に古市大溝も記録がない。古市大溝は古市古墳群の乗る段丘（古市段丘と呼ぶ）上を、古墳の間を縫うように走る。目的や時期については、灌漑説と舟運説があるが、筆者はその発掘状況（青山二号墳・矢倉古墳・軽里四号墳の破壊）[42]や、出土遺物はＴＫ217、もしくは飛鳥Ｉ期が最も古く、六世紀代のものは認められていないという発掘成果から、築造年代は七世紀と考える。また従来、大溝の水源を石川に、排水を東除川に求めてきたが、大溝と石川・東除川とは繋がっていたかどうかは推測の域を出ていない。石川と繋がると考えると、古市段丘上に水を堰き上げる必要があり、物理的に大変無理がある。また、大溝は北に向かって流れていない。大溝は三八ｍ等高線を維持し、その溝底は北に向かって高いため、水は北へ向かっては流れず、段丘上に溜まらざるを得ない[43]。したがって東除川にも繋がらない。どこにも繋がらないのであるから舟運は考えられない。古市大溝が乗る段丘地は、五世紀代の大古墳が大きな存在感を持つ地域であるが、ここに狭山池のような灌漑用の溜池を作る余地はほとんどなく、段丘そのものの面積も狭い。安定した水の供給する河川もないために、この溝は丘陵からの水を受け止めるために作られた長大な溜池と考えざるを得ない。ただ単純に灌漑目的と断定することができないのは、原秀禎が指摘[44]しているように、この水路の右岸側の段丘上、すなわちこの水路が灌漑するべき土地が灌漑・耕地化された形跡がないことがあげられる。古市段丘の開発に、この大溝が寄与した形跡がみえないのである。これについては、段丘そのものの開発を目的としたものではなく、段丘の裾に拡がる沖積地への水の供給を図ったものであると考えられており[45]、筆者もそれに与する。

中西康裕[46]は段丘を下る支線（野中水路）の存在を、発掘調査の結果と小字名から導き、その支線は王水川に流入するとした。王水川は段丘と沖積地の境を流れる古市大溝と同時期の人工水路である。古市大溝は、羽曳野丘陵から流下する水を受け止め、野中水路を通って王水川に水が供給されたと考えることによってのみ、古市大溝の意義が理解できる。古市大溝は、古市段丘に設けられた、丘陵から流下する湧水や天水を受け止めるために掘られた長大な溜池であり、段丘そのものを灌漑したのではなく、北部の沖積地を灌漑する王水川への給水源として機能したのである。(48)

4　記録に残らなかった理由と開発の主体

狭山池や古市大溝のような大規模施設が『紀』には記されない理由はなにか。結論を先に言えば、これらの地域は推古期の「王権による」開発地ではなかったからである。

狭山池は、近世では南河内段丘一円すべてに水を供給する一大灌漑施設であったが、築造当初の狭山池に設置された樋は、東樋のみである。狭山池の水はこれによって制御され、必要な分のみを計画的に流すことが可能であった。東樋筋から発見されている遺構は、一九七九年に府立高校建設に伴って発掘された平尾遺跡をはじめとして、道路建設等に伴う緊急発掘によって、太井遺跡・真福寺遺跡・郡戸遺跡・河原城遺跡・丹上遺跡・高木遺跡・観音寺遺跡などが次々と発掘された。(49)どれも七世紀以降の遺構であり、その意味で、この西除川と東除川の間の段丘地帯の開発は、明確に狭山池以降であることがわかる。一番北に位置する観音寺遺跡は、河内大塚山古墳の西南約一㎞に位置し、南側に飛鳥時代と奈良時代の遺構が認められるものの、遺構の大半は平安時代のものである。狭山池の水は、七世紀段階では観音寺遺跡まで届いていない。これは七〜八世紀の狭山池の灌漑能力の限界を示すものとみてよいであろう。天平四年に大規模な旱魃があり、おそらくこれを受けて行基が堤のかさ上げを行い、(50)また狭山下池を作り、(51)狭山池の能力の増強を図ったが、それでも奈良時代の灌漑範囲の北限は観音寺遺跡である。

つまり、池および池の堤防は巨大であるが、当初の狭山池の灌漑網は、近世の狭山池灌漑網のような南河内の段丘全体に水を行き渡らせるような広範囲には渡ってはいなかったということである。せいぜい、西除川と東除川の間に通された東樋筋の、観音寺遺跡の南を北限とする範囲に過ぎなかった。この範囲とは律令の行政範囲の丹比郡の範囲を出ない。つまり、狭山池の当初の灌漑範囲は、丹比郡の郡域でしかなかった。その灌漑能力は、それほど大きいものではなかったのである。加えて、七世紀初頭にこれが作られたという記録はない。これほどの施設が王権の手によって成されたのであるならば、記録されてしかるべきであるにもかかわらず、記録は一切見られない。狭山池の築造記録がないという事実については、これまでの研究にはあまり触れられないできたと思われる。

そもそも王権がこれらを作ったと考えるのは、狭山池とその北に設けられた堤防があまりにも巨大であるということでしかない。このような状況下において、狭山池が王権の作った施設であるかどうかは当然疑われるべきであろう。狭山池のほか、七世紀の大開発の一つとみられる丹比大溝（長尾街道が通る付近）と河合大溝（西除川の西側、丹比大溝の西南）も同様であり、これらはすべて記録には現れないが、丹比地域の灌漑を担う水利施設（舟運説もあるが）という点で共通している。七世紀初頭に狭山池を作ったが、これは当初は丹比地域の一部を潤す程度の灌漑能力であり、狭山池の水の届かないところには別の灌漑手段を講じなければならなかった。丹比大溝や河合大溝はそういう文脈で理解され、これらは丹比地域において完結することから、丹比の地域首長による開発とみるべきではなかろうか。このようにみれば、古市大溝も地域の開発に過ぎず、古市段丘の北側の沖積地に水を送るための施設であり、そこに集住する渡来系の氏族がその開発主体と考えられる。古市段丘は狭く古墳だらけであるので開発メリットはない、それならば羽曳野丘陵から流下する水を受け止めるための溝を掘り、そこに溜まった水を野中水路によって王水川にいれ、段丘北側の沖積地に水を供給しようとしたと考える方が理にかなっている。大溝が標高三八mラインを保っているという事実は、古市大溝が段丘内に設定された細長い溜池であったことを如実に物語るものではないか。

このように考えれば、南河内の大開発は丹比地域の首長主導の開発と考えられる。王権の関与はおそらくなく、したがって正史に記録されなかったと考える。

狭山池あたりの地域の首長は丹比連または多治比公である。丹比連は反正（蝮瑞歯別）の名代を統轄する伴造とされる。[52]『新撰姓氏録』[53]（以下『姓氏録』）右京神別下と河内国神別にみえ、火明命系譜（尾張氏系譜）[54]に連なることが記されている。[55]その他、丹比連と同系譜の復姓氏族が五例あげられ、丹比連を長とした擬制の系譜が見いだされる。吉田晶は丹比連を黒姫山古墳の営造者と考え、六世紀代には丹比部を統轄する伴造として畿内勢力の一翼を担って発展したとした。直木孝次郎[56]は、丹比連は元々天皇側近奉仕を任とした氏族で、交通上・軍事上重要な地域を本拠としていたとした。一方、多治比公は宣化の裔で、[57]『日本三代実録』[58]貞観八年二月丁卯（二八日）条によれば、三世王を多治比（古）王といい、その進言で臣籍に降下し、多治比公姓を賜ったという。天武一三年の真人が賜姓され、以降多治比真人嶋、池守、水守など、七世紀末から八世紀にかけて有力官僚を輩出した。「タジヒ」という氏名（うじな）を共有する理由が問題であるが、この二氏の関係を表す史料はない。佐伯有清[59]は、多治比公は、『姓氏録』河内国皇別には記されていないことから、多治比真人の本貫を河内国丹比郡とすることは考えられないとし、多治比真人（公）の祖である多治比（古）王の母または乳母が丹比連出身とした。吉田晶[60]は多治比（古）王が丹比連との婚姻関係を持ち、多治比公の河内定着は丹比連にとっては王族を擁して発展を図ろうという意図とも合致したこと、あるいは王族の要地配置という政策による定着とする。吉田・佐伯説とも根拠となる史料は示されていない。筆者は、たとえば王族を地域豪族に養育させ、その氏名（うじな）をつけることはよく行われており（尾張皇子、肩野皇女、額田部皇女など）、丹比連が多治比（古）王の養育を行い、それが多治比公を河内に定着させた理由であると考えており、広い意味では佐伯説に与することになろうか。このように考えれば、丹比連は多治比公の後見的存在であり、多治比公の本貫地は丹比連の勢力と重なる。二氏は全く別系統であるが、ともに丹比の地域と太い繋がりがあったというべきである。いずれにせよ、「タジヒ」という氏名（うじな）の共有は、丹比連と多治比公は何らかの接触をあらわすものとみてよいと思われる。狭山池の設置主体は、この多治比公または多治比公を擁した丹比連と考えられる。

5　『紀』推古条の池溝開発―記録された開発―

これら『記』『紀』にみえない開発に対し、『紀』推古条に記された池溝は、正史に記されているのであるから、確実に「王権による開発」といえる。以下推古条の記事について述べる。

『紀』推古条の開発記事を記す。

推古十五年是歳冬に、倭國に、高市池・藤原池・肩岡池・菅原池作る。山背國に、大溝を栗隈に掘る。且河内國に、戸苅池・依網池作る。亦國毎に屯倉を置く。

推古二十一年冬十一月に、掖上池・畝傍池・和珥池を作る。又難波より京に至るまでに大道を置く。

ここに記された池溝は、実際に水田開発を目的として王権によって開発されたものであろう。これらの一つ一つが発掘調査によって確認されたわけではないが、灌漑用の溜池として、狭山池と同様の技術やシステムを持っていたことは想像してよいであろう。この時期に作られた溜池は、それまでの湧水や河川灌漑では限界があった地域、すなわち高燥で水はけのよい段丘地帯の灌漑、開発を目的として作られた。段丘地を耕地化した結果、水田の面積は格段に増え、そこから上がる収穫もこれまでとは比較にならないほど大きくなったことであろう。個々の池溝の現地比定は困難であるが、当時の推古王権（推古・蘇我馬子・厩戸皇子を中心とする蘇我氏系の王権）の力が及ぶ範囲でなされた開発と考えていいのではないだろうか。

高市・藤原・畝傍池とは、地名から判断するに、軽周辺から北側に拡がる沖積地の開発とみられ、この地域は王権もしくは蘇我氏の地盤に当たると考えられる。

掖上池の「掖上」という地名は、『紀』に孝昭の宮として「掖上池心宮」がみえ、『大和志』[61]は御所市井戸（金剛山東麓）に比定する。吉田東伍[62]はこの宮を奈良盆地南西、現在の御所市池之内、現在の葛城市南部から御所市に至る地域に比定しており、『大和志料』[63]もこれを継承する。本稿もこれに従う。かつてこの地域に巨大な古墳を築き、王権と婚姻関係を結んでいた、いわゆる「葛城氏」が蟠踞した地域であり、葛城円大臣が雄略に滅ぼされた後は、その地盤は王権または蘇我氏が引き継いだと考えられ、七世紀の推古王権による開発地として妥当といえる。

菅原池は、菅原地名が残る奈良盆地北東部の開発であろうか。蛙股池がそれともいわれているが、もしそうであるなら、高台の合理的な位置に設けられた溜池といえる。このあたりは土師氏の地盤ともいわれるが、『法隆寺伽藍縁起并流記資財帳』[64]にその所有地として「添下郡菅原郷深川栗林一地」とみえることから、奈良時代には法隆寺の所領地となっていたようで、厩戸との関係による開発ではなかろうか。

和珥池は、『紀』仁徳条にもみえることは先に述べた。大和説と河内説があり、大和説では現奈良市池田町の広大寺池とされ[65]、奈良盆地北東部の開発ということになろう。河内説を採れば、石川左岸流域の式内美具留御魂神社の参道の南にある粟ヶ池をこれに当てる説があり[66]、となると南河内の石川の左岸地域の開発となろう。最近、大阪府教育委員会がこの粟ヶ池の堤防を発掘調査し[67]、北堤の痕跡が美具留御魂神社（式内社とみられる）の湾曲した参道に残されており、式内社ができる以前に池が造営されたと推測されるとし、確証はないが、推古期に開発された池の候補にできるとする。戸苅池は羽曳野市蔵之内にある池とされ[68]、粟ヶ池の北方約二・五㎞のところに同名の小池が残っている。この池が推古期の池であるかどうかは不明であるが、このあたりにあった池とすると、河内国石川中流域左岸の開発となろう。仁徳期の伝承では、感玖大溝が引かれたり、和珥池の記載もあり、古くからの王権の開発地といってもいいであろう。

依網池は、南河内の台地の北西端、王権の外港であった住吉津の南東約一㎞のところのあった池で、宝永元年（一七〇五）の大和川の付け替えによって新大和川の河床となり、北側にその痕跡を残すのみとなり、さらに戦後の開発により、池の痕跡も完全に消滅した。依網池の位置は、近世地誌も混乱している状態[69]であったが、戦後近世絵図などによって山崎隆三[70]が位置を確認し、森村健一[71]、日下雅義[72]、川内眷三[73]らによって大和川付け替え以前の近世依網池はほぼ完全に復原されている。この池が『記』『紀』崇神条、『記』仁徳条、『紀』応神条にも記されている池に当たるかどうかは、中世の史料がないので判然としないが、古代にも同じ位置に池があったとすると、推古期になぜここにこのような巨大な池が必要であったかが問題となる。この位置は段丘と沖積地との境目にあたり、南に拡がる段丘地に水を回すことはできないので、少なくとも南河内段丘の開発を意図したものではない。依網池より北側の沖積地は、河川灌漑が有効な地域であり、溜池は必要ではない。小山田宏一[74]は西除川の遊水池とする。日下雅義[75]は、依網池の北から「住吉掘割」（段丘面を刻む水路）によって北に導かれ、段丘を横切ったのち、細江川となって住吉大社門前まで至る水路を想定している。筆者は日下説に従い、依網池の北側の沖積地および北西方面の段丘地（南河内段丘と上町台地の接続面）に水を回す（住吉掘割＝細江川による）ために、従来からあった依網池を整備して、細江川に水が流れるようにし、その北から北東方面に水を供給できるようにしたものと考えている。

栗隈大溝については、先にも少し述べたように、南山背の木津川右岸地域が、仁徳の開発伝承があるほどに古い時代からの王権の力の及ぶ地域とみてよいであろう。栗隈大溝の比定として、『山城名勝志』[76]は城陽市長池町にあった長池の跡という堤を見いだしている。『山城名跡巡行志』[77]も長池に当てる。『山州名跡志』[78]は長池地名を載せ、悪蛇伝説を記し、長池の存在を示す。吉田東伍[79]は寺田の西から北に流れ、巨椋池に入る古川と考え、谷岡武雄[80]は吉田東伍の説を受けて、木津川より分流して条里に沿ってまっすぐに北上する古川を当てる。谷岡の主張は、古川が久世郡条里界線に一致していること、ほとんど直線的に北に流れている状態が、人工運河の体をなしていること、また木津川の本流が古川の分水点付近で不自然に曲流していること、古川の両岸に自然堤防と考えられる島畑が帯状に分布していることなどから、古川は木津川の旧流路の一つであり、条里制施行直前に木津川の分流を整理し、旧河道を掘り起こして現在の古川にほぼ一致する水路として直線状に改修したとする。地元の地域史家の福富城介[81]は、寺田村南部から富野・長池・観音堂にかけて池に関係のある小字を発見し、条里区割りの中で細長い不整形地割を復原した。同じく地域史家佐藤まもる[82]は、久津川古墳群の西側に近年まで溝状の細長い池が二つあったことを報告している。近世地誌や地域史家は長池説を採るようだ。足利健亮[83]は、長池集落の中に文字通り長い堤の痕跡を発見し、『山城名勝志』のいう長池の堤防をこれと考え、ここからの流れが古川に合流することから、これを栗隈大溝の一部とする。現在の通説は谷岡説（古川説）とされているが、条里の施工はずっと後の時代であり、仁徳や推古の時代にはなかったものである。条里と古川の整合が、古川を栗隈の大溝とする理由にはならないであろう。

栗隈大溝の比定については、発掘調査による新たな発見がない状態では、決定打に欠ける。またこれら比定説が、仁徳期・推古期いずれの時代を想定しているのか判然としない部分もある。栗隈大溝が仁徳期・推古期の両方にみえる理由についても、仁徳期の方を推古期の開発の反映とみるか、推古期のそれは仁徳期の修復とみるか、栗隈地域が二度にわたって開発（新たな溝の掘削）とみるか、発掘調査成果がないため判然としない。いずれにしても木津川右岸地域が長く王権と深い関係にあったからこその開発であろう。

最後に肩岡池について述べる。肩岡は片岡とも書き、現在の王寺町、河合町、上牧町、香芝市、大和高田市の一部を含む奈良盆地西部の大和川左岸一帯の総称とされる[84]。『大和志』[85]は、肩岡池を現在の芦田池に比定するが、その当否はここでは措く。肩岡池の開発とは、大和川左岸の片岡地域一帯の開発と見なすべきであろう。大和川左岸地域一帯（すなわち片岡）の開発は、推古王権とは一線を画する敏達から彦人大兄に続く系統（後の舒明から天智・天武へと続く非蘇我系の王系。以下「敏達王家」と記す）によってなされたことが指摘されている[86]。ただし、厩戸皇子や蘇我馬子を中心とする当時の推古王権も大和川左岸地域の開発を行ったことは、厩戸の娘に「片岡女王」という名がみえること、片岡を舞台とした厩戸の尸解仙説話[87]が『紀』・『日本霊異記』にみえることなどからも十分考えられる[88]。厩戸の尸解仙説話などは、王権強化の中で次第に神格化されていった「聖徳太子」像が、王権の神聖性を示す物語として『紀』に取り込まれたものと考えられ、もちろん史実ではない。しかし、厩戸の影響力が及ぶ地域として片岡があったことを語る資料としてみることはできるであろう。推古王権が強い影響力を持って開発した地域は、奈良盆地西部の大和川右岸流域（斑鳩、斑鳩の東の額田部皇女（推古）を養育した額田部氏の氏寺とされている額安寺付近）があげられるが、片岡にも一定の開発の手が入れられたとみてよいであろう。とすると、片岡地域の開発は、敏達王家と推古王権の両方による開発が行われた地域ということである。推古後の王権は敏達王家が掌握したため、『紀』編纂者は、片岡の開発については推古王権による開発も、敏達王家による開発もともに王権の開発として認識したのであろう。

七世紀の推古王権は、王権や蘇我氏の地盤である飛鳥周辺から大和盆地、南山背の木津川右岸地帯、南河内の西除川下流地域（南河内の石川沿岸も含まれるかもしれない）に開発を進めたのである。推古一五年の「國毎に置」かれた屯倉とは、新たに池溝開発を行った大和・山背・河内各国に設定されたミヤケと考えられ、王権の支配地はこの三国を中心に増幅した。その中には当時の推古王権ではなく、「敏達王家」による開発地域も含まれるが、これら一連の開発によって、王権の財政基盤はいっそう強化されたことと思われる。これらの開発を可能にしたのは、狭山池で発見・確認された技術である。狭山池の開発は記録には全くみえず、その灌漑範囲から、王権にはよらない、地域首長による開発とみられるが、王権自身も同様の施設を作り得る技術力を持っていたことは当然考えられる。このような技術力の進化が七世紀の開発を促し、生産力を増幅させ、王権を強化し、後の律令国家に繋がる準備となっていったものと思われる。

おわりに

日本の水田は、水田の開始期から主に河川の水を引く高度な灌漑システムを構築していた。河川灌漑は現在も広く一般的に行われている灌漑方法である。[89] したがって、水を引くことができない段丘地などの高燥地は、長く開発対象地にならなかった。しかし七世紀初頭頃に、狭山池にみられるような、近くに水環境がない段丘地においても、溜池を造り、そこから水を取り出す技術ができた。狭山池は、南河内の不毛の段丘地を水田化していくために考え抜かれた施設で、この時代の技術力の指標的意義を持つ。『紀』推古条に記された溜池開発は、いまだ発掘調査によって確かめられてはいないが、狭山池と同様の技術を使って池を作り、これまで水が回らなかった段丘地をも水田開発を可能にしたものとみてよいであろう。段丘地の開発および灌漑池の築造は、そういう意味では七世紀の開発を示すものとしてセットで考えられなければならない。このようにみることによって、七世紀以前の開発史はかなり整理できるのではないか。六世紀以前には河川灌漑が主であり、六世紀以前の技術でも河川の堤防は築造可能であったろう。しかし池の堤防はその巨大な量の水を支えるだけの頑丈さや、水を逃がしたりその水を用水として使う装置が必要であり、これらは七世紀になって初めて具体化したと思われる。段丘を潤す灌漑池の出現によって、七世紀以降の水田面積は飛躍的に拡大したことであろう。とすれば、Ⅰ期からⅢ期の造池記事は、それらが灌漑を目的としているならば、七世紀の池灌漑の常識が投影されたものと解さざるを得ない。ただしこれらは『記』『紀』ともに造池記事を記しているのであるから、『記』『紀』編者の意図や造作ではなく、『記』『紀』が参照した史料にすでに造池記事が記されていたということであり、その史料が既に池灌漑を常識としている時代に記されたと考えざるを得ない。

今後の課題としては、古代開発史全体の中における溜池灌漑の原初段階の把握（狭山池以前の様相）、今後各地で発見されるであろう全国の開発遺構の整理（開発の主体者―王権か地域首長か―の考察）、開発技術の取得ルート、渡来人との関係などの考察に加えて、本稿では全く触れ得なかったが、開発後の生産物の物流ルート（雄略期の磯歯津路や仁徳・推古期の難波大道などの交通路）の観点からの考察が課題であろう。これらについては、さらに情報を集めて、別の稿で考察を試みたいと思う。

註

(1)『古事記』は、岩波日本古典文学大系『古事記　祝詞』(一九五八年刊)を使用した。
(2)『日本書紀』は、岩波日本古典文学大系『日本書紀』上下(一九六七・一九六五年刊)を使用した。
(3)『西岡虎之助著作集』第一巻「社会経済史の研究」Ⅰ、一九八二年、六八頁〜七二頁。初出は「地溝時代より堤防時代への展開」『史苑』三―一・二・三、一九二九年。
(4)古島敏雄『土地に刻まれた歴史』岩波新書、一九六七年、五一頁。
(5)末永雅雄『池の文化』学生社、一九七二年、一九頁。
(6)原秀三郎「八世紀における開発について」『日本史研究』六一、一九六二年、二一〜三三頁。
(7)門脇禎二『古代国家と天皇』、創元社(創元歴史選書)、一九五七年、二二一〜二二四頁。
(8)八賀晋「古代における水田開発」、『日本史研究』九六、一九六八年、一〇頁。
(9)井関弘太郎「日本の初期農業集落の立地に関する若干の問題」、『名古屋大学文学部研究論集』V(史学2)、一九五三年、一八〜一九頁。
(10)亀田隆之『日本古代用水史の研究』吉川弘文館、一九七三年、二四〜二五頁。初出は「古代用水制度の一般的考察」、東洋大学紀要一四、一九六〇年。
(11)山崎純男「北部九州における初期水田」、『九州文化史研究所紀要』三二、九州大学九州文化史研究施設、一九八七年、一三一〜一四〇頁。
(12)山崎純男、注(11)前掲。一四六〜一五〇頁。
(13)中島直幸「唐津市菜畑遺跡の水田跡・農耕具」、『歴史公論』七四、一九八二年。菜畑遺跡に関しては、山崎純男、注(11)前掲、高島忠平「我が国最古の水田跡」(『地理』二八―一〇、一九八三年)も参照した。
(14)森岡秀人「近畿地方における稲作農耕の開始と展開」(日本考古学協会編『シンポジウム日本における稲作農耕の起源と展

開』、学生社所収）、一九九一年、四一頁、同資料集「牟礼遺跡」二〇六〜二〇七頁。宮脇薫「縄文晩期の水田跡—大阪府牟礼遺跡」、『季刊考古学』一五、一九八六年、八三〜八四頁。

(15)『服部遺跡発掘調査概報』（辻広志執筆）、滋賀県教育委員会・守山市教育委員会、一九七九年、七頁。

(16)『百間川原尾島遺跡2旭川放水路（百間川）改修工事に伴う発掘調査Ⅴ』（岡山県埋蔵文化財発掘調査報告5）、建設省岡山河川工事事務所・岡山県教育委員会、一九八〇年、六七九頁。田植えによる株跡と思われる小穴は、工楽善通によれば岡山県今谷遺跡、滋賀県服部遺跡、京都府内里八丁遺跡からも発見されているという（工楽善通『水田の考古学』東京大学出版会、一九九一年、一一〇頁）。

(17)『中西遺跡　第18次調査—弥生時代前期水田の調査』現地説明会資料、奈良県立橿原考古学研究所二〇一一年一一月一二日。

(18)『平城京左京三条二坊十四坪（下層遺構）発掘調査』現地説明会資料、奈良県立橿原考古学研究所二〇一六年六月二五日。

(19)たとえば、黒崎直「田畑の営み」（金関恕・佐原眞編集『弥生文化の研究』2生業、雄山閣出版、一九八八年）、工楽善通、注(16)前掲書、広瀬和雄「古代の開発」『考古学研究』三〇—二（一一八号）、一九八三年、八賀晋「律令体制と自然」（大塚初重・白石太一郎・西谷正・町田章編『考古学による日本の歴史』16自然環境と文化、雄山閣出版、一九九六年）などでも同様の主張がなされている。一九九一年の高等学校の検定教科書『詳説日本史』（井上光貞他編、山川出版社）には、「低湿地を利用した湿田が営まれ、（中略）籾は直播きされ」と記されているが、二〇一四年発行の『詳説日本史B（石井進他編、山川出版社）』では「……灌漑排水用の水路を備えた本格的なものであった。また田植えが既に始まっていたことも知られている」と記されている。

(20)木下晴一『古代日本の河川灌漑』同成社、二〇一四年、三八頁。

(21)井堰の遺構を検出した遺跡は、本文であげた遺跡のほかに、たとえば、愛媛県古照遺跡、大阪府高槻市安満遺跡、同上田町遺跡、福岡県力武内畑遺跡、三重県森が坪遺跡、その他多くあげることができる。

(22)『裂田溝総合調査報告書』那珂川町文化財調査報告書第六五集、那珂川町教育委員会、二〇〇五年。

(23)天坊幸彦『上代難波の歴史地理学的研究』大八洲出版、一九四六年、七頁。

(24)上遠野浩一「茨田の堤の比定地について」歴史地理学二一〇、二〇〇四年、二〇〜三四頁。濱田延充「北河内平野における遺跡の動態」寝屋川市制施行55周年記念事業歴史シンポジウム資料『河内湾から肥沃な平野に』—北河内平野の形成を考える―、二〇〇七年、二四～二九頁。

(25) 木下晴一、注(20)前掲書、三七～五七頁。

(26) 『住吉大社神代記』は、田中卓著作集七『住吉大社神代記』（国書刊行会、一九八五年）を使用した。その成立年次について田中卓は一九五一年刊の『住吉大社神代記』（住吉大社神代記刊行会）では天平三年真撰としたが、後、『著作集七』において、天平三年原撰・延暦初年書写説を提唱している。

(27) 原秀禎「『日本書紀』に記された「感玖の大溝」の比定地について」『立命館文學』五三三、一九九八年、一二二～一二四五頁。

(28) 『大阪府の地名Ⅱ』（『日本歴史地名体系』28）、平凡社、一九八六年、「紺口郷」の項。

(29) 大阪府埋蔵文化財調査報告二〇一四―一『芹生谷遺跡Ⅳ』（西川寿勝執筆）、大阪府教育委員会、二〇一四年、三八頁。

(30) スイレン科の多年生水草。ジュンサイのこと（『広辞苑』第五版（岩波書店）による）

(31) ミヤケについての研究史は膨大であるが、ここでは主に以下の論文・著書を参照して研究史と概念の把握、整理を行った。
弥永貞三「大化以前の大土地所有」『日本経済史大系』1、東京大学出版会、一九六五年。

直木孝次郎『飛鳥奈良時代の研究』、塙書房、一九七五年。

栄原永遠男「白猪・児島屯倉に関する資料的検討」『日本史研究』一六〇、一九七五年。

舘野和己「屯倉制の成立」『日本史研究』一九〇、一九七八年。

本位田菊士「ミヤケの起源と本質」『日本史研究』二二一、一九八一年。

薗田香融『日本古代財政史の研究』、塙書房、一九八一年。

吉田孝『律令国家と古代社会』岩波書店、一九八三年。

笹川進二郎「『糟屋の屯倉』献上の政治的考察」『歴史学研究』五四六、一九八五年。

平野邦雄『大化前代政治過程の研究』、吉川弘文館、一九八五年。

館野和己「畿内のミヤケ・ミタ」『新編古代の日本』⑤、角川書店、一九九二年。

鎌田元一「部・屯倉・評」『新版古代の日本』①、角川書店、一九九三年。

(32) 塚口義信「四世紀後半における王権の所在―香坂王・忍熊王の謀反伝承に関する一考察―」末永先生米寿記念献呈論文集、

奈良明新社、一九八五年、一一八一～一一八四頁。
(33)『大藤原京左京五条八坊の調査』橿原市教育委員会、二〇一一年一二月一七日、現地説明会資料。
(34)『大藤原京左京五条八坊の調査』橿原市教育委員会、二〇一三年二月九日、現地説明会資料。
(35) 山内紀嗣「古墳時代の布留遺跡」(『ヤマトの開発史（2）』『奈良女子大学21世紀COEプログラム報告集』Vol.19)、三九～六〇頁)。
(36) 館野和己、注(31)(一九九二年論文)、二〇四～二一一頁。小山田宏一「古代河内の開発と渡来人」、『枚方歴史フォーラム検証古代の日本と百済』(大巧社、二〇〇二年)所収、一三九～一五二頁、など。
(37) 大阪文化財センター『亀井・城山』(寝屋川南部流域下水道事業長吉ポンプ場築造工事関連埋蔵文化財発掘調査報告書)、(財)大阪文化財センター、一九八〇年、三一二頁。
(38) 小山田宏一「敷葉工法の再検討」『季刊考古学』一〇二、雄山閣、二〇〇八年、四七頁の表による。
(39) 安楽勉「築堤工法の諸相」『季刊考古学』一〇二、雄山閣、二〇〇八年、一七～二一頁。
(40) 渡邊恵里子「上東遺跡の「波止場状遺構」」、『季刊考古学』一〇二、雄山閣、二〇〇八年、二二～二七頁。ただし上東遺跡は砂層が多く、あえて排水層を設けなくても透水性はよかったようだ。
(41) 広瀬和雄は川を堰き止める目的の堤防といい（注(19)前掲、四五～四七頁)、小山田宏一は河川増水の際の溢水対策堤防とする（「亀井遺跡の堤と古代の治水」森浩一編『古代探究　森浩一70の疑問』所収、一九九八年、四二四～四二八頁)。
(42) 広瀬和雄「河内古市大溝の年代とその意義―古代における開発の一形態―」『考古学研究』二九―四、一九八三年、六三～六四頁。
(43) 小山田宏一「古代の開発と治水」『狭山池　論考編』狭山池調査事務所、一九九九年、一八頁。
(44) 原秀禎「河内古市大溝再考」、桑原公徳編『歴史地理学の地籍図』、ナカニシヤ出版、一九九九年、二二七頁。
(45) 広瀬和雄「耕地の開発」、佐原真・都出比呂志編『古代史の論点②環境と食糧生産』所収、小学館、二〇〇〇年、二五二～二五三頁。
(46) 中西康裕、「古代河内における開発の一様相」『古代文化』四四―九（四〇四号)、一九九二年、二三頁。中西はこの水源を古市大溝とせず、口論池と考えたが、小山田宏一は明確に古市大溝とする（小山田宏一、注(43)前掲、一八頁)。

(47) 広瀬和雄、注(42)前掲、六三～六四頁。児玉泰「古代の大溝に関する若干の考察」『史想』22、京都教育大学考古学研究会、一九八九年、六三～八〇頁。
(48) 小山田宏一、注(43)前掲、一八頁。
(49) 大阪府立狭山池博物館編『古代狭山池と台地開発のはじまり』(平成二十三年度特別展図録)「古代東樋筋の台地開発」(小山田宏一執筆)二〇一一年、一八頁～四七頁。
(50) 『行基年譜』「天平十三年記」に狭山池改修の記事がみえる。
(51) 『続日本紀』天平四年一二月一七日(『続日本紀』は、岩波新日本古典文学大系による)。天平四年七月には仏教方式によって雨乞いがなされ、天皇の詔によって天神地祇名山大川に御幣を奉じ、高齢者や病気の者に賑給が行われ、大赦もなされた。狭山下池の建設はこのような状況があってのことであった。
(52) 佐伯有清『新撰姓氏録の研究』考証編第三、吉川弘文館、一九八二年、三三二頁。
(53) 『新撰姓氏録』は、佐伯有清『新撰姓氏録の研究』本文篇による。
(54) 「火明命系譜」とは、『先代旧事本紀』尾治氏系譜前半部にもみえ、葛城との地縁が色濃く出ている系譜である。『姓氏録』とかなりの部分で整合するので、共通の資料を参照した可能性がある。擬制的に五〇数氏がこれに連なっており、尾張氏がこの系譜を獲得した時点で、既に多くの氏が火明命系譜に連なっていたと思われる。尾張氏ももとはこれに連なっていたが、『記』『紀』編纂段階では既にこの系譜を獲得しており、『先代旧事本紀』では自らの所有していた系譜後半部(乎止与命以降)と繋げたものと思われる(上遠野浩一「尾張氏系譜に関する若干の考察」『日本書紀研究』第二十三冊、塙書房、二〇〇一年、三三～三六頁)。
(55) 吉田晶「古墳と豪族―丹比連(宿祢)と多治比公(真人)を中心にして―」、亀田隆之編『古代の地方史3畿内編』所収、朝倉書店、一九七九年、九五～九六頁。
(56) 直木孝次郎「丹比連について」『美原の歴史』2、美原町教育委員会、一九七六年、四八～五〇頁。
(57) 『紀』宣化元年三月八日、「詔して曰く、「前の正妃億計天皇の女橘仲皇女を立てて皇后とせむ」とのたまふ。是一の男・三の女を生めり。(中略)次を上殖葉皇子と曰す。亦の名は椀子。是丹比公・偉那公、凡て二姓の先なり。」
(58) 『日本三代実録』は、新訂増補国史大系『日本三代実録』(吉川弘文館、一九八三年)を使用した。

(59) 佐伯有清『新撰姓氏録の研究』考証編第一、吉川弘文館、一九八一年、二四二頁。
(60) 吉田晶、注(55)前掲、九六頁。
(61) 並河永『五畿内志』中『大和志』葛上郡の項（正宗敦夫編纂校訂、日本古典全集刊行会、一九三〇年）。『五畿内志』は並河永を中心として編纂された『日本輿地通志畿内部』の略称で、『大和志』『山城志』『摂津志』『河内志』『和泉志』からなる。享保二〇～二一年（一七三五～三六）にかけて出版された。
(62) 吉田東伍『大日本地名辞書』上方、冨山房、一九〇〇年、掖上池の項。
(63) 奈良県教育会『大和志料』下、一九四六年（初版は一九一四年）、七四頁。
(64) 竹内理三編『寧楽遺文』中巻、東京堂出版、一九六二年、三六三頁。
(65) 『奈良県の地名』（『日本歴史地名体系』30）、平凡社、一九八一年、「広大寺池」の項。
(66) 並河永『河内志』、注(61)『五畿内志』所収。秋里籬島著、丹羽桃渓画『河内名所図会』（享和元年（一八〇一）刊、本稿では堀口康生編、柳原書店、一九七五年を使用した）は、粟ヶ池と和珥池を別の池とするが、井上正雄（『大阪府全志』、清文堂出版、一九二二年）は、和珥池と粟ヶ池はかつて堤防を境にして接していたが、堤防が崩れて一池となり、和珥池の名は亡んで粟ヶ池の名が残ったのではないか、とする。
(67) 大阪府埋蔵文化財調査報告二〇一〇―六『中野北遺跡』（山田隆一執筆）、大阪府教育委員会、二〇一一年、一八頁。
(68) 井上正雄、注(66)前掲、三九九頁。
(69) 並河永は『河内志』（注(61)、(66)前掲）では丹北郡池内村（現松原市）にある池内池を当てる一方、『摂津志』（注(61)前掲）では「在庭井村、俗呼仁右衛門池（以下略）」とし並河永自身が混乱している。岡田徯志編『摂陽群談』（元禄一四年（一七〇一）刊、蘆田伊人編集校訂『摂陽群談』大日本地誌大系38、雄山閣、一九七七年）巻四、池の部には「同郡庭井村にあり。土俗、此舊池を崇敬して御依網池といへり。（中略）後世猶誤りて、味右衛門と云へり。」とし、暁鐘成著・松山半山画『摂津名所図会大成』其之一（安政二年（一八五五）頃刊。柳原書店、一九七六年）は『摂津志』『摂陽群談』の説をそのまま載せる。
(70) 山崎隆三『依網郷土史』依網小学校創立八十五周年記念事業委員会、一九六二年。
(71) 森村健一「記紀にみる「依網池」について」『大和川今池遺跡　第1区発掘調査報告』大和川・今池遺跡調査会、一九七九年、一八二～一九一頁。

(72) 日下雅義『歴史時代の地形環境』、古今書院、一九八〇年、二六二～三二三頁。明治四一年測量の正式二万分の一地形図にはまだ名残の池がみられる。これらも府立阪南高校の建設（一九五九年）等によって完全に姿を消した。

(73) 川内眷三「近世初期の依網池の復原とその集水取水・灌漑について」『四天王寺国際仏教大学紀要』三五（人文社会学部）、四三（短期大学部）、二〇〇二年。同「一七世紀末：我孫子村絵図にみる依網池の水利特性について」『四天王寺仏教大学紀要』四〇、二〇〇五年。後、川内眷三『大阪平野の溜池環境　変貌の歴史と復原』和泉書院、二〇〇九年、に所収。

(74) 大阪府立狭山池博物館、平成二二年度秋期企画展『古代西除川沿いの集落景観』（小山田宏一執筆）、二〇一〇年、四五頁。

(75) 日下雅義、注(72)前掲、二九〇～二九四頁。

(76) 大島武好編『山城名勝志』坤（正徳元年（一七一一）刊）、久世郡栗隈郷の項（『新修京都叢書』八、新修京都叢書刊行会、光彩社、一九六八年）。

(77) 浄慧『山城名跡巡行志』第六（宝暦四年（一七五五）刊、久世郡二、栗隈大溝の項（新修京都叢書第十巻、新修京都叢書刊行会、光彩社、一九六八年）。

(78) 白慧『山州名跡志』、正徳元年（一七一一）刊、久世郡長池の項（『新修京都叢書』一九、新修京都叢書刊行会、光彩社、一九六八年）。

(79) 吉田東伍、注(62)前掲、「栗隈溝」の項。

(80) 谷岡武雄『平野の開発』大明堂、一九六四年、五四～五七頁。

(81) 福富城介「「長池」を考える」『やましろ』第一六号、城南郷土史研究会、一九八三年、一五～二五頁。

(82) 佐藤まもる「栗隈大溝に関する一考察」『和訶羅河』3、緑と教育と文化財を守る会、一九八三年、一四頁。

(83) 足利健亮「京都盆地東縁の南北古道」上田正昭編『探訪古代の道』2所収、法蔵館、一九八八年、二二八～二三九頁。

(84) 塚口義信「茅渟王伝考」『堺女子短期大学紀要』二五、一九九〇年、二〇頁。

(85) 『大和志』注(61)前掲。

(86) 平林章仁「敏達天皇系王族と広瀬郡」横田健一編『日本書紀研究』第十四冊、塙書房、一九八七年、一九八頁。後、平林章仁『七世紀の古代史』白水社、二〇〇二年に再録。塚口義信、注(84)前掲。

(87) 『紀』推古二〇年一二月庚午朔。同様の話が『日本霊異記』第四にもみえる（『日本霊異記』は遠藤嘉基他校注『日本霊異記』、日本古典文学大系70、一九六七年、を参照した）。

(88) 塚口義信「尼寺廃寺北遺跡（奈良県香芝市）研究の現状と課題―寺院の名称と創建者をめぐって―」、堺女子短期大学紀要第三十三号、一九九八年、四二～四三頁。

(89) 木下晴一、注(20)前掲書、三頁。

三角縁神獣鏡研究の現状と課題

西川寿勝

はじめに

わが国の国家形成期研究は、依拠する文献史料が限られ、進展がはばかられている。『古事記』『日本書紀』は、その成立年代が八世紀にくだり、古い伝承を懐疑的に考える研究も多い。これに対し、中国の歴史書である『三国志』にある倭人関連記事（以下、『魏志』倭人伝と記す）は、ほぼ同時代の原史料や公文書、報告文などから作成された可能性が高く、検討材料として有効視され、さまざまな歴史復原が試みられている。

『魏志』倭人伝は、卑弥呼の遣使が魏の都洛陽に朝貢し、「銅鏡百枚」などを下賜されたと記す(a)。この「銅鏡百枚」の最有力候補に三角縁神獣鏡がある。三角縁神獣鏡には「景初三年」「正始元年」「雒陽」など、卑弥呼の遣使が朝貢した年号や場所を銘するものが含まれるからである。

一方、三角縁神獣鏡が数多く出土する前期前方後円墳の出現年代（古墳時代の開始年代）についても研究者によって意見が分かれる。近年、理化学分析によって前期前方後円墳の出現年代にひとつの見通しがつけられようとしている。さらに、三角縁神獣鏡の研究の進展により、理化学分析による年代観についての整合も示され始めた。

他方、三角縁神獣鏡は卑弥呼に下賜された「銅鏡百枚」の候補であるものの、中国では一面も発見されないという問題があった。これについて、河南省博物館が編集刊行する『中原文物』に、洛陽発見とされる三角縁神獣鏡が紹介され、その真偽が話題となっている(1)。

著者はこの三角縁神獣鏡を中国で実見する機会を得、観察結果などについて、いち早く本研究会で例会発表した(2)。発表内容は報道提供したこともあり、大きな反響をいただいた。本論は、本研究会での例会発表をもとに、三角縁神獣鏡研究の現状と課題を整理、諸兄姉のご批判を請うものである。

ところで、三角縁神獣鏡の研究は派生する問題を含め多岐にわたり、拙文ですべてを検討・紹介することはできなかった。また、鏡の研究者には少ないものの三角縁神獣鏡を舶載鏡と認めない意見もあり、これらの研究成果を生かしきることもできなかった。偏った検討に陥ることは否めないが著者の力量不足ゆえ、ご寛恕いただきたい。

一　古墳時代の開始年代

古墳時代の開始については、前方後円墳や布留式土器の出現などから考古学的に定義付けされている。戦後はその年代について、三世紀後半から末という意見が支持され、後に述べる理化学分析の成果と鋭く対立することとなる。発掘調査からは現在にいたっても直接暦年代を示す資料に欠け、年代観は一九五〇年代に、小林行雄氏

『古事記』註干支による紀年	崇神	垂仁	景行	成務	仲哀	応神	仁徳	履中	反正	允恭	安康	雄略	清寧
年	三一八			三五五	三六一	三九四	四二七	四三二	四三七	四五四		四八九	

推定紀年（笠井説による）	崇神	垂仁	景行	成務	仲哀	応神	仁徳	履中	反正	允恭	安康	雄略	清寧
年	二九六 三一二	三三三	三五五	三六一	三六八	四〇〇	四三三	四三八	四四三	四六〇	四六三	四九六	五〇〇

（目盛：三〇〇　四〇〇　五〇〇）

図１　小林行雄氏の古墳時代の年代観

が提示した案による影響が色濃く残るように思える。

小林氏は、『魏志』倭人伝にある魏皇帝から下賜された「銅鏡百枚」を三角縁神獣鏡と考えた。そして、三角縁神獣鏡が古墳に副葬されるまでに半世紀以上の時期幅を示し、鏡の伝世期間と位置づけた。豪族たちは伝世の宝器たる鏡を、古墳をつくって副葬することによって、権威が革新した、というのである[3]。

小林氏が古墳時代の開始年代を三世紀末と考えた理由は、『古事記』にある崇神天皇の崩年干支「戊寅」年を西暦三一八年とし、崇神天皇以後の時代は古墳時代とみとめうるとし、三世紀末ないし四世紀のはじめと考えたことにある[4]。そして、『日本書紀』との紀年のずれは、その原形となる『原書紀』を推定し、治世年数は『古事記』の年代観と共通していたことを笠井倭人氏の説より導いている（図１）。

そうすると、考古学者の議論する土器や古墳の年代観を突き詰めると、文献史料に依存していることが実態なのである。ひるがえって、『古事記』にある天皇の崩年干支を評価した研究は、近年ほとんどみることがない。干支の使用は埼玉県稲荷山古墳の鉄剣銘にあるワカタケル（雄略天皇）時代までは確実にさかのぼる。しかし、それ以前の天皇の年代的手掛かりに苦慮する文献史学研究の現状に対し、考古学者がいかに交流していないかがうかがえる。

考古学者に支持されてきた小林氏の年代観に対し、理化学分析による古墳の開始年代は異なる提案となっている。まず、奈良県纏向遺跡にある古墳発生直前の墳丘墓（石塚・勝山など）の濠から出土した木製品が、光谷拓実氏の年輪年代測定法によって、二〇〇年前後という測定結果となった。具体的には纏向石塚の周溝出土木製品が一七七年＋一八年前後の伐採年と推定され、勝山墳丘墓の木製品は樹皮が残り、一九九年前後の伐採である。[5]伐採後、あまり時間を経ずに古墳祭祀などに使われ、濠に廃棄された木製品とすれば、その造営年代はおおよそ西暦二〇〇年前後というのである。これらは定型化した前方後円墳ではなく、箸墓古墳出現直前の墳丘墓で、造営段階の盛り土には布留式土器以前のもののみ含まれていた。したがって、箸墓古墳は三世紀中頃に企画・造営されたと推定できるのである。

さらに、国立歴史民俗博物館などの共同研究によって、箸墓古墳造営中の粘土取り穴から発見された土器のススが採取され、放射性炭素Ｃ一四法によって分析された。[6]その結果、二四〇〜二六〇年の年代観が示された。箸墓古墳造営中に捨てられた炊飯具のカメ（布留〇式土器）は三世紀中頃に使われていたものという解釈である。

箸墓古墳は完成とともに供献された壺などが確認されている。それは布留〇式土器の特徴を示し、布留〇式土器の流通する時期のうちに築造され、完成に至ったことがわかっている。その時期が二四〇〜二六〇年頃というのである。

以上より、『魏志』倭人伝の記述にある年代に古墳の出現がほぼ重なり、鏡の伝世期間を積極的に想定しない年代観が提示され、議論となっているのである。

放射性炭素C一四法による解釈で、箸墓古墳の造営年代が二四〇～二六〇年頃と導かれた。『魏志』倭人伝は「卑弥呼以死」と「大冢」造営について、正始八年（二四七）に黄幢と檄文をもって卑弥呼を告諭した以降とする。[b]そうすると、放射性炭素年代法から導かれた箸墓古墳の造営年代は卑弥呼の「大冢」造営に符合することになる。国立歴史民俗博物館の共同研究者は、この時期に没した卑弥呼が箸墓古墳の被葬者である可能性が高いことも指摘した。[7]

ただし、箸墓古墳と卑弥呼の「大冢」を単純に結びつけてよいかどうかは批判もある。また、放射性炭素年代法の有効性も問われている。布留〇式土器の使われた二四〇～二六〇年という年代観は、あくまでも測定値から解釈されたもので、補正された年代である。測定値を西暦年代に読み替えるための基準となるグラフをよく見ると、西暦二〇〇年代に関しては揺らぎがあり、ひとつの測定値にいくつかの年代をあてはめることができるという。[8]

放射性炭素年代法の有効性は史料や考古学の研究から批判することも、評価することもできない。解釈を信じるか、信じないかの多数決でもない。

二　三角縁神獣鏡の時期区分と製作年代

三角縁神獣鏡は銘文に「景初三年」「正始元年」を刻むものがある。この年号は卑弥呼が魏の皇帝から「銅鏡百枚」を下賜された二三九年と、その遣使が倭国に帰還した二四〇年にあたる。

かつて、三角縁神獣鏡を卑弥呼の下賜鏡とした小林行雄氏は、三角縁神獣鏡の大半がほぼ同時に製作されたことを前提とした(9)。つまり、三角縁神獣鏡の製作は遣使が魏に滞在していた二三九～二四〇年に鋳造され、一括して女王卑弥呼のもとに届けられたというものだ。そして、その後に単像式の一群が舶載され、さらに国産鏡、倭国で作られた仿製三角縁神獣鏡があるとした。

ところで、小林行雄氏による三角縁神獣鏡の同時製作は一九八〇年代まで支持されてきたものの、その後の資料の増加によって大きく修正されている。すなわち、三角縁神獣鏡は型式分類によってA～E段階（1～5段階）など、五段階に細分され、この型式差は時期差をも示すというのである(10)。また、鏡の図像や銘文を比較すると、いくつかの工人集団に分けられ、当初期の製作集団、途中から参画する集団、最後まで製作を続ける集団など、製作の系譜も整理されている(11)。

具体的には、二三九年・二四〇年の紀年鏡群を製作契機とするA段階、仿製三角縁神獣鏡と呼ばれていたもっとも形骸化した一群をE段階とし、二神二獣鏡（四分割割付）のB・C段階、三神三獣鏡（六分割割付）のD段階に分類するのである。さらに、E段階の仿製三角縁神獣鏡も倭国で作られたものではなく、製作技法の継承から一連の舶載鏡と考える案が示されている(12)。

そうすると、三角縁神獣鏡とは五回以上の段階製作と舶載契機によって、流入したことが分かるのである。著者も、三角縁神獣鏡の製作は二三九・二四〇年にはじまり、西晋や楽浪郡・帯方郡が滅亡する三一三年までに断続的な製作と舶載が行われたと考えている(13)。

したがって、三角縁神獣鏡が卑弥呼の「銅鏡百枚」をはるかに超える五〇〇面以上発見されているという矛盾について、三角縁神獣鏡が中国皇帝から下賜されたことは変更する必要がなく、『魏志』倭人伝の下賜品の記述がない朝貢機会に手に入れられたと説明するのである（図2）。

三角縁神獣鏡（型式）	推定製作年代（西暦年）	下賜（かし）の機会	史　料
A段階※ （第1段階）	239〜240	239　卑弥呼遣使	『魏志』倭人伝
B段階※※ （第2段階）	243〜245	243　卑弥呼遣使	
	247 250前後	247　郡の使者卑弥呼に告諭 250前後　台与の遣使	『魏志』倭人伝 台与へ代替わりによる
C段階 （第3段階）	266	265　魏滅亡、西晋建国 266　台与の遣使	『魏志』倭人伝 『晋書』起居註 （『日本書紀』神功66年条）
D段階 （第4段階）	200年代後半	290　第2代皇帝即位	『晋書』※※※
E段階※※※※ 第5段階 （仿製）	300年代初頭	307　第3代皇帝即位 313　楽浪・帯方郡の滅亡 317　西晋の滅亡	『晋書』 『三国史記』など

※A段階は魏皇帝による「銅鏡百枚」に対応。
※※B段階以降は洛陽まで遣使して下賜されたのではなく、帯方郡への朝貢で下賜されたと推定（三角縁神獣鏡半島製作説）。したがって、三角縁神獣鏡の下賜は楽浪・帯方郡滅亡以前まで。
※※※『晋書』武帝紀に太康10年（289年）東夷絶遠三十余国の朝貢記事あり。武帝の病臥見舞いとされる。
※※※※これまで仿製三角縁神獣鏡と呼ばれた一群も一連の工人による作鏡とし、舶載鏡の範疇に考えられつつある。

図2　三角縁神獣鏡の年代観（西川案）

次に、三角縁神獣鏡の古墳副葬がどの段階からはじまるのかもわかってきた。例えば、箸墓古墳の副葬品が明らかにされ、そこに三角縁神獣鏡が含まれたとしよう。A段階の三角縁神獣鏡のみが副葬されていたとすれば、最初の朝貢で持ち帰った鏡のみということで、二四〇年代にすでに古墳が完成していたとみてとれる。B段階を含めば、その後の朝貢、C段階を含めば、卑弥呼を継いだ台与の朝貢ののちに副葬されたというものだ。D段階やE段階まで含めば、西晋時代の楽浪郡・帯方郡が滅亡する直前までに舶載されたものも納められたと推定できる。そうすると、箸墓古墳は三〇〇年代になってからの完成になる。

ところが、三角縁神獣鏡の型式研究からみると、もっとも古い古墳である箸墓古墳に、C段階やD段階の鏡が副葬される可能性はないことがわかってきた。箸墓古墳の後に造営されたとされる天理市黒塚古墳（三三面副葬）や神戸市西求女塚古墳（七面以上副葬）が発掘され、これらの古墳にはA段階とB段階の鏡しか含まれないことが判明したからだ。つまり、二三九年・二四〇年に古墳時代が開始されていないとしても、B段階の朝貢から戻った二四五年、あるいは二六六年からあまり隔たらない時期に古墳時代はすでに始まっているという見通しである。

現在、A段階の鏡のみを複数副葬する古墳はみつかっていない。これに対し、A・B段階までの三角縁神獣鏡を複数副葬する古墳は一三基確認されている。したがって、古墳時代とは第一段階の船載以降で、第三段階の船載以前に始まったことが確実視されるのである。

ただし、三角縁神獣鏡の研究では、D、もしくはE段階を魏が滅亡する二六五年までの魏鏡とする短期変遷説[14]、D、もしくはE段階を西晋時代とし、三一三年の楽浪郡・帯方郡滅亡直前までと考える長期変遷説がある[15]。いずれの場合も、二六六年の朝貢で下賜された鏡が台与にとどく前後には、古墳の造営や三角縁神獣鏡の副葬が開始されていたことにはかわりなさそうである。そうすると、先に示した二四〇～二六〇年に箸墓古墳が造営されたという理化学年代の成果と整合することとなる。

ちなみに、奈良県桜井茶臼山古墳の発掘成果によって、八一面以上の銅鏡副葬が判明した。この古墳には二〇面以上の三角縁神獣鏡が副葬され、「正始元年」銘三角縁神獣鏡も含まれていた。発見された二〇面の内、段階が判明したものはＡＢＣ段階のみだった。桜井茶臼山古墳と箸墓古墳からは東海系の二重口縁壷が見つかっており、両者を比較すると桜井茶臼山古墳出土のものが後出することもわかっている。また、ＡＢＣ段階の三四面の三角縁神獣鏡が発見された京都府椿井大塚山古墳からも同系統の二重口縁壷が発見されている。三古墳の二重口縁壺は、口縁形態の差異から箸墓古墳↓椿井大塚山古墳↓桜井茶臼山古墳の順で新旧が説かれている。しかし、その形態はすこぶる酷似する。著者はあまり製作時期の差がないと考える。[16] 長く見積もって一世代の差にはならないだろう。

そうすると、箸墓古墳・椿井大塚山古墳・桜井茶臼山古墳の被葬者はほぼ同世代で、箸墓古墳に三角縁神獣鏡が副葬されているとすれば、C段階を含まないことは確実としても、B段階を含む可能性が高いのである。A段階以前という説もあるが、その可能性は極めて低いだろう。

B段階の舶載を狗奴国交戦の報告時の朝貢による二四五年とし、黄幢とともにもたらされたものとすれば、箸墓古墳の完成は二四五年より遡ることはないが、二六五年以降にはならないと限定的できるようだ。

ちなみに、三角縁神獣鏡の製作開始年代を二三九年頃とすれば、その他の舶載鏡の製作・流入時期についても議論となる。各鏡式の研究成果は割愛せざるを得ないが、おおよそ一～三世紀に大陸で流行した鏡式が、わが国の弥生時代後期～終末期にもたらされて、主にどの型式の土器に伴って発見されるかが明瞭になってきた。例えば、二世紀後半に流行する「上方作」銘半肉彫獣帯鏡と庄内式土器の新段階が中心となり、三世紀前半に流行する画紋帯同向式神獣鏡が庄内式土器の新段階と布留式土器の古段階が中心になるといった整合である。[17] それまで、一・二世紀の近畿は弥生時代中期と位置付けられてきた。しかし、舶載鏡の動向のみならず、弥生時代の開始年代の遡上や、工具や武器に石器が駆逐されほぼ鉄器化する状況などからも弥生時代後期と位置付けられるようになってきた。

三　製作地論争の新展開

a　三次元計測による同笵鏡の研究成果

近年、鏡の紋様面の微細な凹凸を計測し、鮮明な立体画像を作成する研究が大きな成果をあげている。一面あたりおおよそ四〇〇万箇所を計測し、すでに二七〇面以上の三角縁神獣鏡を立体視で比較検討できるという。また、その他の舶載鏡や弥生・古墳時代の出土鏡約一〇〇〇面についてもデータが蓄積されている[18]。

この研究により、三角縁神獣鏡群はあらためて、他の舶載鏡や、わが国で作られた仿製鏡とは製作技法が異なることが明らかにされた。分析を進める奈良県立橿原考古学研究所の研究グループは、三角縁神獣鏡群の鋳型のみが何度も再利用されていることを強調する。通常の舶載鏡群やわが国で作られた仿製鏡群にこのような鋳型の再利用はない。そうすると、三角縁神獣鏡の工人集団は孤立的で、仕上がりより、省力化を重視したと推定されている[19]。なかでも、これまで仿製三角縁神獣鏡と呼ばれてきたE段階の鏡の一部と、舶載とされる第四段階の鏡の一部に、紋様の違いをこえて笵傷の一致が認められたのである。

段階をこえて同じ鋳型を再利用する場合があり、D段階とE段階に舶載鏡・仿製鏡の区別はなく、同じ工人集団の手によることが結論付けられた。研究グループはすべて舶載鏡か、すべて仿製鏡と慎重だが、AからD段階までを仿製鏡とする積極的な根拠はなく、すべて倭国で作られた仿製鏡とする議論は収束しつつある。

さらに、驚愕すべき成果がある。D段階とE段階の三角縁神獣鏡もそうであるが、まったく紋様が異なる舶載

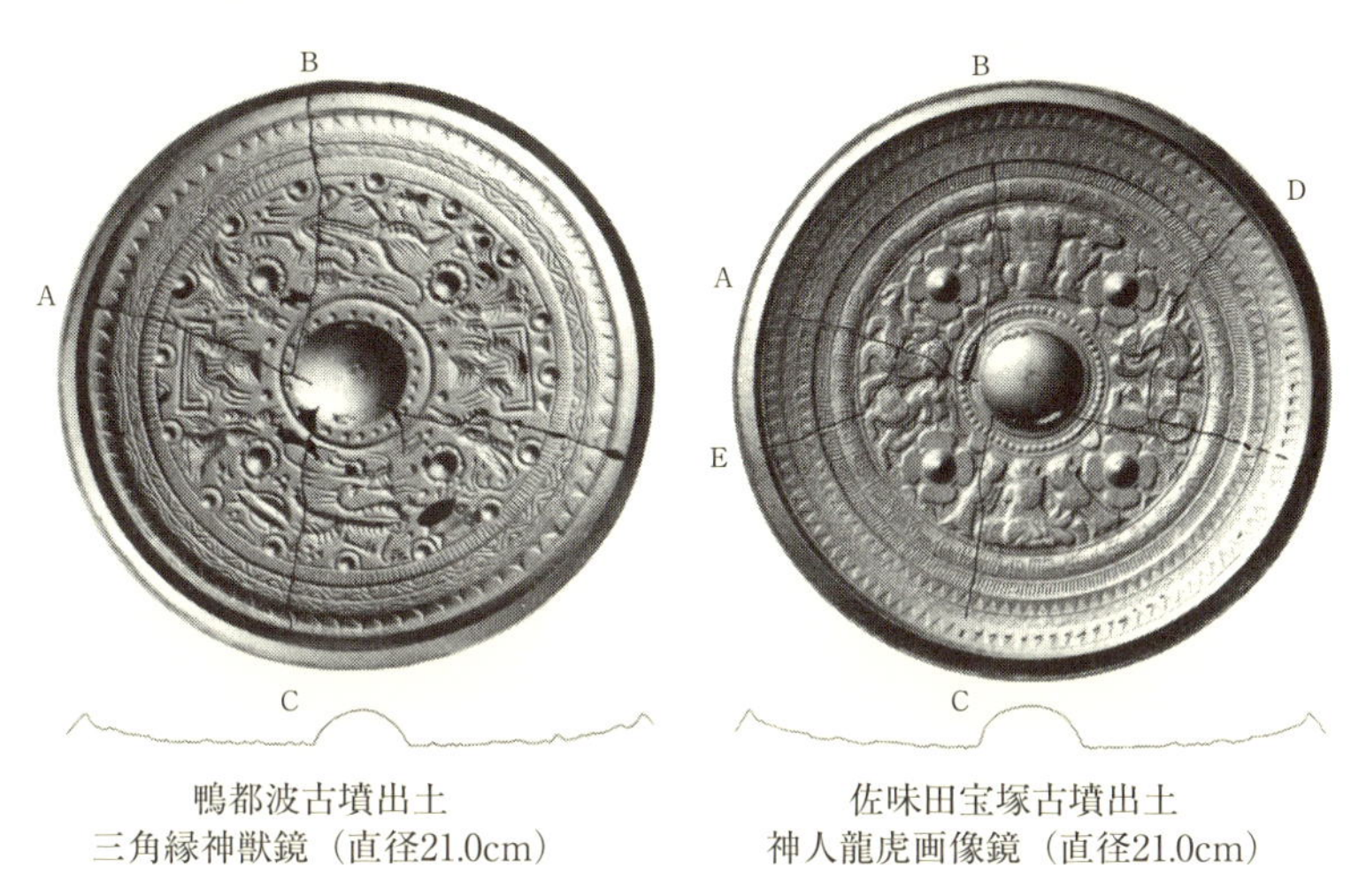

図３　紋様が違う鏡で笵傷が一致する例（註文献19より）

鏡の笵傷と一致する三角縁神獣鏡も発見された。奈良県佐味田宝塚古墳出土の神人龍虎画像鏡と、奈良県鴨都波一号墳出土のC段階の三角縁神獣鏡のデータを重ねると、紋様面全体を覆う笵傷と面形が完全に一致したのである（図３）。つまり、三角縁神獣鏡と鏡種の異なる舶載鏡さえも、笵傷が完全に一致するものが存在するのである[20]。

同笵鏡とは、これまで同じ鋳型を使って、複数の鏡を鋳こむ技法とされ、堅牢な鋳型が想定されていた。銅鐸・銅剣・銅銭などは石製鋳型が見つかっており、同形・同大を大量に鋳こむときに有効である。ところが、紋様が精緻で立体的な鋳物には向いておらず、同形・同大の鏡を鋳こむ場合は古くから踏み返し鋳造が一般的だった。

石製鋳型に対して、土製鋳型（真土型）は精緻で立体的な紋様を鋳型に彫り込んでいくことが容易であるが、鋳型の強度が足らず、鋳こむと通常は破損してしまう。さらに、鋳型は粉砕して再利用されることがほとんどである。したがって、中国でも日本でも、鏡に限らず青銅製品の土製鋳型がみつかることはほとんどない。発見されても、外枠（鋳枠）と呼ばれる鋳型を補強する覆い（基盤）部分のみである。

一連の計測の成果によって、三角縁神獣鏡の鋳造は、想像以上に複雑であることが判明した。著者は笵傷を転写してしまう鋳型の基盤に、紋様面を刻む真土を塗った二重構造の鋳型を考えた。例えるなら、クリスマスケーキのような構造である。堅牢で多孔質のスポンジ状の基盤に、生クリームのように柔らかく、微細な紋様を容易に刻めるきめ細かい真土がのる鋳型である。

ただし、紋様面を刻む真土部分は基盤の笵傷が転写されるほど薄いにもかかわらず、何度も再利用できる矛盾がある。また、基盤となる外枠は多孔質のスポンジ状で、鋳込み時の発泡を逃がす役割があるものの、笵傷がある状態では割れる危険もあり、なぜ使い続けられたのか説明できない。そもそも、紋様面に笵傷が鮮明な鏡を完成品として流通させたこと自体珍しい事例である。[21]

いずれにせよ、一つの鋳型から複数の三角縁神獣鏡を鋳造する場合もあれば、基盤のみ使い回し、違う紋様の三角縁神獣鏡鋳型や他の鏡式の鋳型までつくる場合があったのである。

b　洛陽発見とされる三角縁神獣鏡

冒頭で示した通り、二〇一四年に魏の都があった洛陽から見つかった三角縁神獣鏡に関する論文が発表された。紹介された鏡は直径一八・三センチメートル、外縁がそそり立つ三角縁で外区に鋸歯紋帯、複線波紋帯、鋸歯紋帯をもち、内区には四神四獣を刻む典型的な三角縁神獣鏡の要素を示す（以下洛陽鏡と記す）。銘文は「吾作明竟（鏡）真大好　古有聖人東王父西王母　師（獅）子辟邪口銜巨　位至公卿　子孫壽」である（図4）。発掘調査でみつかった鏡ではなく、「近期在洛陽発現」と記されるのみで、遺構や共伴遺物などの情報はない。

洛陽は後漢～六朝時代の大型墓が都城の北側の邙山周辺にある。後漢皇帝陵の候補となる古墓も多くはここに散在する。しかし、出土地が特定できないのであれば、日本の三角縁神獣鏡を模した偽物とも疑いたくなる。また、同笵鏡も見つかっていない。

先に示した三角縁神獣鏡の段階区分に従うと、洛陽鏡は外縁の厚みや内区図像の特徴、乳と乳座の形状からB段階に位置づけられ、型式的に逸脱する要素はない。

図４　洛陽発見とされる三角縁神獣鏡（洛陽鏡）

最大の違和感としては銘帯が太く、銘文の一字一字が大きいことである。これに連動して櫛歯紋帯が欠落する。後漢鏡の系譜としては、銘帯の外側の櫛歯紋帯が欠落することは極めてまれで、そういう意味では、できの悪い偽物とも見えてしまう。

ところで、三角縁神獣鏡には、銘帯に小乳や方格を配したり、唐草紋を刻むなど、通常の後漢鏡の系譜にはあり得ない多様性が数多く認められる。三角縁神獣鏡の紋様系譜は、なるだけ多様性をもたせて大量につくろうとした結果、図像構成などの約束事を逸脱したものが多く、同笵鏡も数多く知られる異端の鏡群である。そうすると、洛陽鏡にある銘帯の幅が太く、櫛歯紋帯が省略されている約束事の逸脱は三角縁神獣鏡群の許容範囲だと思える。

さらに、洛陽鏡の銘は「吾作明竟」で始まる「吾作」系鏡群である。「吾作」系鏡群はA段階からE段階まで、長期にわたって多様な三角縁神獣鏡がある。神獣はつり上がった眼に鼻筋が通る点、神像は渦巻き状の冠をかぶり、服のヒダが密に刻まれる点などの作風の特徴が指摘されている。これらは洛陽鏡にも当てはまる。

ちなみに、神像のひざ下の台の表現や、つり上がった眼で鼻筋が通り、巨と呼ばれる棒をかむ怪獣は対置式神獣鏡や同向式神獣鏡にない。環状乳神獣鏡の図像表現の影響と考える。そして、三角縁神獣鏡中で環状乳神獣鏡の構成を取り入れたものは唯一「吾作」系に限られる。

共通点は銘にもある。本来の後漢鏡で「上有仙人不知老」とされる字句を、「吾作」系三角縁神獣鏡の中には「古有聖人東王父」と刻むものがある。洛陽鏡は「上有聖人東王父西王母」と刻む。他にも、「有」字の第一画をカギ形にする癖や、「獅子」・「辟邪」・「壽」字の略し方などが共通している。

さて、問題の洛陽鏡について、論文の著者で所有者でもある王趁意氏のご厚意により、二〇一五年一一月二五日に実見、詳細な写真撮影・断面実測を行い、公表されていた写真などではわからない新たな知見を得た。日本人研究者として初めての実見となる。

その結果、外縁・外区・鈕・乳などのキサゲ（切削・砥ぎ）・研磨・鋳放しの状況が日本出土のA段階、B段階の三角縁神獣鏡と多くの点で共通することを確認した。また、強い面反りの特徴についても、日本出土のA段階、B段階の三角縁神獣鏡と共通する。以上より、洛陽鏡は三角縁神獣鏡工人による製作である可能性が極めて大きいことを確認した。

その他、洛陽鏡の鏡面は中原の出土鏡特有の硬い赤サビ（第二酸化銅）に覆われ、わが国出土鏡や華中地域などの出土鏡と分別できるものだった。また、洛陽鏡は二つに割れており、有機溶剤系の接着剤で接着・補修されているようだった。これらの特徴は、従前に日本で発見されたものが中国に持ち込まれたものではありえず、近年洛陽で出土した伝を何ら否定する要素はない。

以上について、郝本性氏（河南博物院前所長）、張鍇生氏（河南博物院研究員・『中原文物』副主編）などにも報告を行い、確認を得た。

ここで、実見の方法と意義について詳述したい。三角縁神獣鏡の複製品・贋作の作成は型取りやデジタルスキャニングが発達した現代の技術をもってすれば、容易である。このようにして作成された複製品と原鏡を比べた場合、明らかに異なる部分がある。それは鏡の仕上げ工程の痕跡である。

鋳あがった鏡は細部を切削や砥ぎによる処理で、鋳バリなどが除去され、鋳肌面が平滑にされる。鏡面も平滑にされる。これをキサゲと呼んでいる。さらに研磨によって磨かれて美しい光沢を放つようになる。キサゲ・研磨は鏡種や時期、鋳肌の特徴によって技法や施される部位などが大きく異なる。キサゲ・研磨がどのような工具でどういう技法で行われたのかは現代となっては知るすべがない。つまり、複製品のキサゲ・研磨は現代の工具による素人工の推測であり、古代の工具を使う熟練工が作った鏡とは峻別できるのである。

そして、三角縁神獣鏡は他の中国鏡にみられない特異なキサゲ・研磨の特徴をもつことが知られる。[22] これは三角縁神獣鏡の製作工人が閉鎖的で、独自の工具を使っていたことを示唆する。

洛陽鏡は三角縁神獣鏡のなかでもB段階である。現在、B段階の日本出土三角縁神獣鏡は六〇種一五三面ある。A段階は二八種七七面である。[23] 大半の鏡はサビに覆われ、キサゲ・研磨の詳細を確認できない。しかし、著者は一〇〇面以上の三角縁神獣鏡について、キサゲ・研磨の特徴を観察し、把握してきた。今回の実見はその対比が

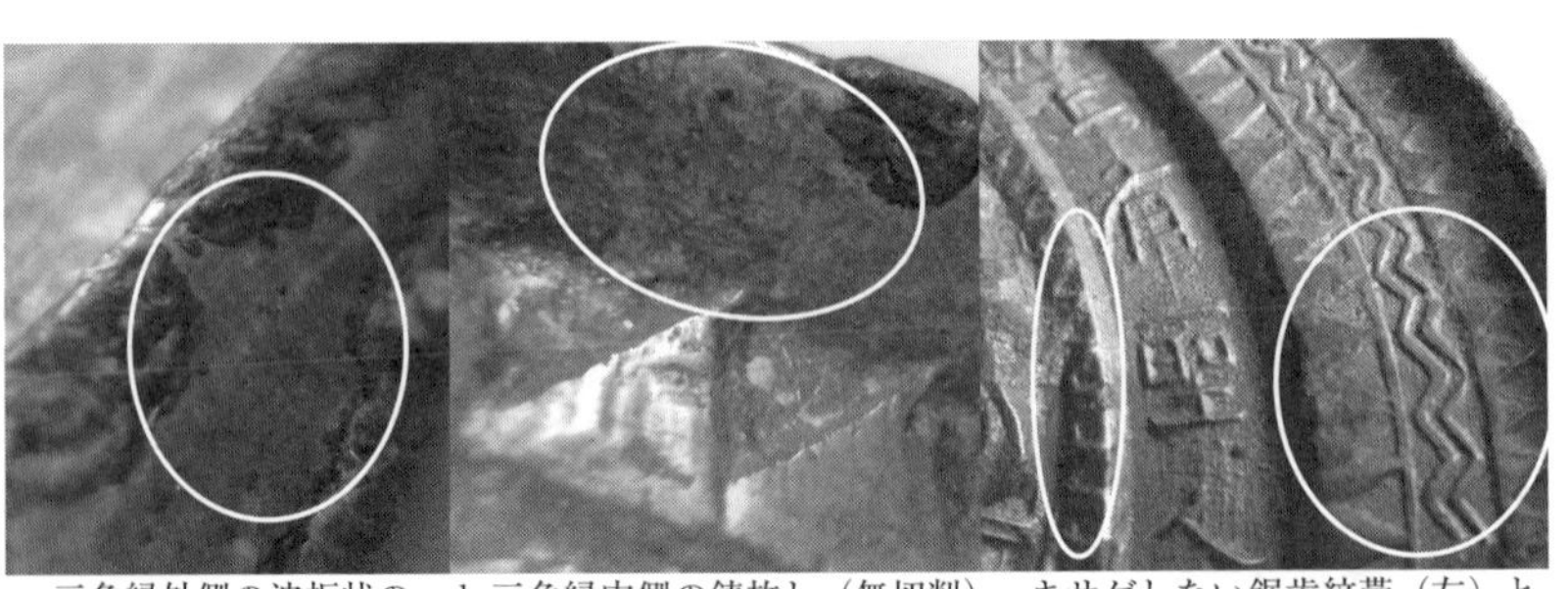
a 三角縁外側の波板状のキサゲ痕跡　b 三角縁内側の鋳放し（無切削）　c キサゲしない鋸歯紋帯（左）とキサゲする鋸歯紋帯（右）

図５　洛陽鏡の細部

中心である。写真や拓本から確認できなかったことでもある。

まず、日本出土の三角縁神獣鏡の三角縁はａ内面・外面ともキサゲ後、よく研磨して平滑にするもの、ｂ内・外面をキサゲしたあと研磨せず、キサゲの痕が明瞭に残るもの、ｃ外面のみをキサゲして内面は鋳肌面をそのまま残すものがある。そして、多くはｃの特徴を示す。ｂ・ｃの三角縁外面は通常の中国鏡にはほとんど見られない波紋痕跡が明瞭にみられる。波板痕などと呼んでいる。そして、洛陽鏡はｃの特徴で、外面に波板痕が明瞭に残り、内面は鋳放しとなっていた（図５ａ）。外区紋様帯の鋸歯紋帯・複線波紋帯は通常の中国鏡ではキサゲ後に丁寧に研磨され、平滑にされる。三角縁神獣鏡もこの約束事に準拠するものが大半で、ごく一部に鋳放したままのものがある。ただし、約束事に準拠する場合も研磨が粗く、キサゲの波板痕が残る鏡は数多い。洛陽鏡の場合、よく研磨された部分とキサゲの波板痕が残る部分が半々程度あり、三角縁神獣鏡の特徴によく合致する（図５ｂ）。

また、三角縁神獣鏡に特徴的な内区紋様帯にある鋸歯紋帯は大半が鋳放したままで、キサゲ・研磨されることはない。この特徴も洛陽鏡に合致している。

鈕・鈕座と乳・乳座について、中国鏡の場合、いずれも全面を丁寧にキサゲし、鈕と乳のみ研磨仕上げし、鈕座と乳座はキサゲ痕跡を明瞭に残すことが多い。しかし、三角縁神獣鏡の場合、この約束事に準拠する鏡もあるが数は少ない。多くはキサゲせずに鈕と乳を粗く研磨するのみである。むしろ、鈕・鈕座と乳・乳座ともまったく鋳放したままの鏡が目立つ。洛陽鏡は鈕・鈕座と乳・乳座をキサゲせず、鈕のみ粗く研磨する。三角縁神獣鏡の仕上げ技法にあてはまるのである。

三角縁神獣鏡の鈕孔は長方形と解説されるが、一部に円形もある。[24]いずれも鈕孔の周りは切削形成されることなく、鋳放しが多い。洛陽鏡も長方形で鋳放しである。鈕孔内に鋳物砂や紐は残らず、内部の空洞にサビが及んでいた。

その他、洛陽鏡の個性として三角縁の頂部を磨いて二ミリメートル程度の面を作りだしている。これまでに知られる大半の三角縁神獣鏡は三角縁の頂部で手が傷つくくらい鋭くとがる。ただし、京都府椿井大塚山古墳出土三号鏡のように二ミリメートル程度の面をなすものも知られ、洛陽鏡と共通する。

さらに、三角縁外面の一部と鏡面の一部に絹織物の痕跡がみられた。たいへん緻密で細い糸の痕跡が面的にあり、絹織物と思われる。王氏によると中原出土鏡にはこのような細かい糸による絹織物の痕跡が残る鏡がいくつも知られるという。

実測図作成にあたり、あらためて面径は一八・三センチメートルであると確認した。重量は家庭用バネはかりの計測で現状六八二グラムである。この重量から踏み返し鏡を否定する鏡胎の薄さが確認できる。

洛陽鏡の鏡面の反りは大きい。ただし、通常の中国鏡に比べ、三角縁神獣鏡の多くは面反りが大きい。断面図では三角縁の頂部を結んだ線に鈕の大半が隠れ、ほんの少し鈕の先端がでる程度である。洛陽鏡もほぼ共通する結果が得られた。

その他、洛陽鏡の鏡面は中原の出土鏡特有の硬くて厚い赤サビ（第二酸化銅）に覆われていた。紋様面は製作時の光沢を残す銀白色が大部分に保たれている。乾燥した土壌からの出土が推定される。日本出土の鏡のサビは、石室に雨水などとともに浸入した塩分を含む酸性土で銹化したり、木棺を被覆する海成由来の粘土のアルカリで銹化するなど、複雑な様相を呈する。概して、土壌水分と塩分の影響から製作時の光沢は失われ、緑青による銹化がはなはだしいものばかりである。

対して、華中地域の出土鏡は漆黒色に変色し、破断面が鉛色になることが多い。これは長期にわたり水浸かりが続き、銅イオンが銹化せずに溶けだし、鏡の表面の錫が漆黒色にサビたためと考えられている[25]。以上のサビの特徴からも出土地を分別できる。

また、洛陽鏡は二つに割れている。おそらく破面は有機溶剤系の接着剤で補修され、塩化ビニル系の塗料に砂礫を混ぜて割れ傷を隠したようだ。これらの特徴も、従前に日本で発見され、日本の骨董商人の手を経て中国に持ち込まれたものとは考えにくい。近年中国で出土した伝を否定する要素とならない。

以上を要約すると、通常の中国鏡、日本出土三角縁神獣鏡、洛陽鏡のキサゲ・研磨の技法を比較した場合、通常の中国鏡の技法に対し、日本出土三角縁神獣鏡と洛陽鏡に著しい共通性がみられる。具体的には、①三角縁外面にはキサゲの波板痕が残り、内面は鋳放したままであること、②外区紋様帯の鋸歯紋などはキサゲ後粗く研磨し、内区紋様帯の鋸歯紋は鋳放したままであること、③鈕・鈕座と乳・乳座はキサゲせず、鈕のみ粗く研磨し、他は鋳放したままであること、④面反りが急で三角縁頂部を結んだ線に鈕の大半が隠れ、鈕の頂部がほんの少し出る程度であること、などである。つまり、洛陽鏡が本物であることは疑う余地がないばかりか、三角縁神獣鏡工人による製作である可能性が極めて大きいことを示している。

ただし、洛陽鏡の出土地がいずれにせよ、現在知られる三角縁神獣鏡の分布は列島にかたよる。この趨勢は変わらないだろう。つまり、製作工房がみつかったのではなく、製作地が列島か、半島か、洛陽か、などを確定する決定打にはならないと考える。

おわりに

洛陽発見とされる三角縁神獣鏡が与える影響についての私見を述べたい。

著者はA段階の三角縁神獣鏡や関連鏡群に「景初三年」・「正始元年」・「景初四年」銘があることから、これらは『魏志』倭人伝にある「銅鏡百枚」と考えている。B段階の三角縁神獣鏡は、狗奴国と交戦を報告して黄幢を渡された正始四〜六年（二四三〜二四五）の遣使時にもたらされたものとする。C段階は台与による泰始二年（二六六）の遣使時などに下賜された鏡と推定する。正史に鏡の下賜が記載されないことから、帯方郡までの遣使でもその地で下賜された鏡があると考える。

今回発見の鏡はB段階の構成でありながら、図像の隙間を粒々で埋める点や銘文が大きな字で刻まれる点など、C段階の鏡によくみられる要素も含まれている。そうすると、BとC段階で下賜された鏡群の間に作られた過渡的鏡かもしれない。つまり、倭国に下賜されなかった時期の製作である。

三角縁神獣鏡魏鏡説の最大の難点は中国で、この鏡が一面も発見されていないこととされてきた。今回、一面ではあるが、中国での出土がほぼ確実となり、その出土地が魏の都洛陽である伝えを尊重すれば、この問題を収束させる糸口になると考える。さらに、三角縁神獣鏡を「卑弥呼の下賜鏡」の最有力候補とすれば、その分布は近畿の大和の前期前方後円墳に偏在することから、邪馬台国ならびに卑弥呼の本拠を特定する研究に大きな影響を与えるとも考える。このような分析が製作地論争の決着に一石を投じることを期待している。

註

(1) 王趁意（二〇一四）「洛陽三角縁笠松紋神獣鏡初探」『中原文物』二〇一四年六期　河南博物院主編
王氏はその後、以下の論文で洛陽鏡を分析する。王趁意（二〇一五）「洛陽三角縁笠松鏡是曹魏鏡考」『中原文物』二〇一五年二期　河南博物院主編、王趁意（二〇一五）「洛陽三角縁笠松紋神獣鏡銘文考」『中原文物』二〇一五年三期河南博物院主編

(2) 西川寿勝（二〇一五）「洛陽発見三角縁神獣鏡の実見報告」『日本書紀研究会一二月例会発表資料』　日本書紀研究会

(3) 小林行雄（一九六一）「古墳の発生の歴史的意義」『古墳時代の研究』青木書店（P144）

(4) 小林行雄編（一九五四）『世界考古学大系』Ⅲ　平凡社（P2・10）

(5) 光谷拓実（二〇〇三）「日本の年輪年代法の現状」『考古学と暦年代』ミネルヴァ書房

(6) 春成秀爾・小林謙一・坂本稔・今村峯雄・尾嵜大真・藤尾慎一郎・西本豊弘（二〇〇九）「古墳出現の炭素十四年代」『日本考古学協会第七五回総会研究発表要旨』　日本考古学協会

(7) 春成秀爾ほか前掲論文(6)

(8) 白石太一郎（二〇一〇）「弥生時代から古墳時代へ」『邪馬台国』雄山閣

(9) 小林行雄（一九六一）「前期古墳の副葬品にあらわれた文化の二相」『古墳時代の研究』青木書店（P186・187）

(10) 三角縁神獣鏡の形式区分について、新納氏は1～5段階区分する。本論では福永氏の区分論に沿って説明する。新納泉「権現山鏡群の型式学的位置」（一九九一）『権現山五一号墳』　権現山五一号墳刊行会
福永伸哉（一九九六）「舶載三角縁神獣鏡の製作年代」『待兼山論叢』第三〇号　大阪大学出版会
福永伸哉（二〇〇五）『三角縁神獣鏡の研究』　大阪大学文学部

(11) 岸本直文（一九八九）「三角縁神獣鏡の工人群」『史林』七二—五　京都大学文学部

(12) 車崎正彦（一九九九）「副葬品の組み合わせ—古墳出土鏡の構成—」『前方後円墳の出現』別冊季刊考古学八　雄山閣

(13) 西川寿勝（二〇一〇）「鏡がうつす邪馬台国体制の成立と崩壊」『邪馬台国』雄山閣

(14) 岡村秀典（一九九九）『三角縁神獣鏡の時代』吉川弘文館（P174～175）

(15) 福永氏はA段階（二三九年～二四〇年）・B段階（二四〇年代）・C段階（二六〇年代）・D段階（二七〇年代後半～二八〇年代）との年代観を示す。福永前掲論文(10)

(16) 西川寿勝（二〇一〇）「鏡がうつす邪馬台国体制の成立と崩壊」『邪馬台国』雄山閣（P160）

(17) 岸本直文（二〇一五）「炭素十四年代の検証と倭国形成の歴史像」『考古学研究』六二―三　考古学研究会

(18) 奈良県立橿原考古学研究所編（二〇〇五）『三次元デジタルアーカイブを活用した古鏡の総合的研究』

(19) 清水康二（二〇一五）「舶載三角縁神獣鏡と仿製三角縁神獣鏡との境界」『考古学論攷』第三八冊

(20) 清水康二（二〇一五）「初期三角縁神獣鏡成立過程における鏡笵再利用」『古代文化』六〇〇　古代学協会

(21) 西川寿勝（二〇一六）「討論」『鋳造遺跡研究』二〇一六　鋳造遺跡研究会

(22) 中井一夫（二〇一五）「銅鏡の仕上げ痕跡の観察」『鋳造遺跡研究資料』二〇一五　鋳造遺跡研究会

(23) 福永前掲論文(10)

(24) 奈良県黒塚古墳二三号鏡など。

(25) 梁上椿（一九四〇・四一）『岩窟蔵鏡』

文献

(a) 制詔　親魏倭王卑弥呼　帯方太守劉夏遣使　送汝大夫難升米　次使都市牛利　奉汝所獻　男生口四人　女生口六人　班布二匹二丈以到　汝所在踰遠　乃遣使貢獻是汝之忠孝　我甚哀汝　今以汝為親魏倭王　假金印紫綬　装封付帯方太守假綬　汝其綏撫種人　勉為孝順　汝來使難升米　牛利　渉遠道路勤労　今以難升米為率善中郎将　牛利為率善校尉　假銀印青綬　引見勞賜遣還　今以絳地交龍錦五匹　絳地縐粟罽十張　蒨絳五十匹　紺青五十匹　答汝所獻貢直　又特賜汝紺地句文錦三匹　細班華罽五張　白絹五十匹　金八兩　五尺刀二口　銅鏡百枚　真珠鉛丹各五十斤　皆装封付難升米牛利　還到録受　悉可以示汝國中人使知國家哀汝　故鄭重賜汝好物也

(b) 其八年太守王頎到官　倭女王卑弥呼與狗奴國男王卑弥弓呼素不和　遣倭載斯烏越等　詣郡　説相攻撃状　遣塞曹掾史張政等因齎詔書黄幢　拜假難升米　為檄告喩之　卑弥呼以死　大作冢　徑百餘歩　徇葬者奴婢百餘人

挿図出典

図1　註(4)より西川作図。
図2　西川作図。
図3　註(19)図1・2より西川作図。
図4・5　西川撮影

Ⅱ部

四世紀後半における九州とヤマト政権

—佐紀陵山古墳タイプの古墳出現の歴史的意義—

宇野愼敏

はじめに

三～四世紀中頃に奈良盆地東南部の三輪山周辺に築かれていた巨大古墳群は、四世紀後半になると盆地東北部の佐紀地域に築かれるようになる。この巨大古墳群の移動について白石太一郎氏は「柳本勢力から佐紀勢力への交替」とし[1]、その後、塚口義信氏が文献史学の立場から「『佐紀盾列古墳群』が大王家にかかわる墳墓」であることを指摘した[2]。また川口勝康氏も「四世紀後半の倭王には佐紀古墳群をあてるべき」とした[3]。その後、塚口氏が『古事記』『日本書紀』（以下、『記』『紀』と称す）にみえる香坂王・忍熊王の謀反伝承を分析し、この二王に象徴される集団を佐紀西群とみて、神功・応神に象徴される集団と戦って敗北したとした[4]。そしてこの戦いをヤマト政権（畿内政権）の最高首長権の座をめぐる内乱と位置付け、その結果、ヤマト政権の中枢勢力（主導勢力）が佐紀西群を築いた勢力から古市・百舌鳥古墳群を築いた勢力に交替したことを考証した。すなわちヤマト政権の主導勢力は「三輪政権から佐紀政権へ、そしてそこから河内政権へと移動した」[5]ことを論証したのである。この見解はその後、荊木美行氏[6]や吉田晶氏[7]らによって支持され、補強されている。一方、広瀬和雄氏や水野正好氏、白石氏は、大王墓移動の現象を政権交替とはみず[8]、奈良盆地東南部を『大和政権中枢』とし、その大和政権の中枢は一貫して奈良盆地東南部にあったとみた[9]。

また、地方史研究の分野でも、各地域の首長墓系譜が断絶し、首長墓が移動していると考える説がある。たとえば西川宏氏は吉備の政治集団のあり方について考察し、「大首長は、単一の集団から世代を重ねて輩出したのではなく、複数の特定地域集団の首長がそうした地位をおそったわけであって、まさに吉備連合政権の確立を示す」と輪番制論を唱えた[10]。吉田晶氏も「輪番的に就任される大首長は部族同盟全体の結合的統一体としての権威と権力をもつ[11]」とし、五世紀における日本の政治組織は「部族同盟」段階とした。近藤義郎氏も「この連合の最高首長の位置は、特定部族にかならずしも固定・世襲されていたわけではない」とし、首長権の移動を示唆している[12]。

小野山節氏は、五世紀前半に各地で帆立貝式前方後円墳の築造が多くなることから、大和政権による古墳の規制があったのではないかとした[13]。都出比呂志氏は同じ五世紀前半に古墳の規制を受けていないグループが存在することから「古墳時代を通じて、たえずどれか一系譜の古墳の墳形や規模が優位になっていることがわかる」とし、これを「首長間の序列の変化」としてとらえ、この序列の変化が「大王権力周辺の政治的変化と連動している」と指摘した[14]。

このように各地にみられる首長墓系譜の継続や断絶は、大王権力周辺の政治的変化（政権交替など）と連動していることが明らかとなってきた。九州においても同様の首長墓系譜の継続と断絶がみられ、大王権力周辺の政治的変化と連動している可能性がある。特に四世紀後半〜五世紀初頭頃に、新たに出現する首長墓や、断絶する首長墓系譜が多くみられる。筆者は以前に、四世紀後半に新たに出現する首長墓の一部に、前方部の短い前方後円墳がみられるようになることから、奈良盆地東南部の勢力から佐紀勢力に変わったことにより、九州の首長層に変動が起こったのではないかということを指摘したことがある。(15) この新たに出現する首長墓は、佐紀盾列古墳群の佐紀陵山古墳や五社神古墳の墳丘形態に酷似していることから、佐紀陵山古墳タイプとした。(16) ところがその後、このタイプの前方後円墳のうち、玄界灘沿岸部に所在する古墳のエリアには『記』『紀』の仲哀天皇条や神功皇后条の朝鮮出兵記事にみえる地名や宮名と符合するものが多いことに気が付いた。

そこで、本稿では九州における前方部の短い佐紀陵山古墳タイプの前方後円墳を取り上げ、首長墓系譜の変動がヤマト政権の政治変動に連動しているかどうかを確認するとともに、その出現の背景や歴史的意義について考えてみたい。

一　佐紀陵山古墳タイプの諸例

九州の前期の前方後円墳は、前方部がバチ形に開く石塚山古墳や、南九州に多いとされる前方部の長い柄鏡式の前方後円墳などがある。その中で四世紀後半に、前方部が短く、その先端がバチ形に開かない佐紀陵山古墳の墳丘形態に酷似する前方後円墳が出現する。この「佐紀陵山古墳タイプ」は現在、二〇例余り存在する。その多くは北部九州に集中するが、肥後や豊後、そして日向などにも少数分布する。そして豊後の一部を除き、大半は沿岸部に位置しており、墳丘形態のみならず、その立地にも共通点を見出すことができる。以下、それらの古墳の概要を述べておく。

（1）仁馬山古墳[17]（山口県下関市大字延行字神田）

西流して響灘に注ぐ綾羅木川北岸の洪積台地上に位置する。全長七四・八m、後円部径四七m、前方部長二七・八mである。西方一・六kmの同じ洪積台地西端に全長三九・七mの若宮一号墳の前方後円墳が所在するが、埋葬施設は箱式石棺で、仁馬山古墳より先行するものと思われる。仁馬山古墳は粘土槨で、推定長さ六・二mの割竹形木棺だとされている。時期は四世紀後半で、若宮一号墳と系譜上つながりをもつか明らかではなく、単独墳の可能性もある。

（2）塩屋古墳[18]（福岡県遠賀郡岡垣町大字原字塩屋）

玄界灘に面する微高地上に位置する。全長七〇m、後円部径四〇m、前方部長三二mである。時期は四世紀後半～五世紀初頭頃に比定される。未調査で詳細は不明だが、単独墳と考えられる。

（3）東郷高塚古墳[19]（福岡県宗像市大字東郷字高塚七〇一他）

北流して玄界灘に注ぐ釣川の中流域南岸丘陵先端部に位置する。全長六一m、後円部径三〇mである。埋葬施設は粘土槨で、内法の長さ五・四mの割竹形木棺を埋納する。盗掘され、出土遺物はほとんどない。時期は四世紀後半で、単独墳である。

（4）有田古墳[20]（福岡県糸島市大字有田字塞ノ本五六七―一）

雷山から北に派生する丘陵先端部に位置する。全長三〇m、後円部径二〇m、前方部長一二mで、盗掘され、赤色顔料を塗布した石材が散乱している。埋葬施設は竪穴式石槨か、箱式石棺と考えられる。四世紀後半頃に比定され、単独墳である。

（5）一貴山銚子塚古墳[21]（福岡県糸島市田中字大塚）

南東方向から北西方向に延びる丘陵の西端側に位置する。全長一〇三m、後円部径六一mである。竪穴式石槨で、舶載方格規矩鏡一、長宜子孫連弧文鏡一、仿製三角縁神獣鏡六、鉄剣六、素環刀三、直刀三、短刀一、鉄鎗一四、長頸鏃一四など大量の武器を副葬し、四世紀後半頃に比定され、単独墳である。

（6）沖出古墳[22]（福岡県嘉麻市漆生字才木）

北流する遠賀川上流東岸の丘陵西端に位置する。全長七〇m、後円部径四〇m、前方部長三〇mである。竪穴式石槨で、割竹形石棺を埋納する。盗掘されているが、鉄刀一、鏃形石三、車輪石二、石釧二などが出土している。四世紀後半〜末頃に比定され、単独墳である。

（7）姫神古墳[23]（福岡県京都郡みやこ町木山）

西南方から北東方向へ走る馬ヶ岳連峰の南側裾部に位置する。全長三七m、後円部径二三m、前方部長一五mである。未調査のため詳細は明らかではないが、四世紀後半頃に比定され、単独墳である。

（8）三国の鼻一号墳[24]（福岡県小郡市津古字三国）

東流する宝珠川南岸独立丘陵頂上部に位置する。全長六六m、後円部径三八m、前方部長二六mである。粘土槨で割竹形木棺を埋納する。盗掘されているが、鉄剣一、管玉などが出土し、四世紀中頃に比定される。先行する三世紀末の全長四二mの津古一号墳から大型化するものの、後出する花聳二号墳は径三二mの大型円墳となる。

（9）黒崎観世音塚古墳[25]（福岡県大牟田市大字岬）

眼下に有明海を臨む丘陵先端部に位置する。全長九七m、後円部径七〇m、前方部長三〇mである。未調

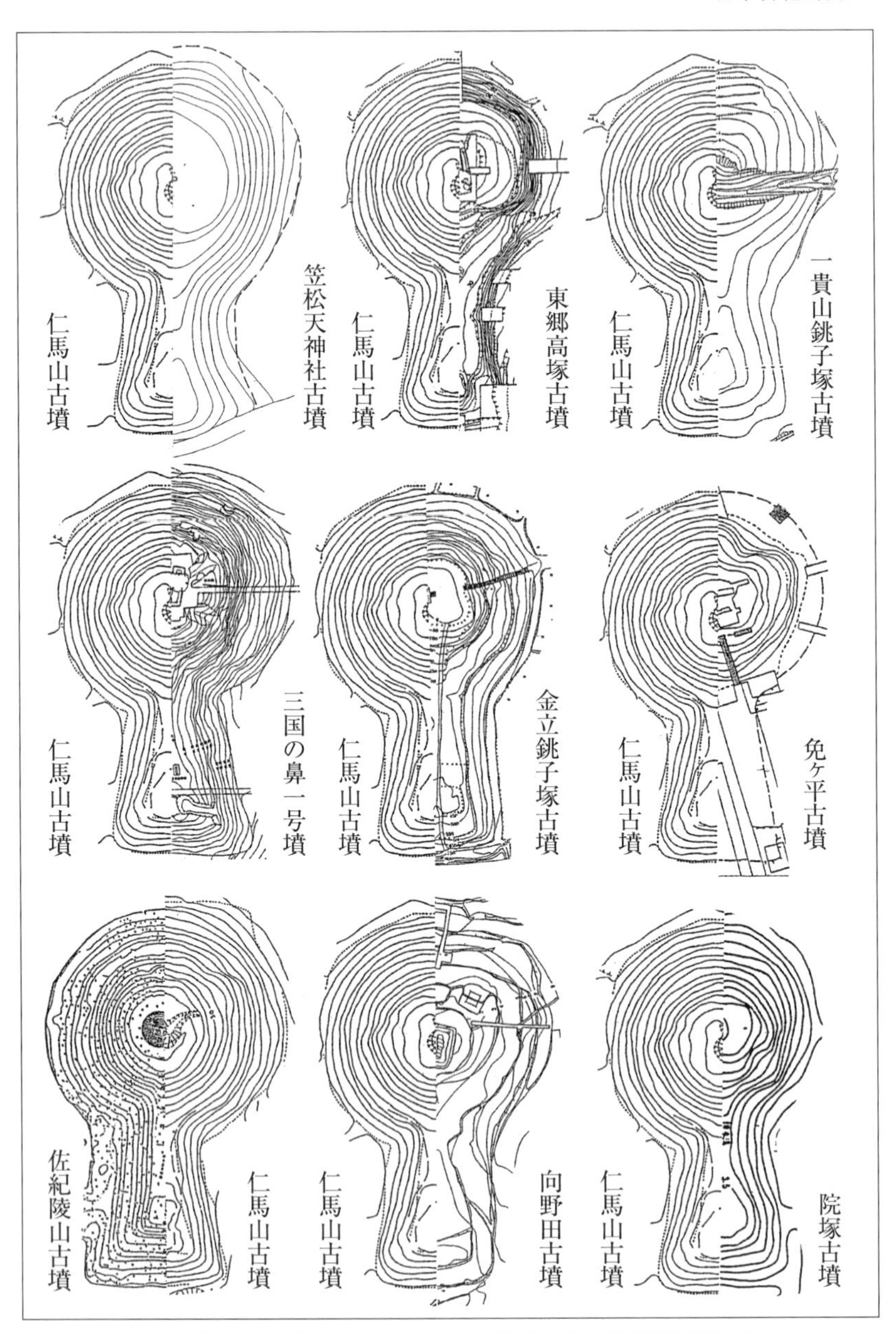

図１　佐紀陵山古墳・仁馬山古墳と九州各地の前方後円墳墳丘比較図

査で詳細は不明である。四世紀末前後に比定され、周辺に小円墳が数基みられるが、首長墓としては単独墳である。

（10）倉永茶臼塚二号墳[26]（福岡県大牟田市倉永宮戸石尾）

西方向に有明海を遠望する丘陵上に位置する。全長二一m、後円部径一二m、前方部長九mである。埋葬施設は組合式箱式石棺で、鉇と思われる鉄製品が一点出土している。四世紀末頃に比定されるが、本墳より先行する古墳、および後出する古墳の規模は径二〇～二六mの大型円墳である。

（11）銚子塚古墳[27]（佐賀県佐賀市金立町大字金立字八本松）

背振山系から南へ派生する丘陵裾部の段丘上に位置する。全長九八m、後円部径五八m、前方部長四四mである。未調査で詳細は不明である。四世紀後半頃に比定され、単独墳と推測される。

（12）杢路寺古墳[28]（佐賀県伊万里市二里町大字大里）

北流して伊万里湾に注ぐ有田川東岸の丘陵先端部に位置する。全長八〇m、後円部径六〇m、前方部長二二mである。埋葬施設が四つあり、第一埋葬施設は礫槨で、割竹形木棺を埋納する。第二・三埋葬施設は前方部上に、また第四埋葬施設は後円部裾部にあって、それぞれ箱式石棺を埋納する。第一埋葬施設から仿製三角縁神獣鏡一面、鉄剣六振以上、鉄刀一振以上、鉇などが出土している。四世紀後半に比定され、単独墳である。

（13）笠松天神社古墳[29]（長崎県平戸市田平町小手田免米ノ内）

北流して釜田湾に注ぐ釜田川東岸丘陵裾部に位置する。全長三四m以上、後円部径二二m、前方部長一四mである。盗掘を受けているので確定することはできないが、竪穴式石槨か箱式石棺の可能性がある。四世紀後半に比定され、単独墳である。

（14）潤野三号墳[30]（熊本県宇土市立岡町字中潤野九七三）

宇土半島基部の道徳山（一三一・五m）から北西方向に派生する丘陵先端部に位置する。全長三九m、後円部径二三～二七m、前方部長一二mである。粘土槨に割竹形あるいは船形木棺を安置する。木棺の有無を確認しただけで調査を終えたため、副葬品は不明。四世紀後半に比定され、単独墳である。

（15）向野田古墳[31]（熊本県宇土市松山町字向野田）

潤野三号墳の南西方向約二㎞で、同じく道徳山の西方向に派生する丘陵先端部に位置する。全長八六m、後円部径五三・七m、前方部長三六mである。埋葬施設は竪穴式石槨で、その内に阿蘇溶結凝灰岩製の舟形石棺を安置し、中に三〇代後半～四〇代の女性遺体が埋葬されていた。中国製内行花文鏡、方格規矩鏡、仿製鳥獣鏡各一面や車輪石一、貝輪一〇、勾玉、管玉、ガラス小玉などが出土している。四世紀後半に比定され、これ以後、首長墓系譜は断絶する。

（16）免ヶ平古墳[32]（大分県宇佐市大字川部字免ヶ平）

北流して周防灘に注ぐ駅館川下流東岸の台地上に位置する。出現期の赤塚古墳の次に継続する首長墓と考えられ、その後も角房、福勝寺、車坂古墳などの有力首長墓を順次営んでいる。全長六八・五m、後円部径三〇・五m、前方部長二二mである。第一主体は竪穴式石槨に割竹形木棺を安置し、棺内に石釧三をはじめ勾玉、管玉、ガラス小玉、棺外に中国製斜縁二神二獣鏡、仿製三角縁三神三獣鏡や鉄剣八、鉄刀一、鉄鎗一、鎌三、鋤先一、鉇二、斧二、刀子二九などを副葬している。第一埋葬施設の南側に第二埋葬施設の箱式石棺があり、中国製斜縁二神二獣鏡や石釧二、勾玉、管玉を副葬するとともに、二〇歳ぐらいの女性遺体が埋葬されていた。時期は四世紀後半頃に比定されている。

(17) 小牧山六号墳[33]（大分県大分市大字松岡字小牧山）

北流して別府湾に注ぐ大野川の中流域西岸の河岸段丘上に位置する。六基からなる小牧山古墳群のうちの一基で、一、四、五号墳が方墳、二、三号墳が円墳、最後に築造されたと考えられるのが六号墳の前方後円墳である。全長四五m、後円部径二四～二八m、前方部長一八mである。未調査のため詳細は不明であるが、四世紀後半頃に比定されている。

(18) 小坂大塚古墳[34]（大分県大野郡三重町大字小坂字小坂）

大野川の上流の支流の一つである三重川南東岸の標高一五〇mの独立丘陵上に位置する。全長四〇m、後円部径二六m、前方部長一四mである。未調査のため詳細は不明である。墳丘形態から四世紀後半頃に比定されている。周辺には一～二km間隔で①秋葉鬼塚古墳、②立野古墳、③重政古墳、④道ノ上古墳、⑤竜ヶ鼻古墳などがあり、四、五世紀における首長系譜を辿ることができる。この古墳は②と③の間に位置する首長墓とみられる。

(19) 西都原一七三号墳[35]（宮崎県西都市大字三宅字寺原）

一ッ瀬川西岸の洪積台地上に総数三〇〇基余の西都原古墳群がある。一七三号墳は三二基の前方後円墳のうちの一基で、全長四三m、後円部径二七m、前方部長一八mである。以前は柄鏡式とされていたが、近年の測量調査で前方部が短いことが明らかとなった。埋葬施設は不明であるが、墳丘形態から四世紀後半頃に比定されている。

(20) 塚原三号墳[36]（宮崎県児湯郡新富町大字新田字竹ヶ山）

以前は新田原三号墳と呼称していたが、塚原、山之坊、祇園原の各古墳群にそれぞれ群が分けられたため、現在塚原古墳群三基余の古墳群として分別されている。三号墳はこのうち最も古いと考えられ、全長六七m、後円部径四〇m、前方部長二八mで、四世紀後半頃に比定されている。未調査で詳細は不明である。

二　佐紀陵山古墳タイプの九州での位置付け

九州における前方後円墳の形態変化は、地域によって時期が若干遅れたり、宮崎平野のようにくびれ部が細く締まった柄鏡式のものが五世紀まで残るなど地域性がみられるものの、概ね畿内の前方後円墳と同様の変化をみせる。その中で四世紀後半代になると前方部が短い佐紀陵山古墳タイプの墳丘が出現する。

岸本直文氏は、畿内巨大前方後円墳の築造規格の系列を想定され、柳本行燈山古墳から誉田御廟山古墳への墳丘の変化は前方部の幅と高さが次第に広く高くなり、ついには前方部の高さが後円部を越えるようになる。その柳本行燈山古墳から誉田御廟山古墳の間に佐紀陵山型の築造規格が存在し、その出発点は佐紀西群の五社神古墳から分かれたと指摘する[37]。

前方部が短くなるのは、柳本行燈山古墳あたりからである。この古墳はくびれ部が締まり、前方部端がバチ形に開き気味であることなど、若干古い様相を残しているものの前方部が後円部径よりも短くなっている。それより後出する佐紀陵山古墳や五社神古墳は柳本行燈山古墳ほどくびれ部が締まらず、また前方部端もバチ形に開かない真っ直ぐな前方部端の形状に変化する。このような前方後円墳の形態変化は、九州においても概ね首肯される。そこで畿内と九州との墳丘形態変化およびその時期について比較するために、くびれ部があまり締まらず、

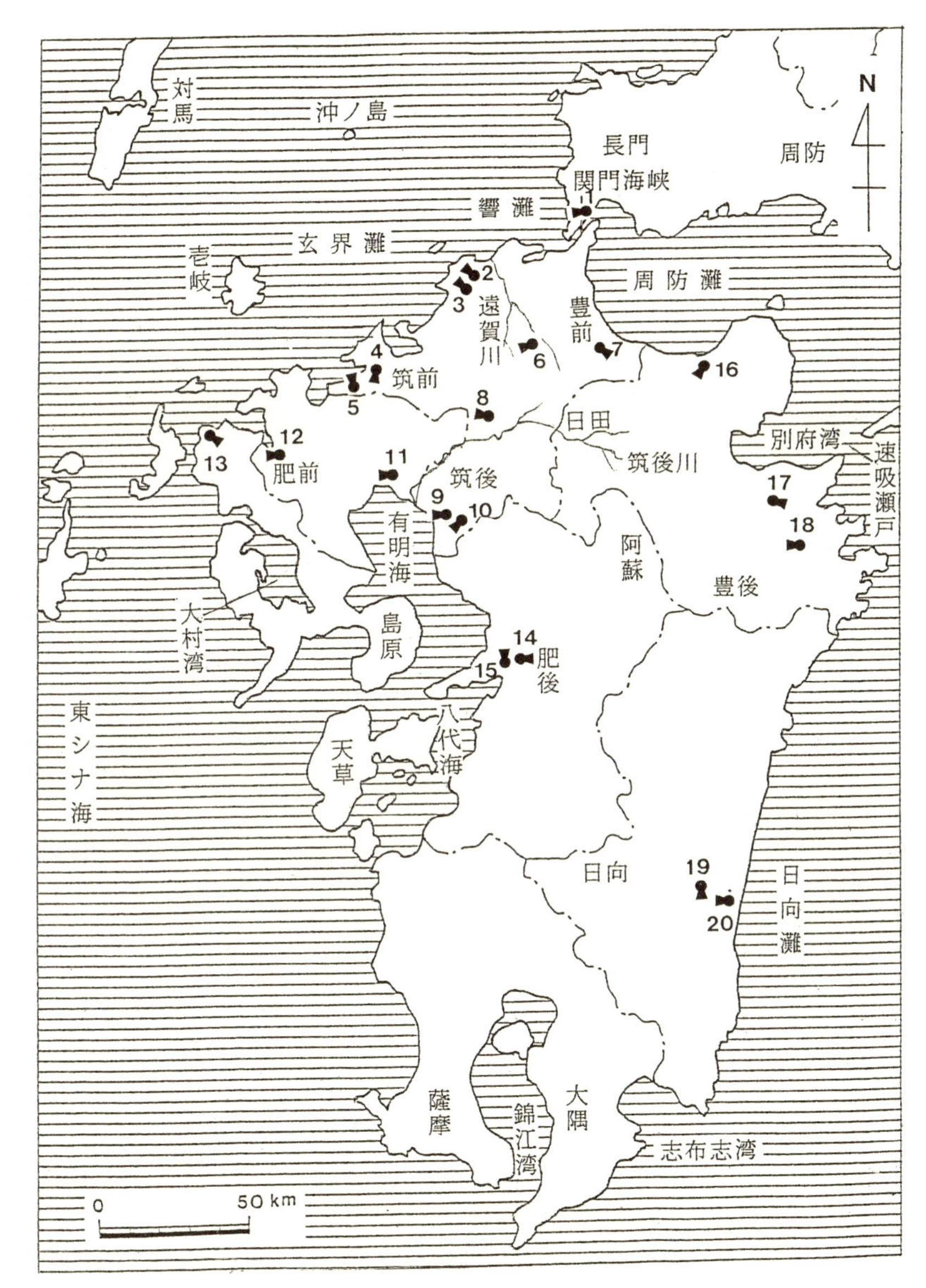

図２　主な佐紀陵山古墳タイプの前方後円墳分布図

（番号は文中古墳の番号と同一）

	古墳名	所在地	規模（m）	埋葬施設	棺	副葬品	時期	系譜
1	仁馬山古墳	長門	74.8	粘土槨	割竹形木棺	—	4C後	断絶
2	塩屋古墳	筑前	70	不明	不明	—	4C後～5C初	単独
3	東郷高塚古墳	筑前	61	粘土槨	割竹形木棺	—	4C後	単独
4	有田古墳	筑前	30	竪穴式石槨	不明	—	4C後	単独
5	一貴山銚子塚古墳	筑前	103	竪穴式石槨	割竹形木棺？	鏡・剣・刀・鏃	4C後	単独
6	沖出古墳	筑前	70	竪穴式石槨	割竹形木棺	刀・車輪石・石釧	4C後半～末	単独
7	姫神古墳	豊前	37	不明	不明	—	4C後半	単独
8	三国の鼻1号墳	筑後	66	粘土槨	割竹形木棺	剣・管玉	4C中	継続
9	黒崎観世音塚古墳	筑後	97	不明	不明	—	4C末～5C初	継続
10	倉永茶臼塚古墳	筑後	21	組合式箱式石棺	箱式石棺	鉇？	4C後半	断絶
11	銚子塚古墳	肥前	98	不明	不明	—	4C後半	出現
12	杢路寺古墳	肥前	80	礫槨	割竹形木棺	鏡・剣・刀・鉇	4C中～後	単独
13	笠松天神社古墳	肥前	34	不明	不明	—	4C後	単独
14	潤野3号墳	肥後	39	粘土槨	割竹形木棺？	—	4C後	単独
15	向野田古墳	肥後	86	竪穴式石槨	舟形石棺	鏡・車輪石・剣・刀・鎗	4C後	断絶
16	免ヶ平古墳	豊前	68.5	竪穴式石槨	割竹形木棺	石釧・剣・鉇・刀子	4C中～後	継続
17	小牧山6号墳	豊後	45	不明	不明	—	4C後	断絶
18	小坂大塚古墳	豊後	40	不明	不明	—	4C後	継続
19	西都原173号墳	日向	43	不明	不明	—	4C後	継続
20	塚原3号墳	日向	60	不明	不明	—	4C後	継続

表1　九州における佐紀陵山古墳タイプ（番号は文中の番号）

規模（m）	100	90	80	70	60	50	40	30	20
基　　数	1	2	2	3	3	0	4	4	1

表２　墳丘の長さ別にみた前方後円墳の基数

竪穴式石槨（m）	103 ・86・70・68.5
粘土槨（m）	74.8・66・62・ 39
礫槨（m）	80

表３　埋葬施設別にみた墳丘の長さ

前方部端があまり開かない、そして前方部の短い佐紀陵山古墳タイプを取り上げて検討することにする。

上記のとおり、九州における佐紀陵山古墳タイプは、現在のところ二〇例余りある。それらは北部九州沿岸部や瀬戸内周防灘沿岸部から日向灘沿岸部、そして西側の有明海沿岸部から八代海（不知火海）沿岸部に分布している。墳丘規模は、一貴山銚子塚古墳が最も大きくて一〇三m、最も小さいのが倉永茶臼塚古墳で二一mである。全体的には三〇～七〇mが多い。

埋葬施設をみると、竪穴式石槨の古墳の墳丘長は六八・五～一〇三m、粘土槨の古墳の墳丘長は三九～七四・八mある。墳丘規模の大型のものが竪穴式石槨、中クラスのものが粘土槨を採用していることが知られる。

次に棺については割竹形木棺が七例で最も多く、割竹形石棺、舟形石棺が各一例、箱式石棺が二例となる。割竹形木棺について吉留秀敏氏は「割竹形木棺は大和政権により創出された規格でありながら、北部九州の代表的な首長層に配布される程度で、この地域のその他の首長層や有力者層にはこの代表者たる首長層を通じて二次的に配布されたと考えられる」としている[38]。

すなわち割竹形木棺を採用していることは、直接的であるか間接的であるかに拘わらずヤマト政権と深い関わりをもっていたことを推測させる。したがって、畿内系の粘土槨、竪穴式石槨という埋葬施設であるとともに、さらに割竹形木棺を採用していることがヤマト政権との関わりを知るうえで重要だと思われる。そして、その割竹形木棺の長さは仁馬山古墳が六・四m、東郷高塚古墳が五・四m、一貫山銚子塚古墳が三・四m、三国の鼻一号墳が五・五m、潤野三号墳が四m、免ヶ平古墳が四・九m弱である。これらは吉留氏分類の一二〜二〇類に入り、割竹形木棺の長さとしては北部九州域の中で長大クラスに入る。この割竹形木棺の長大さが階層序列を示すならば、九州において佐紀陵山古墳タイプに埋葬されている被葬者は、上位クラスであったと言える。

三　佐紀陵山古墳タイプ首長墓系譜の出現と断絶

　前章で、四世紀後半に築造された九州の佐紀陵山古墳タイプの墳丘形態を有する前方後円墳は、割竹形木棺を採用し、ヤマト政権と深い関わりをもつ有力首長墓であることを述べた。

　次に、この佐紀陵山古墳タイプの有力首長墓がそれぞれの地域でどのような位置付けがなされるのかについて検討していきたい。

　これらの古墳は首長墓系譜のあり方から次の四つに分類することができる。

A．継続する首長系譜（●—●—●）（前の時期から継続して首長墓を築き、四世紀後半以降も継続して首長墓を築く地域）

B．断絶する首長系譜（●—●………）（四世紀後半以前は継続して首長墓を築くが、以降は首長墓を築かない地域）

C．新たに出現する首長系譜（………●—●）（これまで首長墓が築かれなかったが、四世紀後半に新たに首長墓を築いた

後、継続して首長墓を築く地域）

D．四世紀後半のみ築く単独の首長墓（………●………）（四世紀後半のみ首長墓を築く地域）

以下、各類の古墳例をあげると、

A．三国の鼻一号墳（筑後）、黒崎観世音塚古墳（同上）、免ヶ平古墳（豊前）、西都原一七三号墳（日向）、塚原三号墳（同上）

B．仁馬山古墳（長門）、倉永茶臼塚古墳（筑後）、向野田古墳（肥後）、小牧山六号墳（豊後）、小坂大塚古墳（同上）

C．銚子塚古墳（肥前）

D．塩屋古墳（筑前）、東郷高塚古墳（同上）、有田古墳（同上）、一貴山銚子塚古墳（同上）、沖出古墳（同上）、姫神古墳（豊前）、杢路寺古墳（肥前）、笠松天神社古墳（同上）、潤野三号墳（肥後）

こうしたパターンは、この時期に限られたものではなく、また九州という地域に限られたものでもない。しかし、この四つのパターンは、先にみたように長大な割竹形木棺や竪穴式石槨、粘土槨を埋葬施設としているところからヤマト政権による階層序列に組み込まれたことを示しており、その首長墓系譜変動の背景には小野山節氏や吉田晶氏、塚口義信氏、都出比呂志氏などが指摘された[39]ようにヤマト政権内の政治変動が九州各地の首長墓系譜に影響を与えたものと考えられる。そこで次にその影響の表れ方を探るために分布状況を検討したい。

「四つの首長系譜のパターン分布図」（図3）を見ると、A～Dはかなり偏在していることがわかる。Aは北部九州の玄界灘沿岸部にはなく、やや内陸部や日向にみられる。Bは豊後や肥後の沿岸部に多い。Cは肥前に一例、

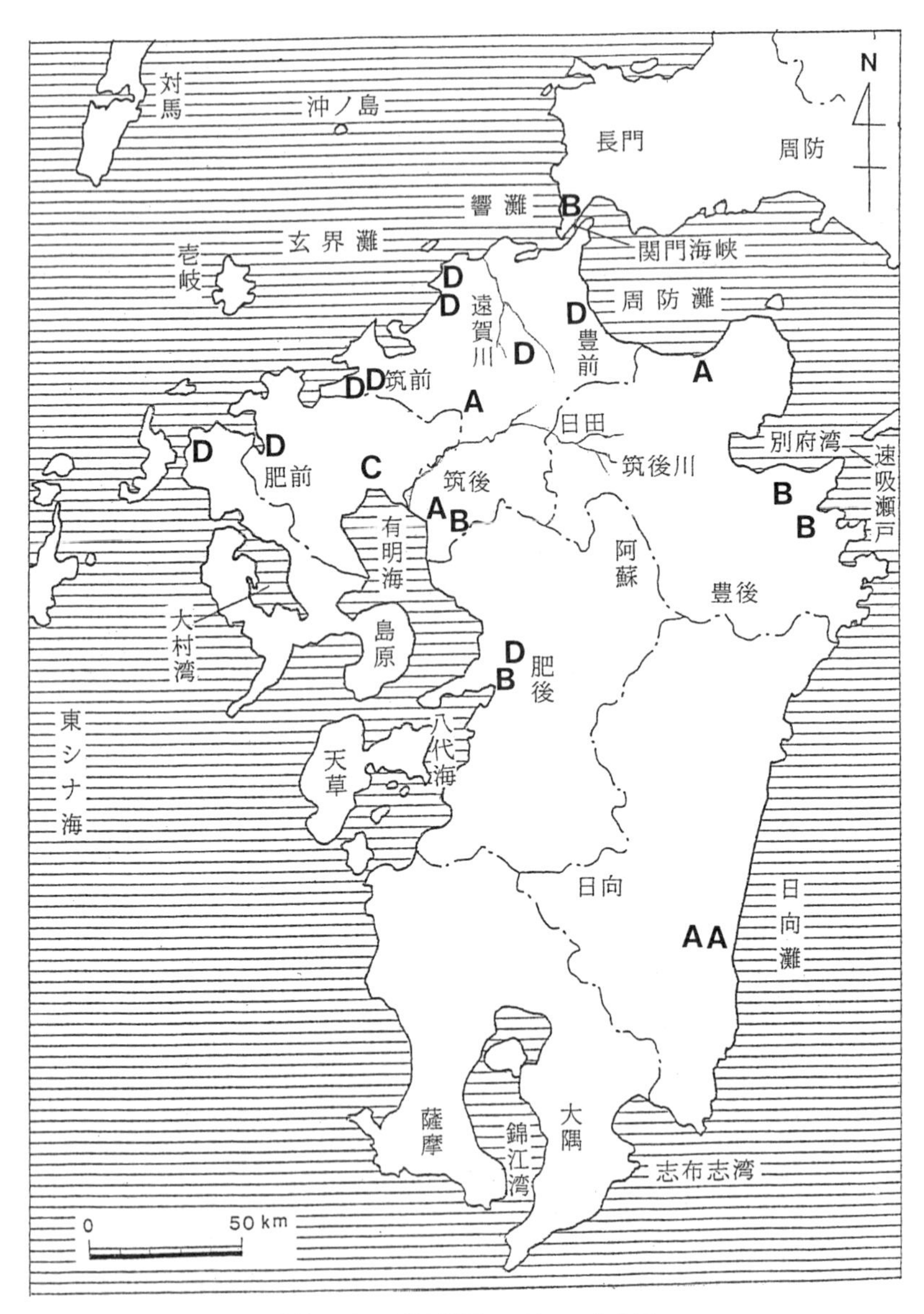

図3　四つの首長系譜のパターン分布図

(A. 継続する首長系譜、B. 断絶する首長系譜、C. 新たに出現する首長系譜、D. 四世紀後半のみ築く単独の首長墓)

Dは玄界灘沿岸部に多くみられるが、周防灘沿岸部と肥後にも一例ずつみられる。しかし、このDの分布は、A～Cのそれとは明らかに異なっている。そしてこのDの地域には、『日本書紀』の仲哀天皇や神功皇后による熊襲征討や朝鮮出兵記事に見える地名が少なからず見られるのである。これは注目すべき現象ではないだろうか。例えば、遠賀川～宗像では「崗津」が見え、肥後のDは熊襲の居住地とされている地域である。そしてこの四世紀後半という時期のみ首長墓が築かれ、以後継続していないことや、「穴門の豊浦宮」に近い仁馬山古墳や「崗津」に近い東郷高塚古墳に五～六mにもおよぶ長大な割竹形木棺が安置されていることは、その被葬者がヤマト政権と強い結び付きを有していたことにとどまらず、佐紀政権を背景に出現したことや地方首長層の階層序列の上位に位置付けられていたことなどを示している。では、こうした佐紀陵山古墳タイプの新たな単独墳の出現は何を意味しているのであろうか。次にその出現の背景について考えていきたい。

四　九州における佐紀陵山古墳タイプ出現の背景

九州における佐紀陵山古墳タイプ出現の背景を探る手がかりとして、墳形だけではなく、佐紀盾列古墳群西群（以下、佐紀西群と称す）から多量の石製腕飾類（車輪石、鍬形石、石釧など）や石製模造品（琴柱形、刀子、斧、高杯、合子、椅子、臼、貝殻など）が出土していることに注目したい。佐紀陵山古墳からは車輪石三、鍬形石三、石釧一の他、琴柱形二、刀子三、斧一、高杯二、合子一、椅子一、臼一、貝殻一などの石製品が出土している。また隣接する全長九六mの佐紀瓢箪山前方後円墳から琴柱形四が、径三〇mの大型円墳の塩塚古墳から石釧二一が出土し、その周堤帯の埋葬施設から車輪石二、石釧八などが出土している。すなわち石製腕飾類・石製模造品（以下、石製品と称す）は佐紀西群の特徴の一つであるといえよう。したがって、副葬品から言えば三輪政権の三角縁神獣鏡から佐紀政権の石製品へと変化していることが窺われる。

では九州の佐紀陵山古墳タイプの古墳はどうかというと、沖出古墳から鍬形石三、石釧二、車輪石二、免ヶ平古墳から石釧三、向野田古墳から車輪石一が出土しており、墳形だけでなく、副葬品からも佐紀西群との結び付の強さを窺うことができる。

また九州北部の佐紀陵山古墳タイプ以外の古墳からも石製品が多く出土している。筑前・飯氏出土と伝えられる車輪石一、九州大学筑紫地区遺跡から石釧一、肥前・谷口古墳から石釧一一、朝日ＳＴＯ六号墳から石釧一、原ノ辻遺跡から石釧一、伊志呂遺跡から石釧一、豊後・猫塚古墳から鍬形石二、野間三号墳から石釧一など周防灘から玄界灘沿岸部に集中している。(40) こうした石製品は、佐紀政権から直接的に下賜されたものと、間接的に入手したものとの両方が考えられる。しかし、何れにせよ石製品は九州北部の沿岸部に多く、沿岸部の首長層とヤマト政権は石製品を介して強い結び付きのあったことが推測される。

さらに筑前・宗像の沖合い約六〇㎞に浮かぶ沖ノ島からは伝沖ノ島とされる出土品を含めると鍬形石一、車輪石四、石釧一〇など多くの石製品が一六～一八号遺跡の沖ノ島祭祀の初期の岩上祭祀から出土している。(41)

このような九州北部沿岸部での石製品のあり方は、沖ノ島の国家型祭祀開始にあたっての初期の奉納品に見るように、佐紀政権が主導した四世紀後半における朝鮮出兵と不可分の関係にあることを示している。

一方、『記』『紀』に残している丹後半島の女性がヤマト政権の最高首長の大后になり、崩御後「狭木の寺間陵」に葬られたという伝承や、網野銚子山古墳が佐紀陵山古墳とほとんど変わらない規模をもっていることと、五色塚古墳、網野銚子山古墳、佐紀陵山古墳の墳形が酷似していることなどから、塚口氏は「丹波の政治集団と

佐紀政権はきわめて親密な関係を有していた」と指摘している。(42)

九州北部では、『記』『紀』にみえる「穴門の豊浦宮」に仁馬山古墳、「崗津」に塩屋古墳などの佐紀陵山古墳タイプの古墳が点在する。さらに玄界灘沿岸部には東郷高塚古墳や有田古墳、一貴山銚子塚古墳が関門海峡の響灘から玄界灘の沿岸部に佐紀陵山古墳タイプの古墳が点在する。また佐紀政権との強いつながりを示す石釧などの石製品を多く出土した唐津市の谷口古墳も玄界灘沿岸部に所在するなど、佐紀政権が朝鮮出兵のために意図的に九州北部の玄界灘沿岸部の首長層と親密な関係を結び、塚口氏の指摘する丹後半島とともに五色塚古墳―瀬戸内海―関門海峡―九州北部―沖ノ島を経る二つのルートを佐紀政権は確保していたものと考えられる。

そして佐紀政権が朝鮮出兵のために関係を結んでいた九州北部の首長層は、佐紀陵山古墳タイプの古墳が割竹形木棺を多く埋納していることや、しかも長大な割竹形木棺を用いていることからヤマト政権の階層序列でもやや上位クラスに位置付けられていた階層ではないだろうか。

五　九州における佐紀陵山古墳タイプ出現の歴史的意義

先に、九州における佐紀陵山古墳タイプの古墳は、緊迫した朝鮮半島情勢にあった佐紀政権の時代に出現したことを述べた。次に佐紀陵山古墳タイプの古墳が多い北部九州のうち、主に玄界灘沿岸部と筑後地域の首長墓系譜についてヤマト王権との関わりを考えてみたい。

まず図4の糸島地域は、佐紀陵山古墳タイプは一貴山銚子塚古墳のみで、他の鋤崎古墳や丸隈山古墳などは前方部が長い。弥生時代後期の伊都国が所在したとみられる糸島半島には、三雲・曽根地域や泊・元岡地域で、弥生時代終末から古墳時代前期にかけて継続して首長墓が築かれている。博多湾沿岸部の奴国が所在したとされる福岡平野（図6）も弥生時代終末期から前期にかけて首長墓がみられる。筑前東部の宗像（図7）では、古墳時代前期前半に小型の首長墓が存在する。筑後の宝満川上流・三国丘地域（図8）も古墳時代前期前半に小型の首長墓が築かれている。

ところが、玄界灘沿岸部の佐紀陵山古墳タイプの一貴山銚子塚古墳、東郷高塚古墳（図7）、三国の鼻一号墳（図8）は、弥生時代終末期～古墳時代前期前半に首長墓が築かれなかったか、もしくは築かれていても小型の首長墓が単独で存在し、その後に継続する首長墓が築かれていない。しかし、佐紀に巨大古墳が築かれた時代、すなわち佐紀政権の時代のみ全長六〇～一〇〇mの中・大型の首長墓が存在する。九州の首長墓系譜の変化が大王権力周辺の政治的変動と連動していると考えるならば、佐紀政権の前の三輪政権および後の河内政権の時代に継続してヤマト政権との深い関わりをもてなかったもので、塚口氏の指摘する神功・応神側と戦って敗れた香坂王・忍熊王二王側（佐紀政権主流派）と深い関係をもっていた首長層と見ることができるであろう。そのため敗れた後に河内政権と深い関係を結ぶことができず、継続して首長墓を築くことができなかったものと思われる。もう一つの、古墳時代初期～前期を通して首長墓を築いている糸島の三雲・元岡地域（図4）や福岡平野の那珂川中・上流域（図6）、筑後の朝倉地域（図8）などでは、三輪政権から引き続き佐紀政権と深い関係を結んでいたものの香坂王・忍熊王側についたために河内政権に交代したのちは深い関係を結ぶことができなかったのではあるまいか。徳永・今宿地域（図4）も同様に見ることができる。筑後の浮羽地域（図8）は、的臣との繋がりが想定されている地域である。[43] 古墳時代前期には三輪政権、佐紀政権ともに深い結び付きをもちえなかったものの河内政権になって軍事氏族の的臣を通じてヤマト政権との強い結び付きをもち九〇m前後の大型前方後円墳を六世紀

	二丈～長野川流域・多久川流域	志摩	三雲・曽根 高祖山麓	泊・元岡 桑原	飯氏	徳永・今宿
300	徳正寺山/52 本林崎/25 有田1号/30 一貴山銚子塚/103 立石1号/30 立野/34 東真方C1号/8+α	稲葉2号/20 稲葉1号/42	端山/78 高祖東谷1号/35 井原1号/43 築山/60 三雲茶臼塚/60	塩除/54 元岡E1号/30 桑原金屎/24 泊大塚/75 元岡池ノ浦/60	飯氏BⅠ/20	山の鼻1号/50 若八幡宮/48 山の鼻3号/40 鋤崎/62
400	奥の院/37 釜塚/56 神在横畠/27	開1号/90	井原2号/40 高上大塚/? 銭瓶塚/48 ワレ塚/42	元岡崎/56 泊城崎/30 桑原経塚/26	丸隈山/85 飯氏鏡原/60 兜塚/53 飯氏二塚/50	
500						

0　100m

図4　糸島地域主要首長墓編年表

	室見川流域	姪浜・藤崎・有田	七隈・涌井川流域	名島・香椎	蒲田・粕屋 篠栗	宇美川流域
300	羽根戸南G2号/26.5 羽根戸南G3号/19.5	藤崎6号/16 五島山/?	京ノ隈/30 千隈熊添/33	名島1号/30 名島2号/30 舞松原/37.5 唐原ST02/13	蒲田天神森/50 深町1号/19	光正寺/52 浦尻3号/45 萱葉2号/31 神領2号/27
400	金武城田1号/14 吉武S1号/40 拝塚/75 吉武S2号/20	松浦殿塚/25 筑紫殿塚/25	千隈/24 クエゾノ/25 梅林/27	箱崎40次1号/15 唐原ST01/11	久山原1号/19 塚本1号/22 かけ塚/25	七夕池/29 萱葉1号/20 神領1号/18 正籠3号/33
500						

0　100m

図5　早良平野・粕屋地域主要首長墓編年表

	福崎・警固兵陵	博多・那珂・井尻・諸岡・板付	那珂川中・上流域右岸 諸岡川中・上流域右岸	那珂川中・上流域 左岸	御笠川 右岸	御笠川 上流
		那珂八幡 /85 那珂114次 /30 今宮神社 /50	須玖御陵 /32		赤坂山御陵 /40	原口 /84
300	警固茶臼山 /60	那珂 9 次 SD04 /21	エゲ /22×18 ウトロ /30 安徳大塚 /62 カクチガ浦 16号 19×16	妙法寺 2 号 /18 老松神社 5 号 /30 卯内尺 /75 老司 /76		
400	警固茶臼塚 /70 警固丸山 /60	博多 1 号墳 /56 井尻B1号 /18 博多142次 /50 博多109次 /30 剣塚北 /30	カクチガ浦 10号/25 野藤 1 号 /42 貝徳寺 /47	0 100m	笹原 /30 成屋形 /32 水町 /20	菖蒲浦 /15
500						

図 6　福岡平野主要首長墓編年表

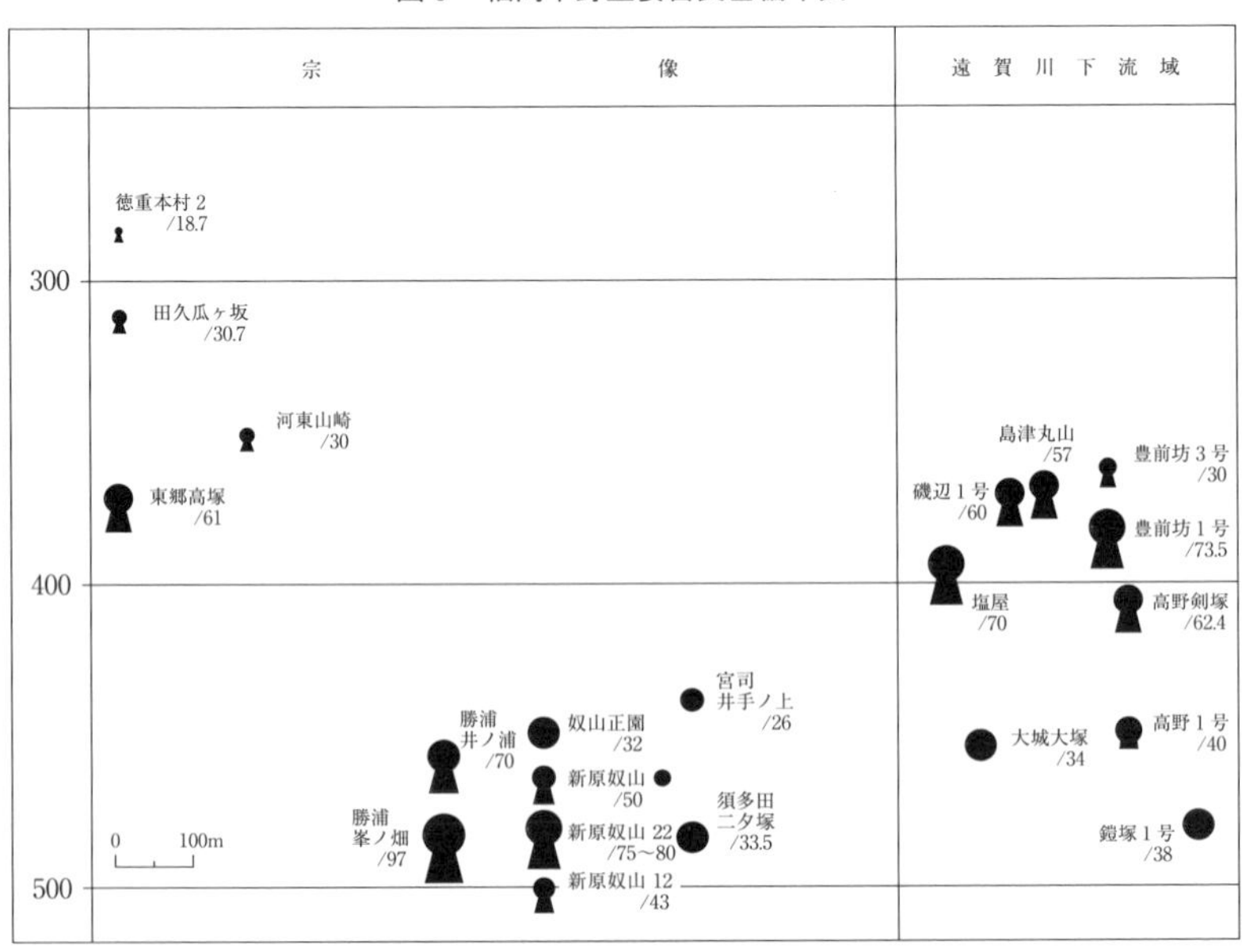

図 7　筑前東部地域主要首長墓編年表

	大宰府・二日市・御笠川上流	宝満川上流・筑紫・三国丘	夜須・三輪	朝倉	浮羽
200					
	原口 /84	津古2号 /29 津古生掛 /33 隈西小田第1地点 /16 津古1号 /42	中牟田 /20 焼ノ峠 /40	外之隈Ⅱ-1号 /15×16 神蔵 /40 外之隈Ⅰ-1号 /21×13 平塚大願寺 /14	竹重1号 /22
300					
		阿志岐 B26 /17×20 隈西小田第6地点 /21 三国の鼻 /66	鬼神山1号 /19 松尾2号 /19	鳥巣院 /30 下町外畑 /51 池の上1号 /14×12 宮地獄 /50 古寺4号 /20	
400					
	菖蒲浦 /15	花聳2号 /32 横隈山 /35 諸田仮塚 /20 隈西小田第3地点 /22	鷲尾塚 /30 小隈1号 /44	古寺2号 /30 本陣 /40 堤当正寺 /70 小田茶臼塚 /54.5 志波宝満宮 /？ 恵蘇八幡宮 /？	法正寺 /96 月岡 /80 塚堂 /91
500					
	剣塚 /42	花立山観音 /33 五郎山 /32	仙道 /35	菱野剣塚 /70 鬼の枕 /56 湯の隈 /20 狐塚 /60	屋次郎丸 /50 日岡 /74 塚花塚 /30 重定 /70 田主丸大塚 /103
600					
			砥上観音塚 /13		楠名 /32
700					

0　100m

図8　筑紫～朝倉・浮羽地域主要首長墓編年表

後半まで継続して築いたと考えられる。すなわち佐紀陵山古墳タイプのＢ．断絶する首長系譜とＤ．四世紀後半のみ築く単独の首長墓は、塚口氏が指摘する香坂王・忍熊王系列の首長層であって、反対にＡ．継続する首長系譜Ｃ．新たに出現する首長系譜は、神功・応神側についた首長層であった可能性が強いであろう。

また玄界灘沿岸部全体で見れば、糸島・早良・福岡平野といった西半分の地域は、相対的に五世紀以降は大型の首長墓が築かれず、反対に東側の宗像や筑後といった地域、すなわち胸肩氏や的臣氏がいたとされる地域には、五世紀以降、六世紀にかけて七〇～一〇〇ｍの大型前方後円墳が築かれている。五、六世紀を通じて、ヤマト政権内で朝鮮半島出兵にあたって中心的な軍事的役割を担い、ヤマト政権と深い結びつきをもち続けたことが想定されるのである。

むすび

本稿では、九州の四世紀後半における首長系譜の変動を取り上げ、若干の考察を試みた。まず始めに四世紀後半に前方部の短い佐紀陵山古墳の墳形に酷似する墳形の古墳を佐紀陵山古墳タイプとした。このタイプの古墳の埋葬施設は、墳丘規模の大型のものが竪穴式石槨、その下位が粘土槨となり、何れも割竹形木棺を埋納しており、ヤマト政権と密接なつながりをもつことが明らかとなった。

次に佐紀陵山古墳タイプの古墳の出現、断絶という首長系譜を四分類し、四世紀後半のみ単独に築造する首長墓は玄界灘沿岸部に多く、しかも『記』『紀』にみる朝鮮出兵記事の「穴門の豊浦宮」や「崗津」などの地名と符合することから、佐紀陵山古墳タイプの古墳の出現は、緊迫した朝鮮半島情勢にあった佐紀政権時代を背景に出現したことを述べた。

そして、Aの四世紀後半以前から切れ目なく首長墓を築く首長墓系譜は、三輪―佐紀―河内政権と継続してヤマト政権と関係を持ち続けたのに対し、四世紀後半以前から継続するものの五世紀以降は継続しないBの首長墓系譜は、河内政権に入ってヤマト政権と関係をもち続けられなかった首長層であると考えた。Cの四世紀後半に新たに首長墓を築き、以降も継続して首長墓を築くのは、佐紀―河内政権と継続して関係を保っていたものと考え、四世紀後半のみ首長墓を築くDは佐紀政権のみ関係を結んだものの、それ以降河内政権と関係をもてなかったものと考えた。これまで首長墓の出現、断絶は、閉鎖された各地域内における有力首長層の権力闘争に起因すると捉えられてきた場合が少なくなかったが、本稿にみるように、九州における首長墓系譜は、ヤマト政権による政権交替や政治的動向によって変動がもたらされていることが明らかとなってきた。その中でも、この佐紀陵山古墳タイプの首長墓は、佐紀政権による朝鮮出兵と深く関わりのあることが判明し、九州における古墳時代首長墓は、九州独自ではなく、ヤマト政権の政治的動向と深く関わりがあったものと思われる。

四世紀後半における首長墓系譜変動について論じ残したことも少なくない。後日あらためて論じたいと思う。

本稿を草するにあたり、小田富士雄先生、武末純一先生、塚口義信先生、中司照世先生および荊木美行氏、上遠野浩一氏から多くのご助言・ご教示をいただいた。記して謝意を申しあげます。

註

（1） 白石太一郎「畿内における大型古墳群の消長」『考古学研究』一六―一（一九六九）

（2）塚口義信「『佐紀盾列古墳群』に関する一考察」『柴田實先生古稀記念日本文化史論叢』（一九七六年）のち『神功皇后伝説の研究―日本古代氏族伝承研究序説―』所収（創元社　一九八〇年）
（3）川口勝康「五世紀の大王と王統譜を探る」『巨大古墳と倭の五王』（青木書店　一九八一年）
（4）塚口義信「四世紀後半における王権の所在―香坂王・忍熊王の謀反伝承に関する一考察―」『末永先生米壽記念獻呈論文集』坤所収（奈良明新社　一九八五年）
（5）塚口義信『ヤマト王権の謎をとく』（学生社　一九九三年）
塚口義信「佐紀政権から河内政権へ―神功・応神伝説の意味するもの―」『塚口義信博士古稀記念　日本古代学論叢』（和泉書院　二〇一六年）
（6）荊木美行「初期ヤマト政権の成立と展開―『日本書紀』と考古学―」『『日本書紀』とその世界』（燃焼社　一九九四年）
（7）吉田晶『倭王権の時代』（新日本出版社　一九九四年）
（8）水野正好「古墳時代」『発掘が語る日本史』4　近畿編（新人物往来社　一九八五年）
白石太一郎「巨大古墳の造営」『古代を考える　古墳』（吉川弘文館　一九八九年）
広瀬和雄「大王墓の系譜とその特質上・下」『考古学研究』三四―三・四（一九八七・一九八八年）
（9）広瀬和雄『古墳時代政治構造の研究』（塙書房　二〇〇七年）
（10）西川宏「吉備政権の性格」『日本考古学の諸問題―考古学研究会一〇周年記念論文集』（河出書房新社　一九六四年）
（11）吉田晶『日本古代国家成立史論―国造制を中心として―』（東京大学出版会　一九七三年）
（12）近藤義郎氏も「部族連合」の「最高首長」とする。近藤義郎『前方後円墳の時代』（岩波書店　一九八三年）
（13）小野山節「五世紀における古墳の規制」『考古学研究』一六―三（一九七〇年）
（14）都出比呂志「古墳時代首長系譜の継続と断絶」『待兼山論叢』第二二号（一九八八年）
都出比呂志『古墳時代首長系譜変動パターンの比較研究』平成八～一〇年度科学研究費補助金（基盤B．一般二）研究成果報告書（一九九九年）のち『前方後円墳と社会』所収（塙書房　二〇〇五年）
（15）宇野愼敏「豊前首長系譜に見る画期と歴史的意義」『九州における首長墓系譜の再検討』第一三回九州前方後円墳研究会鹿児島大会資料（二〇一〇年）

（16）岸本直文氏は一九九二の文献で「佐紀陵山型」としている。しかし九州では「相似墳」は少なく、前方部が短いもののくびれ部の締まったものや前方部端がやや開き気味のものなど地域性が見られるので、佐紀陵山古墳と同様の後円部長と前方部長の比率のものを型とするのではなく、前方部の長いものから短いものへの変化を一つの画期として捉え「佐紀陵山古墳タイプ」とした。また岸本氏は佐紀陵山古墳より五社神古墳を先行させているが、筆者は佐紀陵山古墳の方が先行すると考えている。

岸本直文「前方後円墳築造規格の系譜」『考古学研究』三九―二（一九九二年）

（17）『史跡　仁馬山古墳』下関市文化財調査報告書二八（二〇一〇年）

（18）轟次雄「福岡県岡垣町塩屋前方後円墳発見によせて」『地域相研究』一六号（一九八七年）

（19）『東郷高塚1』宗像町文化財調査報告書第一一集（一九八九年）

（20）『井原遺跡群』前原町文化財調査報告書第三五集（一九九一年）

（21）「一貴山銚子塚古墳の研究」福岡県史蹟名勝天然記念物調査報告書一三（一九五二年）

（22）『沖出古墳』稲築町文化財調査報告書第二集（一九八九年）

（23）『前方後円墳集成　補遺編』山川出版社（二〇〇七年）

（24）『三国の鼻遺跡1』小郡市文化財調査報告書第二五集（一九八五年）

（25）『黒崎山古墳群Ⅰ』大牟田市文化財調査報告書第四八集（一九九六年）

（26）『倉永茶臼塚』大牟田市文化財調査報告書第一五集（一九八一年）

（27）『銚子塚』佐賀市教育委員会（一九七六年）

（28）大塚初重・小林三郎「佐賀県杢路寺古墳」『考古学集刊』一―四（一九六二年）

（29）『笠松天神社古墳』田平町文化財調査報告書第四集（一九八九年）

（30）『前方後円墳集成　九州編』山川出版社（一九九二年）

（31）『向野田古墳』宇土市埋蔵文化財調査報告書第二集（一九七八年）

（32）『免ヶ平古墳』大分県立宇佐風土記の丘歴史民俗資料館研究紀要三（一九八六年）

（33）「大分市松岡所在の小牧山古墳群について」『おおいた考古』第七号　大分県考古学会（一九九五年）

(34)「三重町の前方後円墳」『おおいた考古』第三号　大分県考古学会（一九九〇年）
(35)『宮崎県前方後円墳集成』宮崎県史叢書　宮崎県総務部県史編さん室（一九九七年）
(36)「宮崎県の古墳資料(1)」『宮崎考古』第一三号　宮崎県考古学会（一九九四年）
(37) 註16文献所収
(38) 吉留秀敏「九州の割竹形木棺」『古文化談叢』第二〇集（中）（一九八九年）
(39) 註5・7・13・14文献所収
(40) 辻田淳一郎「（特論）九州出土の腕輪形石製品」『奴国の南—九大筑紫地区の埋蔵文化財—』九州大学総合博物館（二〇〇九年）
(41) 宗像神社復興期成会『沖ノ島—宗像神社沖津宮祭祀遺跡—』（吉川弘文館　一九五八年）
宗像神社復興期成会『続沖ノ島—宗像神社沖津宮祭祀遺跡—』（吉川弘文館　一九六一年）
宗像神社復興期成会『宗像　沖ノ島』（一九七九年）
(42) 塚口義信『邪馬台国と初期ヤマト政権の誕生を探る』（原書房　二〇一六年）
(43) 片岡宏二「的臣と浮羽の古墳群」『田主丸郷土史研究』第二号（田主丸町郷土会　一九八九年）
(44) 直木孝次郎『日本古代兵制史の研究』（吉川弘文館　一九六八年）

大来が奉仕した伊勢神の性格
—斎王を手がかりとして—

中井　かをり

はじめに

古代および中世には、天皇の代替わり毎に伊勢神宮に派遣されて、その祭祀を担った未婚の内親王または女王がいた。この女性を斎王[1]または斎宮[2]という。『日本書紀』は、豊鍬入姫がアマテラスを倭の笠縫邑に祀り[3]（崇神六年）、倭姫が伊勢に祠を立ててアマテラスを祀った（垂仁二十五年）と述べ、これを伊勢神宮の起源としている。そして、倭姫が最初の斎王とされてきた[4]。しかし、豊鍬入姫や倭姫は伝説上の人物で、実質上の最初の斎王は天武の娘の大来皇女（大伯皇女にも作る。以下、大来と記す。）であると考える説が有力である[5]。

これまで『日本書紀』に記されている伊勢大神とアマテラスは同一神[6]で、伊勢神祠と伊勢神宮は同一施設であると考えられてきた。私は別稿で[7]、伊勢大神とアマテラスは別の神であり、伊勢神祠と伊勢神宮も別の施設であったこと、『日本書紀』の編纂が開始された際、伊勢神宮は未だ成立していなかったことなどを述べた。本論では、実質上の最初の斎王とされる大来の奉仕形態と伊勢神宮の祭祀から、伊勢神宮が成立する以前の伊勢神の性格について考察する。

一　大来と酢香手姫

大来は、『日本書紀』に「欲レ遣二侍大来皇女于天照太神宮一、而令レ居二泊瀬斎宮一。是先潔レ身、稍近レ神之所也。」（天武二年四月）、「大来皇女、自二泊瀬斎宮一、向二伊勢神宮一。」（天武三年十月）、「奉二伊勢神祠一皇女大来、還至二京師一。」（持統称制前十一月）と伊勢で奉仕したことが記されている。また、大来は、『万葉集』に多くの歌を残していること、石神遺跡から「大伯皇子」、飛鳥池遺跡から「大伯皇子宮」と記された木簡が出土し、これらは天武・持統の時代のものと考えられていること、『万葉集』の題詞の記述内容と『日本書紀』の記述内容とが一致すること[8]などから、伊勢で奉仕した実在の人物であることは確実である。

1　大来の奉仕

大来の奉仕の特徴として次の五点を挙げることができる。

第一の特徴は、大来の奉仕対象はアマテラスではなかったことである。

これまで大来は伊勢神宮のアマテラスに奉仕していたとされてきた。それは大来が奉仕していた際、伊勢にアマテラスが祀られていたことが前提となっている。確かに「天武紀」は「天照大神」「天照太神宮」「伊勢神宮」と記し、伊勢にアマテラスが祀られていたとしている。しかしながら、大来がアマテラスに奉仕したとすると次の矛盾が生じる。

まず、伊勢神宮には天皇以外の者が私的な奉幣祈願をすることを禁じる私幣禁断の制があったことである。これは『皇大神宮儀式帳』[9]『延喜式』神祇四、伊勢大神宮（以下、『延喜大神宮式』[10]と記す。）に規定されていることから、八世紀には成文化した法規があり、天武の頃には既に何らかの形式で存在していたと考えられている。[11]私幣禁断の制は、神の祭祀を天皇が独占することで、岡田精司氏が指摘するように神の祭祀が天皇の地位と結びついていることを示す。[12]言いかえれば、神が天皇の地位と不可分の性格をもっているということである。

もし、私幣禁断の制（あるいはその原型）が定められた際、伊勢にアマテラスが祀られていたのであれば、祖先神（アマテラス）の祭祀を個人（天皇）が独占する制度を定めたことになる。しかし、祖先神祭祀は、それを担うのは特定の人であっても個人が独占するものではない。それゆえ、その時点では、伊勢神は天皇の地位と不可分の性格を持っていたが、アマテラスではなかったであろう。酢香手姫の奉仕形態については次節で検討するが、それは倭王（天皇）とは対応関係を持たず、倭王（天皇）が変わっても神の祭祀には影響がなかったとみられるので、酢香手姫の奉仕した神は天皇の地位と関係する神ではないと言ってよい。『日本書紀』には酢香手姫の奉仕後、壬申の乱に至るまで伊勢神に関する記述はないので、その間、神の性格は変化しなかったとみることができる。よって、神が天皇の地位と不可分の性格をもつようになったのは壬申の乱以降である。天武の頃には既に何らかの形式で存在していたとする指摘とあわせると、私幣禁断の制（あるいはその原型）は天武によって定められたと考えられる。したがって、大来が奉仕していた際、アマテラスは伊勢に祀られていなかったと言える。後に、伊勢にアマテラスが祀られるようになり、結果として祖先神（アマテラス）の祭祀を個人（天皇）が独占することになったのではないか。[13]

次の矛盾は、「持統紀」が大来は伊勢神祠に奉仕したと記述していることである。伊勢神祠の表記は、アマテラスを祀る伊勢神宮が未だ成立していなかったことを意味する。[14] さらに、持統六年閏五月条「伊勢大神奏二天皇一曰、免二伊勢国今年調役一。然応レ輸二其二神郡一、赤引糸参拾伍斤、於二来年一、当レ折二其代一」の記事は、伊勢大神がアマテラスではなく、地方神であったことを示すものとされている。[15] これは、持統の治世下においてもアマテラスを祀る伊勢神宮が成立していなかったこと裏付ける。これらの「持統紀」の記述は、「天武紀」(二年四月条、三年十月条、前掲)の記述と矛盾する。この矛盾は、「持統紀」が事実に基づいて先に記述され、「天武紀」は伊勢神宮が成立した後に『日本書紀』の主張に基づいて記述されたことを示しているのではないだろうか。

「持統紀」(称制前紀)は、天武と持統が吉野へ退いたことについて「天智紀」参照を指示しており、同一の記事については先の記事参照を指示する記述方法を用いている。これに則れば、一巻を費やしている壬申の乱は、「天武紀」を参照するよう指示してしかるべきである。ところが「持統紀」は壬申の乱を記述しており、「天武紀」を参照するような指示はない。そもそも天武と持統が吉野へ退いたことは、「天武紀」に詳しく記述されているので、「天智紀」ではなく「天武紀」参照を指示してしかるべきである。また、即位年数の記載方法が、「持統紀」と「天智紀」は同一であるが、「天武紀」は異なっている。[16] これらのことは、「持統紀」が「天武紀」から連続して編纂されたのであれば、たとえ「持統紀」の編纂開始時に「天武紀」が未完成であったとしても不可解である。これは、「天智紀」と「持統紀」は同一の基準で連続して編纂されたが、「天武紀」は異なった基準で別に編纂されたことを示唆している。伊勢神宮に関しては、「持統紀」は(アマテラスを祀る伊勢神宮は未だ成立していないという)事実に基づいて記述され、「天武紀」は(早くから編纂が開始されていても)伊勢にアマテラスが祀られた後、(伊勢では古くからアマテラスを祀ってきたという)『日本書紀』の主張に基づいて記述されたと考えられる。[17]

以上から、持統の治世下においてもアマテラスを祀る伊勢神宮は未だ成立しておらず、大来はアマテラスに奉仕していたのではなかったと言える。このことは、天武が構想した『古事記』にアマテラスを祀る伊勢神宮の成立について記述されていないことからも裏付けられる[18]。

第二の特徴は、大来の奉仕が政治の問題であったことである。

大来は朱鳥元年十一月に帰京しているが、その理由は、天武の死、あるいは同母弟の大津の刑死によるものと考えられている[19]。いずれにしても、自らの意志ではない。奉仕が自らの意志であったか、卜定での選任か、あるいは他の選任方法によるものかは記載がなく不明である[20]。しかし、酢香手姫以来、約半世紀の空白期間をおいて奉仕したことには特別の理由があったと考えられること、長い空白期間の後に幼少者（大来は十二歳であった）が自らの意志で奉仕したとは考えにくいこと、これらのことから大来の選任には王権の意図が働いたと考えられる。

『延喜式』神祇五、斎宮（以下、『延喜斎宮式』と記す。）の規定では、斎王は天皇の代替わり毎に未婚の内親王（内親王のいない場合には女王）の中から卜定で決められ[21]、天皇の在位中でも斎王の病や不祥事、親の喪にあった場合には解任され、自らの意志で就任・退出はできなかった[22]。斎王の選任方法は、内親王の名を記して卜定で合否を占った[23]。榎村寛之氏は、卜定前にすでに候補者が決められており、「どのような斎王が選ばれるかは、権力の在り方、特に天皇権の性格を反映していたと考えられるのである[24]。」と述べる。これは、斎王が天皇の権力に関わる存在であり、斎王の選任は、政治の問題であったということである。それゆえ、斎王は、自らの意志ではなく、卜定の形式をとりながら、時の権力者の意向に添って選任されたのであろう。大来の選任には王権の意図が働いたと考えられることから、大来の奉仕もまた政治の問題であったとみることができる。

第三の特徴は、大来が天武（天皇）と対応関係にあったことである。

先にみたように、『延喜斎宮式』によると斎王は天皇の代替わり毎に交替する。それは斎王と天皇が対応関係にあることを示しており、斎王は天皇が祭祀を司っていることを象徴していた。大来の選任は、天武二年四月に行われており、天武の就任に伴うものとみなすことができる。前述したように、大来の退出は自らの意志ではなく、その奉仕は王権の意図に基づくもので政治の問題であった。これらのことは、『延喜斎宮式』に規定されている斎王と同様である。したがって大来も天武と対応関係にあった可能性が高い。天武との関係については後に再び触れる。

第四の特徴は、潔斎を重視したことである。

大来は、選任された後、伊勢に赴く天武三年十月まで、一年六ヶ月にわたって「泊瀬斎宮」で潔斎をしている。「泊瀬斎宮」は『延喜斎宮式』に定める野宮にあたると考えられている。『延喜斎宮式』は、三度の祓禊と三年にわたる（実質二年間）潔斎を行うと規定しており、[25]大来の場合より潔斎の期間を延長するとともに形式を整備している。これは、斎王がその任を果たす上において潔斎が特に重要であったことを示している。大来以前に潔斎の記事はなく、潔斎を重視するのは大来の奉仕からとみられる。長期にわたって潔斎を行うのは、天武二年四月条の記述では、神に近づくためであるという。この意味については後に触れる。

第五の特徴は、大来が神の常在を象徴していたことである。

『皇太神宮儀式帳』及び『止由気宮儀式帳』によれば、伊勢神宮の祭祀に対する斎王の関与は、三節祭（六、十二月の月次祭と九月の神嘗祭）に玉串を奉るだけの形式的なもので、実際に神宮の祭祀を担っていたのは物忌ら在地の神職達であった。義江明子氏は、「物忌の上に名前だけの（ただし権威としては隔絶した）斎宮が後から設定されたとみるべきだろう。」とする。[26]西牟田崇生氏は「三時祭に斎内親王の参入があっても無くてもその奉仕は欠けることなく続けられている。」と指摘する。[27]
『止由気宮儀式帳』、『延喜大神宮式』には斎王が不在であることを前提にした記述[28]があり、伊勢神宮の祭祀にとって、斎王は必ずしも必要な存在ではなかった。このことから、斎王が伊勢神宮の祭祀を担うというのは建て前であって、斎王の役割は潔斎して伊勢に留まることにあったのではないか。斎王が任を果たす上で潔斎が重要であったことをみたが、潔斎は神に奉仕するために行うので、斎王が潔斎して伊勢に留まることによって神に奉仕しているとみなされたであろう。義江明子氏は賀茂斎院について「斎院が天皇の代替わりごとの交替を原則とするのは、天皇の代わるごとに神霊を更新し、その神に常時奉仕している態勢をとる（斎院にいる）ことによって、神の常在を象徴しているとみることができるのではないか。」とする。[29]この指摘は、斎王についてもあてはまるであろう。大来が選任されてから帰京するまで、「泊瀬斎宮」を経て伊勢の地に留まったことは『延喜斎宮式』の規定と同様であるので、大来も伊勢にいることによって神の常在を象徴していたのではないだろうか。それゆえ、特に身を清浄にすることが必要とされたのであろう。前述した天武二年四月条にみえる「是先潔㆑身、稍近㆑神之所也。」は、大来が「泊瀬斎宮」で身を清浄にして神の常在を象徴する準備をしたことを述べたと考えられる。大来は潔斎して伊勢に留まっていることで神が常在していることを身をもって表現していたのである。

2　酢香手姫の奉仕

酢香手姫は、『日本書紀』に「以㆓酢香手姫皇女㆒、拝㆓伊勢神宮㆒、奉㆓日神祀㆒。是皇女、自此天皇時、逮乎炊屋姫天皇之世、奉日神祀。自退葛城而薨。見炊屋姫天皇紀。或本云、卅七年間、奉日神祀。自退而薨。」（用明即位前紀）、「葛城直磐村女広子、生㆓一男一女㆒。男曰㆓麻呂子皇子㆒。此当麻公之先也。女曰㆓酢香手姫皇女㆒。歴㆓三代㆒以奉㆓日神㆒。」（用明元年正月）とあり、伊勢で奉仕したと記されている。また、『上宮聖徳法王帝説』の系譜部分「又天皇・娶葛木当麻倉首名比里古女子。伊比古郎女生児乎麻呂古王。次須加弓古女王。（此王拝祭伊勢神前至于三天皇也）」の須加弓古女王は、酢香手姫である。『上宮聖徳法王帝説』系譜部分について、家永三郎氏は、『古事記』『日本書紀』とは異なる資料をもとにし、「おそくとも大宝年間（七〇一～七〇四）までは下らぬ時期に成立した」とする。[30] 東野治之氏は、「八世紀初めごろを降らない」時期の成立とする。[31]

このように、『古事記』[32]『日本書紀』とは別系統で、しかも百年も経ない同時代史料において類似の記述があるので、『日本書紀』の酢香手姫の記事は史実とみてよいであろう。史実とみられる酢香手姫の奉仕記事を検討することによって、大来が奉仕する以前の伊勢神の性格を探りたい。

酢香手姫の奉仕形態の特徴として次の三点を挙げることができる。

第一の特徴は、自然神としての太陽神に奉仕していたことである。

『日本書紀』は、垂仁二十五年より伊勢神宮でアマテラスを祀ってきたと述べており、これに従えば、酢香手姫はアマテラスに奉仕していたことになる。天照大神は太陽神と皇祖神の両方の性格を有しているが、『日本書紀』は、自らの血筋に国の統治を委託した天神として皇祖神の側面を特に重視している。仮に、酢香手姫がアマテラスに奉仕していたのであれば、皇祖神を重視する『日本書紀』の記述姿勢から、アマテラスに奉仕したと明記してしかるべきである。ところが、前掲の『日本書紀』の記事は「奉日神祀」「奉日神」と記述している。ということは、酢香手姫の奉仕対象がアマテラスではなかったことを示唆している。[33] そこで以下、『日本書紀』にみえる日神の用例を検討して、酢香手姫が奉仕した日神がアマテラスか自然神の太陽神かを確認してみることにする。

『日本書紀』で日神と表記されている例は、酢香手姫に関する「用明紀」の他に六例ある。第一例は、三神誕生神話にあり、内容は自然神の太陽神である。[34] 第二、第三例[35]はうけひ神話にある。溝口睦子氏は、うけひ神話にはアマテラス型と日神型があり、皇祖神となる以前の記述は日神であると指摘する。[36] つまり、うけひ神話で日神と表記されている場合は、太陽神をあらわしているといえる。第四、第五例[37]は、天石窟神話であり、ここでは太陽神として記述している。さらに、第五例の天石窟神話は、日神型のうけひ神話を併記しており、太陽神としての記述であることを裏づけている。最後の「神武紀」の日神も太陽神として記述している。[38] 三神誕生神話では「天下の主者」、「神武紀」では「日神の子孫」との記述もあるが、これは天照大神が天を治める最高神で、かつ皇祖神であるとする『日本書紀』の主張に基づくものである。それでも、すべてが太陽神としての記述であるので、日神と表記されている場合は、太陽神をあらわしていると言える。したがって、「用明紀」の日神も太陽神としての記述であり、酢香手姫の奉仕した神は、自然神としての太陽神であることが確認できる。

前述の『上宮聖徳法王帝説』においても、「拝祭伊勢神前」と記述されており、須加弖古女王の奉仕対象はアマテラスが祀られる以前の伊勢神である。先に、大来の奉仕から潔斎の重視が始まることを述べたが、それは大来が奉仕する以前の神は来臨する自然神であったので、祭祀の前に一時的な潔斎はしても日常的な潔斎は必要でなかったためであろう。

第二の特徴は、自らの意志で奉仕・退出を決めることができたことである。

『日本書紀』は酢香手姫が自らの意志で退いたと記述している。自らの意志で退いたということは、奉仕することも自らの意志で決めることができた可能性が高い。したがって、自らの意志で奉仕及び退出を決めることができたとみることができる。

第三の特徴は、倭王（天皇）と対応関係がなかったことである。

『日本書紀』の記述から、酢香手姫は倭王（天皇）の代替わりに交代したのではなく、三代にわたって奉仕し、推古の在位中に退出したことがわかる。『上宮聖徳法王帝説』にも三代にわたって奉仕したと記述されている。このように、酢香手姫の奉仕は倭王（天皇）との対応関係はなく、独立した奉仕であった。

以上、酢香手姫は、自然神の太陽神に奉仕し、自らの意志で奉仕・退出することができ、倭王（天皇）と対応関係がないことが明らかとなった。これは、『延喜斎宮式』に規定されている斎王の奉仕形態とは明らかに異なっている。したがって、酢香手姫は斎王の直接の前身ではない。

従来、大来の伊勢への派遣は、天武がアマテラスに壬申の乱の戦勝を祈願し、勝利したことへの報奨として、中断していた皇女の派遣を行ったものと理解されてきた(39)。仮にそうであれば、大来の奉仕は当然、酢香手姫の奉仕と同様な形態となるであろう。しかし、大来と酢香手姫の奉仕形態が大きく異なっていたことは、天武が壬申の乱に勝利した報奨として大来を伊勢に派遣したのではなく、別の意図をもって派遣したことを示唆している。

二　大来が派遣された理由

伊勢神は、酢香手姫が奉仕した自然神から、大来が奉仕した常在する神へと、その性格が大きく変化していた。壬申の乱までの伊勢神は、酢香手姫の奉仕した自然神であったので、壬申の乱を契機として神の性格が変化したと考えられる。以下、『日本書紀』の壬申の乱の記述から伊勢神の性格が変化するに至った経緯を検討することによって、天武が大来を伊勢に派遣した意図を探る。

壬申の乱の当初、なばりでの兵の招集に応じる者がないなど、大海人（天武）にとって状況は決して芳しくない。しかし、六月二十六日「於₂朝明郡迹太川辺₁、望₂拝天照大神₁。」の記述後から挙兵に成功するなど、次第に状況が好転し、大海人のもとに参集する兵が増えて、最終的に大海人が勝利するに至る。

大海人がアマテラスを遥拝したとされる迹太川は朝明川のことで、伊勢の北に位置する。もし、伊勢にアマテラスが祀られており、この神に対して大海人が戦勝を祈願したのであれば、挙兵を決意した時、伊勢の方向に進んでいた時、あるいはアマテラスが祀られている地に最も近づいた時のいずれかで遥拝したであろう。何故、伊勢から遠ざかった後に遥拝したのか不可解である。それは、その日に祈願せざるを得ない状況があったからではないだろうか。前日の六月二十五日の夜は雨模様で休息することができず、激しい雷と雨に衣装が濡れ、寒さに耐えきれず、暖をとるために屋一間を焼いたと記されている。遥拝は、この悪天候で苦労したことによるものであろう。六月二十四日から二十七日までのわずか四日間に三例も天候に関する記事があるのも、この推定を助けるであろう。

大海人が遥拝した神は酢香手姫が奉仕した自然神の日神であったとみてよい。そもそも日神祭祀は、天候に恵まれ、五穀が順調に生育して豊かに実ることを祈願する農耕儀礼に基づくもので、祭祀が政治と不可分の関係にあった古代社会においては、首長たちの重要な役割であった。直木孝次郎氏[40]、岡田精司氏[41]、前川明久氏ら[42]は、倭王（天皇）が従来より日神信仰を持ち、日神信仰の霊地（聖地）である伊勢の神を信仰の対象としていたと指摘している。天武の治世下にあっても、農耕儀礼が当時の宮廷祭祀に受け継がれ、天武自身、後に神祇令に規定されるようになった広瀬の大忌神と竜田の風神の祭りを始めている[43]。遥拝したのはみずからが信仰する自然神の日神であったこと、それまでの状況が芳しくなかったこと、そして、前日に悪天候に悩まされ苦労したこと、これらのことを考慮すると、大海人は太陽神である日神に、その神威で天候に恵まれ、戦いに勝利するよう祈願したと考えるのが自然であろう。

大海人が遥拝した日神は自然神で、来臨する神であった。自然神祭祀では、神が来臨するに際して祭祀をおこなうので、神への奉仕は一時的である。一方、先にみたように、潔斎して伊勢にいる大来は常に神に奉仕しているとみなされ、神は常在して加護しているとされていたであろう。したがって、天武が大来を伊勢に派遣した理由は、壬申の乱を勝利に導いた日神が常に加護していることで、天皇としての天武の地位と王権の安泰を図ることにあったのではないだろうか。先に、大来は天皇の地位と不可分の性格をもつ神に奉仕していたが、その神は未だアマテラスではなかったことを考察した。その神は、天皇としての天武の地位と王権を守護するため、来臨する神から常在する神となった日神であったと考えられる。

先に触れた大来と天武との対応関係については、次のように考えられる。天皇の地位と不可分の性格を持つ神は、天皇と対応関係にあるので、天武と神は一体である。一方、大来は伊勢に留まり神の常在を象徴していたので、神と一体である。したがって、天武と大来は、対応関係にあったと言える。大来は天武の娘で、母は天智の娘という血筋であったゆえに、天武の王権の安泰のため、神の常在を象徴するという任務を担うことになったと考えられるのである。

三　神の性格と社殿

伊勢神宮で二十年毎に行われる式年遷宮制度は、天武の構想に基づき持統二年（六八八）に制定され、第一回の遷宮は、『太神宮諸雑事記』の記述通り、持統四年（六九〇）に行われたと考えられている[44]。また、伊勢神宮の常設社殿の成立もこの頃とされている。次に、社殿から伊勢神の性格を検証する。

1　常設社殿の成立

古代日本の祭祀では、神は人の住む地に常在することはなく、祭りの時にだけ来臨し、神祭りは野外の露天で行われていた[45]。したがって、来臨する神のための常設の社殿はなく、神を迎える施設は祭りの直前に造られ、終わると直ちに持ち去られるものであった。大来が奉仕する以前の伊勢神は、祭りに際して来臨する自然神であり、常設の社殿はなかったと考えられる。岡田精司氏は、伊勢神宮の常設社殿の成立は、定期造替が開始された頃[46]で、これは一般の神社に比べて特別に早いと指摘する[47]。してみると、神を祀る常設の社殿は、大来を通して常在するとされた神の住まいとして建てられたのではないか[48]。伊勢神宮では、式年遷宮に際して殿舎のみならず神宝・装束も新調する。『皇太神宮儀式帳』の「出二座御床一装束物七十二種」に記述された装束[49]は、神がここに住まいし、生活していることを前提にしている。また、伊勢神宮の御饌殿で毎日行われる日別朝夕大御饌祭は、神が生活し、食事をすると考えられていたことに基づくものである。これらの制度が、常設社殿が成立した当初からのものかは不明であるが、神が常在するとされていたことを示している。

大来が、持統称制前十一月に退出して以降、文武二年（六九八）に天武の娘である当者が伊勢に派遣されるまで、皇女（女王）が神に奉仕したという記述はなく、皇女（女王）が伊勢に派遣されていなかった可能性がある[50]。しかし、常設の社殿が成立したことによって、神はそこに住まいしているとされ、常在していると考えられていたであろう。

2　式年遷宮の意味

古代では式年遷宮は毎年の神嘗祭の日に行われていた[51]。神嘗祭は、伊勢神宮の三節祭の中で最も重要な祭祀とされ、神はその年最初にとれた稲を用いた神饌を食することによって、新たな神威を発揚するとされていた[52]。遷宮は、由貴大御饌の夕御饌（夕御饌の供進はない）の時刻に開始され、奉遷使の参加のもと（奉幣儀はない）、在地の神職によって行われた。そして、遷宮後、神嘗祭と同様に朝御饌の供進が行われた。この祭祀形態から、神が新宮で新穀の神饌を食することが重要で、遷宮の主眼は住まいを新しくして神威を更新することにあったと考えられる。

岡田米夫氏や中西正幸氏らは、式年遷宮は天皇の代替わりに行う大嘗祭に対応する制度であると指摘する[53]。式年遷宮と代替わり儀礼との関連については、神祇官西院における御巫たちの奉仕する八神殿以下の神々と御巫たちとの関係が参考になる。八神殿以下の神々の社殿・装束は御巫が替わる毎に新調した[54]。義江明子氏は、「御巫と神とは一体であるゆえに、御巫の交替によって神もいわば更新され、新しい神殿を必要とした、と考えられるのである。」とする[55]。御巫の交替毎に神の社殿を新しくするのは、御巫と神が一体であることに基づくという。伊勢神宮の社殿は、神の住まいとして建てられたので、社殿を新しくすることは、神が新しい住まいを必要としたことを意味する。神は天皇と一体の関係にあるので、天皇が替わると神もまた生まれ変わって神威を更新する必要があり、新しい社殿が必要であったのではないかと考えられる。

式年遷宮が二十年毎である理由については、諸説あって定まってはいない。岡田精司氏は二十年がほぼ一世代に相当するとして代替わりの制度と述べるが[56]、継体から天智に至るまでの平均治世は十五年にも満たず、年限からみれば代替わり毎の制度であるとは言い難い。しかし、遷宮の理念からみれば天皇の代替わりに対応する制度であると言えよう。それゆえ、天武によって天皇の地位の守護神となった伊勢神は、次の天皇の即位時に初めて神威の更新を行うことになり、持統二年に制度が制定され、即位後の持統四年に第一回の遷宮が行われることになったのではないか。

四　伊勢神宮の祭祀と斎王

大来の奉仕は斎王の原型ではあるが、大来の奉仕時に斎王制度が存在していたわけではない。『続日本紀』の大宝元年（七〇一）八月、養老二年（七一八）八月、神亀四年（七二七）八月の記述[57]は、斎王制度が整備されつつあることを示している。これらの記述および大宝令、養老令に規定がみられないことから、斎王制度が体系化されたのは弘仁式からで、井上が斎王に任じられた頃に画期があると考えられている。以下、伊勢神宮の祭祀形態や斎王の役割などから、前章までの考察結果を検証する。

1　由貴大御饌と自然神祭祀

大来が奉仕する以前の伊勢神が自然神であったことを考察したが、伊勢神宮の祭祀にも自然神祭祀の痕跡がある。

伊勢神宮三節祭の由貴大御饌は神宮本来の祭祀[58]で、中心祭祀とされてきた。川出清彦氏や岡田精司氏は由貴大御饌において正殿床下の心御柱の前に神饌が供進されていたことを指摘する[59]。また『皇太神宮旧式祭典図』にも描かれていることから、由貴大御饌は、正殿床下の心御柱の前で行われていたことは明らかである。『皇太神宮儀式帳』には、由貴大御饌は「大神御前」で行うと記述されている。この「大神」とは心御柱を指すので、心御柱が神と認識されていたことがわかる。これは、神籬に榊を立てて依代とし、その依代に神の来臨を仰ぎ、来臨した神に神供をささげるという自然神の祭祀形態が原型であったと考えられる。『神宮雑例集』の「奉ㇾ覆榊畜類喰損事」[60]に、心御柱に榊が立てられ、神の依代とされていたことが窺える記事がある。建築の構造上、不要とされる心御柱が特別に重要なものとされるのは、それが神の依代であったからに他ならない。神宮正殿は、来臨する自然神が常在する神になった後に、神の住まいとして建てられた常設の建築物であろう。つまり、常設社殿の成立以前、伊勢神は来臨する自然神であったということである。神宮の常設社殿が成立した時期は大来が奉仕した頃であったということとあわせて、大来の奉仕によって自然神が常在する神になったとする叙上の考察と整合する。

2　由貴大御饌と日別朝夕大御饌祭

『止由気宮儀式帳』は、御饌殿で毎日行われる日別朝夕大御饌祭[61]において、アマテラスと豊受神[62]及び外宮の相殿神[63]に食事を供進すると記述している。

櫻井勝之進氏は、御饌殿における日別朝夕大御饌祭での食事の供進が、九月十四日を旧穀の下限とする事実に注目し、神嘗祭の由貴大御饌との関連からアマテラスへの食事の供進を欠く時があることを指摘する[64]。日別朝夕大御饌祭に供進される御飯は、大物忌父の作る抜穂田の稲を御炊物忌が舂炊したものである。『止由気宮儀式帳』は、神嘗祭において、この抜穂田の稲を正殿の下に奉置し、遺る稲は翌年九月十四日まで御饌殿で日ごと二度供進すると記述している。神嘗祭で抜穂田の稲を奉置するのは十六日の朝であるので、御饌殿で新穀を供進するのはそれ以降である。これは櫻井氏の指摘のように、外宮の由貴大御饌[65]と連動してしているが、内宮の由貴大御饌[66]

とは齟齬をきたしている。先に述べたように、由貴大御饌は自然神祭祀を原型としている。由貴大御饌は夜間に来臨する自然神に対応して、夜間の亥刻と丑刻に行われている。一方、常在する神は人の活動に対応して祈願をうけるので、日別朝夕大御饌祭の食事の供進も昼間に行われる。これらのことから、由貴大御饌の対象であった自然神が常在する神とされ、その神への食事の供進として、日別朝夕大御饌祭が行われるようになったと考えられる。日別朝夕大御饌祭が外宮の由貴大御饌と連動し、内宮の由貴大御饌と齟齬をきたしているということは、自然神から常在する神となったのは外宮の神であり、日別朝夕大御饌祭は外宮の神に対する食事の供進として行われるようになったことを示しているのではないか。これについて別の祭祀から検討する。

神嘗祭は収穫祭であるので、稲の供進は重要な神事である。内宮では、神郡、神戸から仕奉された稲はすべて内外玉垣に懸奉する懸税稲である。一方、外宮では、懸税稲の他に前述の大物忌父が作る抜穂田の稲を正殿の床下に奉置する行事がある。これは正殿下の心御柱に対して行われており、自然神祭祀を原型としていると考えられる。小松馨氏は、両宮の由貴大御饌の神饌を比較して、内宮では主食である御飯が神饌として供進されていたが、外宮では供進されていなかったと指摘する[67]。常在する神は生活しているとみなされていたので、主食としての御飯を供進することが必須であるが、来臨する自然神には生業の成果あるいは祈願を込めた貴重品が捧げられ、御飯の供進が必ずしも行われるわけではない。それゆえ、自然神祭祀に基づく外宮の由貴大御饌には、御飯の供進がないのであろう。常在することとなった外宮の神には、日別朝夕大御饌祭において御飯が供進されている。神嘗祭での稲の供進および由貴大御饌の神饌からいえることは、外宮には自然神祭祀の要素があり、内宮には自然神祭祀の要素がないということである。このことからも、自然神が常在する神となったのは外宮の神であったことが確認できる。

内宮の由貴大御饌は正殿の床下の心御柱に対して行われているにもかかわらず、自然神祭祀の要素がないのは何故か。その理由について、祭祀を担う物忌が童男・童女であるということから考えることができる。物忌は、補佐役である物忌父と共に伊勢神宮の重要な祭祀を執り行う専業の神職者である。両儀式帳の記述から、由貴大御饌および日別朝夕大御饌祭における物忌の奉仕をみると、内宮では由貴大御饌に奉仕しているが、外宮では由貴大御饌には奉仕せず、日別朝夕大御饌祭に奉仕している。義江明子氏は、古代において童男・童女が祭祀を担ったことについて「服属する側の豪族が、その服属の証として、一族の中から小さい身体の者、つまり童男・童女を差し出し、大王の身辺あるいは王権祭祀のなかでも特に服属儀礼に関わる祭祀に奉仕させる、ということがなされたのではないだろうか。」とする。つまり、補佐なくしては職務を遂行できない童男・童女が重要な祭祀を担うということには、王権に服属する意味があるというのである。そもそも自然神祭祀では、祭祀を司るのは童男・童女ではない。そうであれば、物忌が奉仕する祭祀は服属儀礼を伴う王権祭祀と位置づけることができる。つまり、内宮の由貴大御饌（外宮の日別朝夕大御饌も）は王権祭祀として設定されたため自然神祭祀の要素がないと考えられるのである。内宮の由貴大御饌には、五十鈴川の中島で神饌を調理する儀式があり、これが服属儀礼とされていることも王権祭祀であることを裏付ける。

日別朝夕大御饌祭は、内宮の神（アマテラス）に対して外宮の神（豊受神）が食事を差し上げる趣旨でありながら、そのための稲は外宮の神に奉られ、食事としての神饌は、内宮の神のみならず、外宮の神と外宮の相殿神にも供進されるという不可解な形態である。これは本来、外宮の神に神饌を供進するものであったとすれば合理的に説明できる。これらのことは、外宮の自然神が王権の関与のもとに常在する神となって、御饌殿での日別朝夕大御饌祭が王権祭祀として始まったこと、その後、内宮の祭祀が外宮の祭祀に基づいて王権祭祀として整えられたことを示唆する。そうであれば外宮先祭[73]という事象も容易に説明がつく。

3　斎王の役割

斎王が参向して行われる三節祭の二日目の祭祀は、内宮の別宮である荒祭宮と外宮の別宮である高宮でも正宮に続いて行われ、その後に直会が行われるので、祭祀としては一連のものである。しかし、両儀式帳は特に注記[74]して斎王は別宮の祭祀に関与しないと規定している。祭祀が連続しているのは荒祭宮と高宮に重要な神が祀られ[75]ているからであろう。にもかかわらず斎王がその祭祀に関与しないことは、斎王の役割が伊勢神宮の祭祀を担うことにあるのではなく、王権にとって特別重要な神との関係にあることを示している。三節祭では斎王は内宮と外宮に参向しているので、斎王が関係する神は内宮の神および外宮の神である。ところが両儀式帳によると、遷宮に際して斎王は内宮に参向するが、外宮には参向しない。遷宮において斎王が関係する神は内宮の神のみである。三節祭と遷宮におけるこの相違は何を意味するのか、以下に考察する。

両儀式帳によると、月次祭行事として行われたのは由貴大御饌、斎王の玉串奉献、赤引糸奉献であり、奉幣儀は月次祭行事とは別に行われていた[76]。斎王は、奉幣儀が月次祭の祭祀となる以前より月次祭に関与しており、古くから三節祭へ関与していたことがわかる。熊田亮介氏は、伊勢大神に関する『日本書紀』持統六年閏五月条の記事が三節祭の六月の月次祭に対応することから、七世紀末には六月の月次祭が行われていたことを明らかにした[77]。三節祭（その原型の祭祀）は大来の奉仕時には行われていたと考えられ、大来が三節祭（その原型の祭祀）に関与していた可能性が高い。伊勢神宮の常設社殿が成立した時期と大来が奉仕した時期が近似するので、大来は自然神から常在することとなった神が祀られている外宮の三節祭に関与し、その際、内宮の祭祀は未だ整備されていなかったと考えられる。

既に述べたように遷宮の開始は持統四年とされている。この時、斎王（その前身）は不在である。第二回の遷宮は元明が天皇であった和銅二年（七〇九）（内宮、外宮は和銅四年）とされており、この時にも斎王（その前身）は不在である。第三回の遷宮は聖武が天皇であった天平元年（七二九）（内宮、外宮は天平四年）で、この時は井上が斎王であった。第一回と第二回の遷宮の際には斎王制度が未整備であり、斎王は不在であったので、斎王の遷宮への関与は問題とならない。ゆえに、両儀式帳に記述されている斎王の遷宮へのかかわりの原型になったのは、第三回の遷宮における斎王の関与であると推定できる。

内宮にアマテラス、外宮に豊受神が祀られると、斎王はアマテラスとの関係において祭祀に関与するので、内宮の祭祀にのみ関与する。井上が斎王であった第三回の遷宮時には内宮にアマテラスが祀られていたので、遷宮に際しては、斎王は内宮の祭祀にのみ関与したであろう。これが両儀式帳に記述された遷宮への斎王の関与の原型である。しかしながら、大来は斎王の前身であり、祭祀の核心部分は容易に変化しないので、大来の祭祀形態は後の斎王にも受け継がれ、三節祭においては内宮のみならず、外宮の祭祀にも関与したのではないか。このことは、斎王の役割は王権にとって特別重要な神との関係にあるということであり、天皇としての天武の守護神が常在していることを大来が象徴していたことにも繋がる。三節祭と遷宮における斎王の関与の相違は、斎王（その前身）が伊勢神の祭祀に関与することになった際、内宮にアマテラスが祀られていなかったことを意味すると考えられるのである。

おわりに

これを要するに、伊勢神は、大来が奉仕するまでは来臨する自然神の太陽神であったこと、大来が潔斎して伊勢に留まることによって常在する神となったこと、そして当時は天皇としての天武の地位を守護する神であって、未だアマテラスではなかったことなどを述べた。

また、伊勢神宮の祭祀を検討し、外宮において王権関与のもとに来臨する神から常在する神へと変化したこと、内宮の祭祀は外宮の祭祀をもとに王権祭祀として整えられたこと、斎王（その前身）は王権にとって特別重要な神との関わりにおいて設定されたことなどを確認した。さらに、斎王（その前身）は、伊勢神宮の内宮にアマテラスが祭られる以前から伊勢神の祭祀に関与していた。これらのことは、先に述べた伊勢神の性格と整合する。

大来が奉仕する以前、伊勢神は倭王（天皇）が信仰する自然神としての太陽神であった。しかし、壬申の乱を契機として、伊勢神は新たな王権の要請によって「来臨する神」から「常在する神」となった。そして、王権が政治の施策として伊勢にアマテラスを祀り、伊勢神宮が成立するに至ることになる。

大来が退出した時点においても、アマテラスは皇祖神で最高神であったが[78]、未だ伊勢に祀られていなかった。大来が奉仕した神は、自然神から天皇としての天武の守護神となった伊勢神と考えられる。

大来の奉仕後、アマテラスを祀る伊勢神宮が成立するが、その過程については更に詳細な検討が必要であり、本論では論じるに至っていない。別の機会にゆずることとする。

註

(1) 斎王は、斎宮・斎王・斎内親王・伊勢斎などとも呼ばれ、それぞれ意味がある。西洋子氏は「奈良時代を通して、斎王は、斎内親王・斎王・伊勢斎・伊勢斎王などと呼ばれた。内親王の場合は斎内親王、女王の場合は斎王と区別されていた感がある。」とする（西洋子「斎宮寮について」『関晃先生還暦記念　日本古代史研究』、吉川弘文館、一九八〇年）。本論では、煩雑を避けるため、斎王の語を使用する。なお、『古事記』および『日本書紀』は斎王の語を使用していない。

(2) 平安時代に賀茂に斎院が置かれてから賀茂の斎王と区別するため、伊勢斎王を斎宮と称するようになる。『日本書紀』は、斎宮の語を天皇もしくは王族が祭祀を行うための建築物として使用している。

(3) 皇祖神としての天照大神にはアマテラスの表記を用いる。なお、皇祖神と太陽神の両方を示す場合や、『日本書紀』の引用をする場合には、天照大神の表記を用いる。

(4) 豊鍬入姫を最初の斎王とする史料や説もある。『神宮要項』は最初の斎王として豊鍬入姫を挙げる。また、田中卓氏も最初の斎王は豊鍬入姫であるとする（田中卓「神宮の創祀と発展」『田中卓著作集四　伊勢神宮の創祀と発展』、国書刊行会、一九八五年、初出一九五九年）。

(5) 実質上の最初の斎王として大来以外を挙げる説もある。門脇禎二氏は欽明の娘の磐隈皇女からとし、「天武朝より以後において、いわゆる斎王制度へと整備されてゆくことになった」とする（門脇禎二「斎王女から斎王制へ」『古代文化』四三―四、古代学協会、一九九一年）。

(6) 『日本書紀』には、神の名称に伊勢大神の表記がある。また施設の名称に伊勢神祠、伊勢大神祠、伊勢祠などの表記もある。

(7) 拙稿「伊勢大神と天照大神の関係―『日本書紀』区分論より―」（『日本書紀研究』第二八冊、塙書房、二〇一三年）。

(8) 『万葉集』には大来の歌として六首が収録されている。『万葉集』一〇五および一〇六の題詞、一六三および一六四の題詞、一六五および一六六の題詞、一六六の左注の記述内容と『日本書紀』の大来に関する記述との間には整合性がある。

(9) 『皇太神宮儀式帳』に「禁断幣帛。王臣家並諸氏之不レ令レ進二幣帛一、重禁断。若以二欺事一幣帛進人波遠、准二流罪一勘給之。」とある。

(10) 『延喜大神宮式』に「凡王臣以下、不レ得三輙供二大神宮幣帛一、其三后皇太子若有レ応レ供者、臨時奏聞、」とある。

(11) 岡田精司「古代における伊勢神宮の性格―私幣禁断の制をめぐって―」（『古代祭祀の史的研究』、塙書房、一九九二年）。

(12) 岡田精司氏は「私幣禁断の制は天皇の地位と神宮祭祀が、不可分なものであることを示すものといえるだろう。」とする（岡田精司「律令制祭祀における伊勢神宮」『古代祭祀の史的研究』、塙書房、一九九二年）、三四三頁。

(13) 後に伊勢神宮にアマテラスが祀られるようになると、私幣禁断の制と皇祖神祭祀との間に矛盾が生じる。アマテラスが伊勢で祀られるようになっても私幣禁断の制が残ったことについては次のように考えられる。そもそも祭祀は新しいことが付加されることはあっても、よほどのことがない限り、その核心が変化することはない。その上、『日本書紀』は伊勢神宮起源説話において、アマテラスが古来より伊勢神宮で祀られてきたと述べているので、神宮の祭祀が変わることはなく、私幣禁断の制を変更する名目上の理由がない。また、アマテラス自身も天皇の地位と結びついた神であるという面では私幣禁断の制と矛盾しない。それゆえ、制度が残ったのではないか。

(14) 『日本書紀』における伊勢神祠との表記は、アマテラスを祀る伊勢神宮が未だ成立していなかったことを示す（拙稿前掲註7論文）。

(15) 直木孝次郎「天照大神と伊勢神宮の起源」（『日本古代の氏族と天皇』、塙書房、一九六四年）等。一方、地方神的性格を示すものとは言い難いとの指摘もある（岡田精司「伊勢神宮の成立と古代王権」『古代祭祀の史的研究』、塙書房、一九九二年。熊田亮介「伊勢神宮の月次祭と祭祀体系」『文化』第四六巻第三・四号、一九八三年）。しかし、『日本書紀』は伊勢大神が天皇に対して「奏」と記述している。「奏」の語はすすめささげること、進献することを意味し、地位が下の者が上の者に申し上げる場合に用いる語であるので、伊勢大神は、皇祖神ではあり得ない。

(16) 即位年数の記載方法は、「天智紀」「持統紀」は称制した次の年を元年としているが、「天武紀」は「天智紀」を記述する際に即位時を元年としている。

(17) 飛鳥京跡第一〇四次調査において出土した木簡の削屑から、天武十年に壬申の乱に関わる修史事業が行われていたことが指摘されている（和田萃『飛鳥』岩波書店、二〇〇三年）。「天武紀」は、推敲や改編を重ねて、時間をかけて記述されたのではないか。坂本太郎氏は「国史の編集に数十年を要したということは、けっしておかしいことではないのであります。（略）最初の試みである日本書紀の場合にそのくらいの年月を要したということは少しも不思議なことではなかろうと思います。」と述べる（坂本太郎『坂本太郎著作集第二巻　古事記と日本書紀』、吉川弘文館、一九八八年、初出一九五八年）。

(18) 『古事記』天孫降臨条にアマテラスを祀る伊勢神宮の起源が記述されているとする説がある。しかし、『古事記』天孫降臨条の記述は極めて曖昧である。『古事記』はアマテラスを特別な尊厳性を有する最高神として記述しているので、その神を祀る伊勢神宮の起源を述べたのであれば、曖昧で不明瞭な記述であるのは不可解である。しかも『日本書紀』の記述とも異なっており、異伝の一つとしてすら採用されていない。『古事記』に記述されている伊勢神宮は伊勢（大）神の住まいする普通名詞としての宮であり、『古事記』には伊勢神宮の成立は記述されていない（拙稿前掲註7論文）。

(19) 大来の退出は、天武の死あるいは大津の刑死によるものとされているが、『日本書紀』には大来の退出理由は記述されていない。

(20) 『日本書紀』には大来の選任過程についての記述はなく、不明である。大来が卜定によって選任されたとする史料もあるが、その根拠は明らかにされていない。『神宮要綱』は天武二年四月十四日卜定と記載しているが、この記事の根拠は明らかではない。これらは後の斎王が卜定で選任されたことをもとに、大来も卜定で選任されたとして記述されているのではないか。

(21) 『延喜斎宮式』には、「凡天皇即位者、定二伊勢大神宮斎王一、仍簡二内親王未レ嫁者一卜之、（若無内親王者、依世次、簡定女王卜之）」とある。

(22) 田阪仁氏によると、斎王が任を解かれた場合、八～十世紀ごろは退出、十一世紀以降は下座（坐）、退下と表記し、都に帰ることは時代を通じて帰京と表記するという（田阪仁「斎王の退下と帰京」『斎宮歴史博物館研究紀要』四、一九九五年）。本稿では、斎王が任を解かれた場合には退出、都に帰ることは、帰京と記述する。

(23) 『北山抄』の「斎王卜定事」は、斎王の選任において内親王（または女王）の名を書して合否を卜定していたことを記述している。

(24) 榎村寛之「斎王制度と天皇制の関係について」（『律令天皇制祭祀の研究』、塙書房、一九九六年）、一四四頁。

(25) 『延喜斎宮式』には「凡斎内親王定畢、即卜二宮城内便所一、為二初斎院一、祓禊而入、至二于明年七月一、斎二於此院一、更卜二城外浄野一、造二野宮一畢、八月上旬、卜二定吉日一、臨レ河祓禊、即入二野宮一、自二遷入日一、至二于明年八月一、斎二於此宮一、九月上旬、卜二定吉日一、臨レ河祓禊、参二入於伊勢斎宮一」とある。

(26) 義江明子『日本古代の祭祀と女性』（吉川弘文館、一九九六年）、一〇一頁。

(27) 西牟田崇生「神宮祭祀と斎内親王」（『西田長男博士追悼論文集　神道及び神道史』、名著普及会、一九八七年）、四九〇頁。

(28) 『止由気宮儀式帳』に「若斎宮不レ坐時、禰宜内人等妻子仕奉。」（六月例）、「但斎王不レ在時禰宜内人等妻子仕奉。」（九月例）とあり、また『延喜太神宮式』にも三節祭禄法条に「斎内親王参レ祭之日、以二寮庫物一給之、不参之時、以二神封物一給之、」とある。

(29) 義江明子前掲註26、八二頁。

(30) 家永三郎氏は、「「治天下」の表記を用い「御宇」の表記を用いないこと等から考え、おそくとも大宝（七〇一～七〇四）までは下らぬ時期に成立」し、『古事記』『日本書紀』とは異なる資料をもとにしている、とする（家永三郎『上宮聖徳法王帝説の研究　増訂版』、三省堂、一九七〇年、一九五一、一九五三初出、家永三郎・築島裕校注「上宮聖徳法王帝説」『日本思想体系　聖徳太子集』、岩波書店、一九七五年）。

(31) 東野治之氏は、『古事記』や長屋王家木簡と共通する表記を備えていることから「八世紀初めごろを降らない」時期の成立とする（東野治之校注『上宮聖徳法王帝説』、岩波書店、二〇一三年）。

(32) 『古事記』は、酢香手姫を須賀志呂古郎女と記述している。

(33) これまでは、「用明紀」に「拝伊勢神宮」とあるので、伊勢神宮にはアマテラスが祀られており、酢香手姫はアマテラスに奉仕したとされてきた。しかし、この伊勢神宮は伊勢神（アマテラスではない）の住まいする普通名詞としての宮であり、アマテラスを祀る固有名詞としての伊勢神宮ではない（拙稿前掲註7論文）。

(34) 第五段本文、三神誕生神話に「何不レ生二天下之主者一与。於是、共生二日神一。号二大日孁貴一。」とある。

(35) 第六段うけひ神話の一書第一と一書第三にある。

(36) 溝口睦子氏は、異伝を含めて六種類あるうけひ神話にはアマテラス型と日神型があり、物実の交換がなくオシホミミを含む男神をスサノヲの子とするものが古い伝承であること、うけひ神話はアマテラスの皇祖神化をうけて、アマテラスの子孫を男系で継承するために変形されており、変形前の古い伝承は日神と記述されていると指摘する（溝口睦子「スサノヲの復権」『東アジアの古代文化』一二〇号、大和書房、二〇〇四年）。皇祖神となる以前の記述が日神であるという溝口氏の指摘は、普通名詞が固有名詞に先行する一般的な傾向と一致し、天照大神は国家守護神となって以降の名前であるとする岡田精司氏の見解とも一致する（岡田精司「古代王権と太陽神―天照大神の成立―」『古代王権の祭祀と神話』、塙書房、一九七〇年）。

(37) 第七段天石窟神話の一書第二と一書第三にある。

(38) 神武の言葉として「今我是日神子孫、而向レ日征レ虜、此逆二天道一也。不レ若、退還示レ弱、礼二祭神祇一、背二負日神之威一、随レ影圧躡。」とある。

(39) これまでは、『扶桑略記』天武二年四月条に「四月十四日。以二大来皇女一。献二伊勢神宮一。始為二斎王一。依二合戦願一也。」、『太神宮諸雑事記』に「太政大臣大友皇子、企二謀反一、擬レ奉レ誤二天皇一。于レ時天皇之御内心仁、伊勢太神宮令二祈申一給、必合戦之間、令レ勝御者、以二皇女一天、皇太神宮御杖代可レ令二斎進一之由、御祈祷有二感応一、彼合戦之日、天皇勝御利世。」とあって、大来を伊勢に派遣したのは戦勝祈願の願意がかなったためとされてきた。しかしながら、『日本書紀』天武元年六月条の「於二朝明郡迹太川辺一、望二拝天照大神一。」は、『釈日本紀』引用の「安斗智徳日記」の「於二朝明郡、迹大川上一而拝二礼天照大神一。」と合致しているので、天武が遥拝したことは事実としてよいであろうが、『日本書紀』には大来の派遣理由が記述されておらず、勝利の報奨としての派遣と断定することはできないのではないか。

(40) 直木孝次郎前掲註15論文。

(41) 岡田精司「伊勢神宮の起源—外宮と度会氏を中心に—」（『古代王権の祭祀と神話』、塙書房、一九七〇年）。

(42) 前川明久氏は、五世紀後半以降伊勢度会地方の豪族の穀霊信仰が王権の日神信仰に従属したとする（前川明久「伊勢神宮と朝鮮古代諸国家の祭祀制—神宮の称号をめぐって—」『日本史研究』八四、創元社、一九六六年）。泉谷康夫氏は「伊勢の神はもともと穀霊神であり、天智・天武朝における大和朝廷内の信仰と一致していた（略）その後の大和朝廷における日神信仰の復活によって天照大神に変っていった。」とする（泉谷康夫「伊勢神宮の成立についての覚書」『日本書紀研究』第二十冊、塙書房、一九九六年）。伊勢が日神信仰の地となった時期の違いはあるが、いずれも倭王（天皇）が伊勢の神を信仰の対象としてきたとしている。

(43) 広瀬・竜田祭りは『日本書紀』天武四年四月に初めて記述され、以降定期的に記述されていることから、天武によって始められたと考えられている。

(44) 式年遷宮の開始時期について、田中卓氏と下出積與氏との間で論争があったが、現在では田中氏の主張どおり、『太神宮諸雑事記』記載の朱雀三年すなわち持統二年に式年遷宮の制度が定められ、持統四年に最初の遷宮が行われたと考えられている（田中卓「式年遷宮の起源」『田中卓著作集四　伊勢神宮の創祀と発展』、国書刊行会、一九八五年、初出一九五六年。下出積與「伊勢神宮式年遷宮起源の問題」『古代学』第四巻第二号一九五五年、「再び伊勢神宮式年遷宮の起源について—田中卓氏の批判に答う—」『金沢大学法文学論集、哲学史学篇四』、一九五六年）。『太神宮諸雑事記』は、持統四年に内宮の遷宮、二年後の持統六年に外宮の遷宮が行われ、この後、ほぼ二十年毎に遷宮が行われていたと記述している。

(45) 岡田精司「神社建築の源流―日本古代に神殿建築はあったか―」（『考古学研究』第四六巻第二号、考古学研究会、一九九九年）、「神と神まつり」（『古墳時代の研究』一二、雄山閣、一九九二年）等。

(46) 「式年遷宮」の用語について、岡田精司氏は「祭神の宮移し」と社殿の改築とは区別されており、古代では「式年」の語は使用されていなかったとして、「定期造替・遷宮」を用いる（岡田精司「伊勢神宮における定期造替・遷宮制度の成立」『三重県史研究』一〇、一九九四年）。本稿では、「式年遷宮」の語を用いるが、岡田氏の引用では「定期造替・遷宮」を用いる。

(47) 岡田精司前掲註46論文。

(48) 伊勢神宮は正殿の周囲に何重にも垣をめぐらすという特殊な形をとっている。岡田精司氏は門も含めて宮殿様式の影響を受けているとする（岡田精司前掲註46論文）。直木孝次郎氏は、「伊勢神宮の本殿は天武朝の大極殿を模したものではあるまいか。」とする（直木孝次郎「森と社と宮―神観念の変遷と社殿の形成―」『難波宮址の研究』第二、一九五八年）。『古事記』では、神代の国譲りと垂仁記において出雲の神の住まいを天皇の宮殿を模して作るとの記述があり、神の住まいは天皇の宮殿を模して造る思想があったことがわかる。これらのことは、伊勢神宮は天皇の住まいする宮を模して建てられた神の住まいする宮であったことを示している。

(49) 『皇太神宮儀式帳』の「出_座御床_装束物七十二種」には、被（ふすま）（衾、臥具）、衣、裳、帯、意須比、沓、襪（しとうず）（足袋）、櫛袋、枕などの生活用品が記されている。

(50) 大来の退出から当耆の派遣まで、皇女が伊勢で神に奉仕した記述がないのは、時の天皇が女性の持統であるためとして、女性天皇の時代には皇女を派遣しないとする説がある。しかし、女性天皇の元正の時代に、久勢、井上が派遣（井上が実際に派遣されたのは聖武の即位後）され、孝謙の時代には小宅が派遣されている。持統の時代に派遣の記録がないのは、未だ制度として成立していなかったためであろう。

(51) 両儀式帳では、遷宮は神嘗祭由貴大御饌と同一の日取りである。『延喜大神宮式』でも同様に九月十五日（外宮）、九月十六日（内宮）となっている。

(52) 所功氏は、神嘗祭は次の一年に向かって新しい神威が発揚する、神威更新の祈りを込めた祭りであると述べる（所功『伊勢神宮』、講談社学術文庫、一九九三年）。矢野憲一氏らも同様の指摘を行っている（矢野憲一『伊勢神宮　知られざる杜のうち』、角川書店、二〇〇六年）。

(53) 岡田米夫氏は遷宮祭は神嘗祭と祭儀上では同一とした上で、遷宮祭と神嘗祭の関係は宮中の大嘗祭と新嘗祭との関係と同じであるとする（岡田米夫「神宮式年遷宮の本義」『遷宮論集』、神宮本庁、一九九五年）。中西正幸氏は、神宮の神嘗祭と二十年毎の正遷宮の理念と構成は、宮中儀礼における年毎の新嘗祭と代替わりの大嘗祭と同一と指摘する（中西正幸『神宮式年遷宮の歴史と祭儀』、国書刊行会、一九九五年）。

(54) 『延喜式』神祇三、臨時祭の「御巫等遷替供レ神装束」には「神殿各一宇、（中略）右、毎二御巫遷替一、神殿以下改換、（後略）」とある。

(55) 義江明子前掲註26書、一五七頁。

(56) 岡田精司氏は定期造替・遷宮制度は、準備が必要な造替をほぼ一世代に相当する二十年とすることで「宗教的には一世代ごとに社殿・神宝類を一新することによって、神威の更新と神の力の復活をはかったものであろう。」とする（岡田精司前掲註45論文、一七頁）。

(57) 『続日本紀』には「太政官処分、（略）又斎宮司准レ寮、属官准二長上一焉。」（大宝元年八月）、「斎宮寮公文、始用レ印焉。」（養老二年八月）、「補二斎宮寮官人一百廿一人一。」（神亀四年八月）とある。

(58) 熊田亮介氏は、六月の月次祭の神宮本来の祭祀は朝夕大御饌（由貴大御饌）奉献・赤引糸奉献であったとする（熊田亮介前掲註15論文）。

(59) 川出清彦「各論祭典とその趣旨」（『祭祀概説』、学生社、一九七八年）。岡田精司前掲註12論文、36論文等。

(60) 心御柱に立てた榊を牛が食することが何度かあり、その都度、奏聞し、宣旨をうけて替えたり、御卜をしたことが記述されている。心御柱には榊が立てられていたこと、損なわれると宣旨をうけて対処しなければならなかったことなど特別重要な柱とされており、神の依代とされていたことが裏付けられる。

(61) 日別朝夕大御饌祭の起源について、『止由気宮儀式帳』と『太神宮諸雑事記』では記述が異なる。『止由気宮儀式帳』は雄略が豊受神を迎えて御饌殿を造ったことを起源とし、『太神宮諸雑事記』は外宮より太神宮に運んでいた御饌が不浄に遭遇し、聖武が病気になったため、神亀六年に御饌殿を建立したことが起源であるとしている。但し、『神宮要綱』は『太神宮諸雑事記』の記述を「採るに足らず。」として退けている。

(62) 『皇太神宮儀式帳』では止由気太神、『止由気宮儀式帳』では等由気大神、等由気太神と表記されている。本稿では豊受神と表記する。

(63)『止由気宮儀式帳』は、アマテラスと豊受神の他に外宮の相殿神にも食事を供進すると記述している。

(64) 櫻井勝之進『伊勢神宮の祖型と展開』（国書刊行会、一九九一年）。

(65) 外宮の神嘗祭由貴大御饌は九月十五日の亥刻と十六日の丑刻に行われた。

(66) 内宮の神嘗祭由貴大御饌は九月十六日の亥刻と十七日の丑刻に行われた。

(67) 小松馨「伊勢神宮内外両宮の祭祀構造―由貴大御饌神事に関する試論―」（『古代文化』四三―四、古代学協会、一九九一年）。

(68)『皇太神宮儀式帳』は物忌が奉仕する起源について記述している。それによると、最初の斎王の伝承を持つ倭姫が不在時に、天見通命の孫である川姫が大物忌として奉仕して以来、大神に奉仕してきたとしている。

(69)『皇太神宮儀式帳』は、内宮の由貴大御饌で物忌五人がその父、禰宜、大内人とともに神饌を供進するとしている。『止由気宮儀式帳』は、日別朝夕大御饌祭で大物忌と御炊物忌が神饌を供進するとしている。

(70) 義江明子前掲26書、一六二頁。

(71)『皇太神宮儀式帳』は、内宮の三節祭由貴大御饌において、五十鈴川の中島で禰宜、内人、物忌らが豊受神の前で神饌を調理してアマテラスの御饌に供進することを記している。豊受神が御饌津神としてアマテラスの食事を用意するという趣旨に基づく儀式である。

(72) 岡田精司前掲注41論文。

(73) 祈年祭、月次祭、神嘗祭では外宮を先に祀り、その後に内宮を祀っていた。

(74) 両儀式帳には「但内親王不レ向二荒祭宮一。」「但親王不下向二荒祭宮一給上。」（『皇太神宮儀式帳』）、「但内親王不レ向二高宮一。」（『止由気宮儀式帳』）とある。

(75) 両儀式帳では、荒祭宮と高宮の神はアマテラスと豊受神のそれぞれの荒御魂で、同一神とされている。

(76) 両儀式帳は、六月と十二月の奉幣儀は由貴大御饌を伴う月次祭とは別に行われていたことを記している。一方、『延喜大神宮式』では月次祭の二日目の行事として記述されている。『神宮要項』はこのことについて「延暦の頃は尚ほ幣帛使参入の日一定せざりしが、延喜の時代に至り豊受大神宮は十六日、皇大神宮は十七日参入奉幣の儀を行ふこととなれり。」とする。

（77）熊田亮介前掲15論文。

（78）『古事記』は天武の構想に基づいて、稗田阿礼が誦習したものを太安万侶が筆録して成立したものである。その『古事記』において、アマテラスは皇祖神で最高神とされている。したがって、大来が退出した時点において、アマテラスは皇祖神で最高神であった。

高分解能古気候データを『日本書紀』の解釈に利用する際の留意点

中塚　武

はじめに──高分解能古気候学の進展と歴史研究の新たな可能性

高分解能古気候学とは、樹木、サンゴ、鍾乳石、氷床コア、年縞堆積物、古文書など、気温や降水量などの情報が記録されている可能性がある、あらゆる種類の自然及び人為の媒体を用いて、過去数千年間の気候の変動を年単位もしくは、さらに細かい時間解像度で復元する学問である。それは、二十一世紀になって、地球温暖化研究の一環として世界中で急速に発展してきた。その主な目的は、人為的な温室効果ガスが未だ地球の気候に本格的な影響を及ぼしていなかった十九世紀以前の気候を明らかにして、気候変動の自然のメカニズムを理解することにある。また、「翌日には真偽が分かる日々の天気予報」とは異なり、「我々にはその結果が検証できない百年後の地球温暖化予報」の正当性を担保するため、未来を予測するコンピュータモデルに「過去の気候変動の再現計算」をさせ、高分解能古気候学が与えるデータを使って答え合わせをし、モデルの性能を検証するようなとりくみも行われている。

高分解能古気候学のデータは、このような自然科学的な気候変動の研究に使われるだけでなく、最近は全く別の分野、すなわち人間の歴史の研究にも盛んに使われるようになってきた[1]。気温や降水量の変動が穀物の豊凶を介して人間社会に大きな影響を与える可能性があることは、農業人口が少なくなった現代の日本でもある程度は実感できる。特に稲作を中心にした地域の穀物生産に食糧の大部分を依存していた弥生時代以降の前近代の日本社会では、気候変動が社会に与える影響はとても大きかったであろうことは容易に予想でき、実際に「歴史上の社会変化の背景に気候変動があった」と論じる研究はこれまでにも無数にあった。しかしその多くは、「十分な史実に基づかない気候決定論」として、高い評価を受けてこなかった。数十年の寿命しか持たない人間が書き残した文書の中の天候の記録が、その時代の気候をどこまで正当に代表しているのか、客観的に評価する方法がなかったからである。近年の高分解能古気候学の発展は、史料から独立した自然の記録媒体からもたらされる高品質で連続的な古気候データの提供を通して、こうした歴史研究の制約を取り払い、歴史と気候の関係について、全く新しいさまざまな論考を生み出しつつある[2]。

しかし樹木年輪などにもとづく高分解能古気候データが、過去数千年間にわたってしばしば年単位の正確な時間解像度を保持しているのに対して、古代における史料の出現頻度は低く、さらに『日本書紀』の場合は、歴史記述の年代自身に大小の疑念があることも知られている。今後、両者の対応を議論していく際には、年貢や物価などの同年代の数値史料が日本全国から大量に得られる近世などとは全く異なる、細心の注意が必要になるはずである。本論では、近年、日本で急速に整備されつつある夏の降水量の指標である樹木年輪セルロースの酸素同位体比を例にとり、その古気候の記録メカニズムを紹介するとともに、歴史の解釈に利用する際のその限界や可能性、特にしばしば発生する齟齬の原因や、解釈に有効な特徴的な時間スケールの存在について述べる。その際には、史料が大量に残る近世や、史料数が時代と共に大きく変動する中世の事例の分析を通して、『日本書紀』が対象とする時代の課題を展望したい。

一　樹木年輪を用いた古気候復元―原理・特長・限界

日本で最も重要な作物である稲が育つのは夏であり、稲作には冷夏や干ばつ、水害といった夏の天候不順が大きな影響を与える。それゆえ歴史と気候の関係を解析するには、夏の気温や降水量の変動を復元することが重要である。しかし「雪」や「霜」などの目に見える気温に対応した事象がある冬とは違い、夏の気温の情報は文字には残りにくい。降水量にしても、近世であれば全国の古日記に記された「雨」の記録から、夏の降水量を復元することができるが、その方法は古日記などが少なくなる中世以前には適用しがたい。それゆえ日本では、中世以前の夏の気温や降水量を史料から年単位で正確に復元することは不可能である。

それに対して樹木は、年輪という正確な年単位の時間の目盛りを持ち、しかも主に夏に成長するため、その年輪の幅、すなわち年間の成長量の記録から、夏の気温や降水量を復元する取り組みが世界の寒冷地や乾燥地で行われている。寒冷地や乾燥地では夏のわずかな気温の低下や水不足が樹木の成長を大きく制限するからである。しかし温暖で湿潤な東アジアでは夏の気温や降水量が年輪幅に影響を与える程度は小さく、日本では山岳地域の現生木を使った気温復元が近世初頭までやっと到達した段階であり[3]、アジアでも内陸部のチベットやヒマラヤ、モンゴルなどの長寿命木の年輪幅データを用いて、西暦八〇〇年以降の東アジアの夏季平均気温が求められているに過ぎない[4]。

しかし近年、樹木年輪に含まれるセルロースという物質の中の酸素同位体比を測定することで、日本でも夏の降水量の年毎の変動が正確に復元できることが分かってきた。酸素には重さの異なる原子（同位体）が三種類存在するが、そのうち一番軽い酸素十六を含む水は一番重い酸素十八を含む水よりも蒸発しやすいことが知られている。晴れた日に植物は根から吸った水を水蒸気の形で葉に開いた気孔という穴から活発に大気に放出するが、その際、軽い酸素十六が優先的に放出されるため、葉内水の中で重い酸素十八が濃縮していく。逆に雨の日には蒸発が起きにくいので、葉内水の酸素十八は濃縮しにくい。つまり降水量が多い（雨の日が多い）年ほど、葉内水の酸素同位体比（酸素十六に対する酸素十八の割合）が相対的に低くなり、その情報が夏の間に活発に行われる光合成を通して、年輪の中のセルロースの酸素同位体比に転写されていく訳である。[5] 実際には、それに加えて、空から降ってくる雨水の酸素同位体比も、台風や集中豪雨などの際には低くなることが知られていて、「夏の降水量が多い年ほど、年輪セルロースの酸素同位体比が低くなる」という関係性を強めている。

こうしたメカニズムは、純粋に物理化学的なものなので、全ての樹木に平等に作用する。それゆえ、隣の木との関係による日当たりの変化などの個別的な環境の影響を強く受けて、個体毎にデータが大きくばらつく年輪幅とは異なり、比較的少数（四個体程度）の樹木からでも十分にその地域を代表する年輪セルロース酸素同位体比（すなわち降水量）の変動の情報を取得することが可能である。日本では屋久島を除くと、樹齢千年を越えるような現生木は殆ど存在しないが、古い木造建築物の修理の際に発生する建築古材や考古遺跡から出土する木質遺物、あるいは河川や水田の改修事業の際に得られる埋没木など、時代ごとに数個体ずつ得られたデータの変動パターンを前後につなぎあわせることで、わずか数年の間に過去四千年以上（本州中部の太平洋側では、過去二六〇〇年間）にわたる年輪セルロース酸素同位体比の連続データを取得することに成功した。[6] これは、もちろん『日本書紀』

の対象とする時代を完全に網羅できるものである。

しかしこのデータを、『日本書紀』などの歴史上の文献の中に記された「雨」や「干ばつ」などの気象・気候の記述と比較していく際には、当然、留意しなくてはならないことがある。それは、この年輪セルロース酸素同位体比は、あくまでも「ひと夏の平均値」であるということである。一方で、「雨」は一日単位の現象であることが多く、たとえ雨が「洪水」のような被害につながる場合でも、それは、数日間、雨が降りつづけば発生してしまうものなので、同じ年の夏に「干ばつ」と「洪水」の被害が両方発生することも珍しくない。つまり単一の雨や干ばつなどの記述が、年輪セルロース酸素同位体比のデータが示唆する「ひと夏の降水量」の推定結果と一致する保証は全くないのである。この点、全国各地に古日記などの史料が無数にある近世であれば、多数の史料からデータを集めて統合してから年輪のデータと比較する統計学的な取り組みが可能であるが、『日本書紀』にあるような離散的な気象災害の記述からでは、それは不可能である。次節では、まず史料が豊富に存在する近世、史料の数が時代と共に大きく変化する中世を対象に、年輪セルロース酸素同位体比と文書データの統計的な関係性についてみていきたい。

二　古気候データは文献史料にどのように反映されるのか？―近世と中世の事例から

中部日本で得られた年輪セルロース酸素同位体比のデータが、どの程度、史料の記述と一致しているのかを判定するために、まず江戸時代における近畿・東海地方の多数の古日記に記された日々の天候、すなわち雨の降り方に関する記述を統計学的に統合して、大坂の梅雨期の降水量を年単位で復元した先行研究[7]の結果と比較してみ

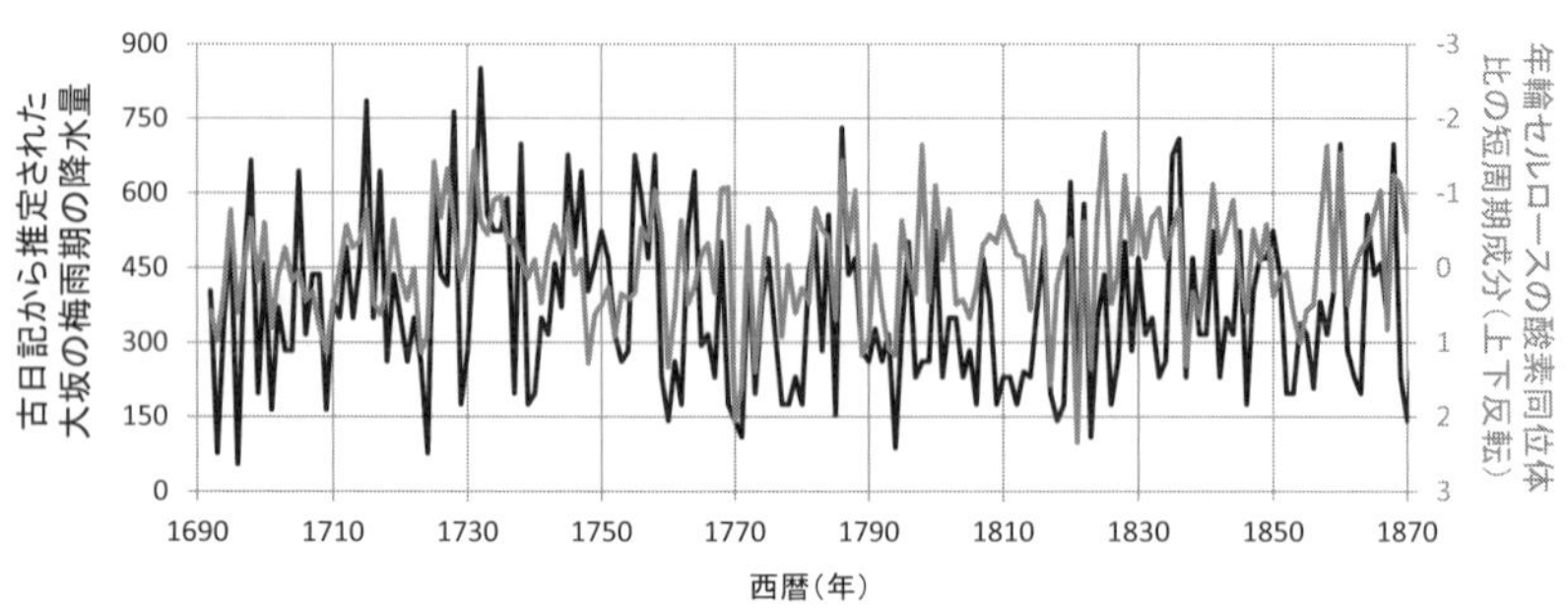

図1　年輪と古日記による近世の降水量復元の比較（年輪（灰）：複数の木曽ヒノキ等から求められた年輪セルロース酸素同位体比の短周期（約200年以下）の変動成分（長周期変動からの偏差）、古日記（黒）：近畿や東海における多数の古日記天候記録から推定した大坂における梅雨期の降水量（水越、1993））。

よう。図1に示すように、両者は年単位でも十年単位でも、とても良い一致を示す[8]。このことは、古日記の天候記録も、年輪セルロースの酸素同位体比も、ともに過去の夏の降水量を復元する上で十分に信頼できる媒体であることを証明しているが、前者については古日記そのものに夏の降水量の推定値が書かれていたわけではなく、あくまでも現代の歴史気候学者が文書の中の雨に関する記述を統合・編集したということが前提になっている。それでは、『日本書紀』にも書かれているような「雨」や「干ばつ」にかんする記述そのものに対しては、年輪セルロース酸素同位体比は、どのような関係を示すのであろうか[9]。

図2aに、藤木編（二〇〇七）「日本中世気象災害史年表稿」に収録された西暦九〇〇年から一六〇〇年までの間の「近畿・中部における夏（新暦六、七、八月）の雨と干ばつに関係した年あたりの史料の出現件数」を示した。ここで雨に関係した史料としては、「洪水、大水、霖雨、止雨」の四つの語彙、干ばつに関係した史料としては、「旱、祈雨、甘雨」の三つの語彙のいずれかが含まれているものだけを、それぞれ選抜した。この中で、止雨は、長雨を止めるための祈祷に関連した言葉であり、祈雨、甘雨は、それぞれ干ばつ時の雨乞いに関連した言葉である。雨に関連した単語としては、それ以外にも、大雨、暴

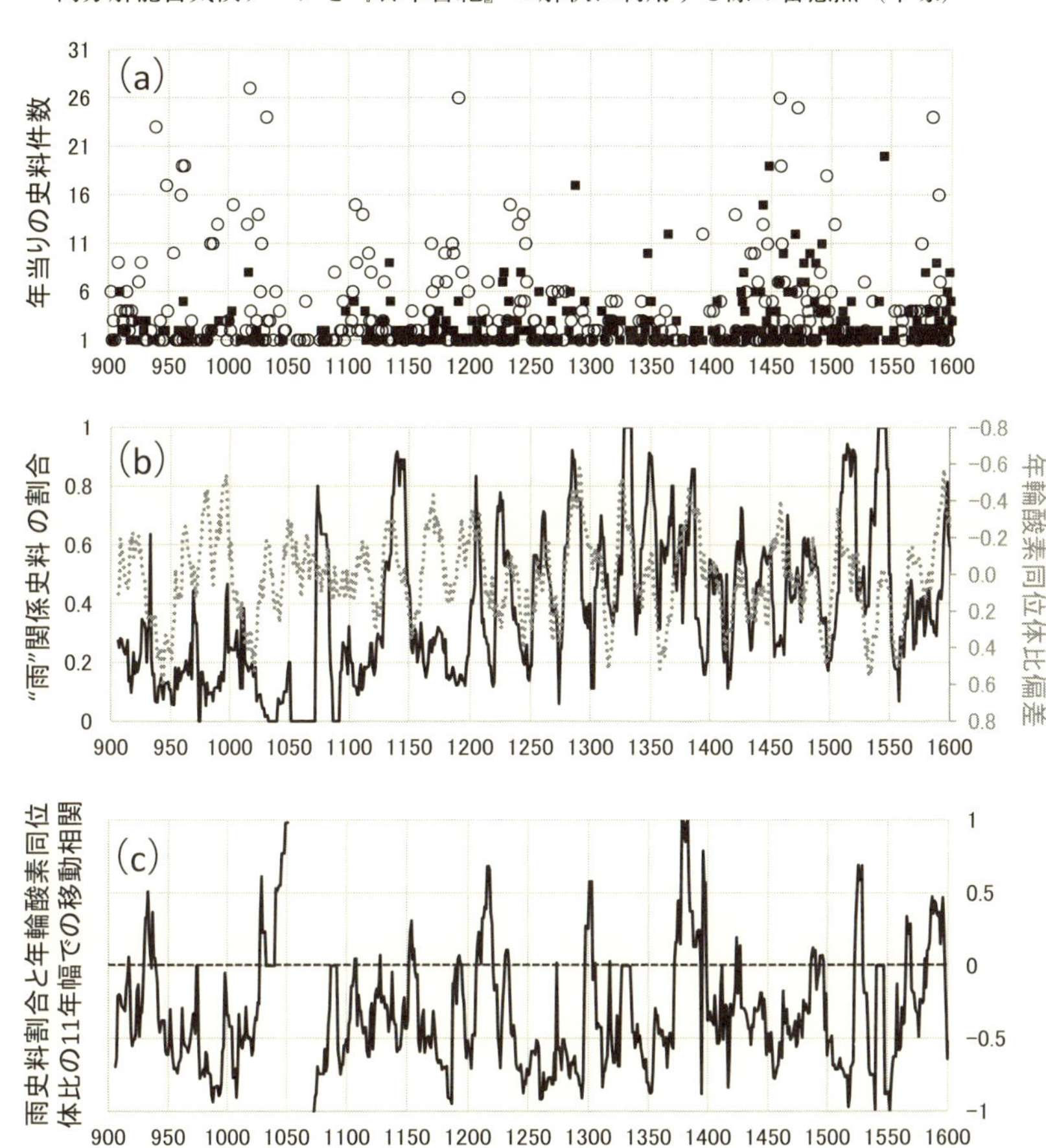

図2　中世における気象災害関係史料と年輪セルロース酸素同位体比の統計的比較。(a) 藤木久志編『日本中世気象災害史年表稿』における雨（黒四角）と干ばつ（白丸）に関係した史料（語彙の選択方法については本文参照のこと）の年当り件数の推移、(b)「雨関係史料」の「雨及び干ばつ関係史料」に占める割合（黒実線）と中部日本の年輪セルロース酸素同位体比（灰点線）の変化（それぞれ10年以上の長周期変動を表示するために、11年移動平均値で示す）、(c) 雨関係史料割合と年輪セルロース酸素同位体比の移動相関（10年以下の短周期成分の相関を示すため、11年幅で移動相関係数を計算）。

雨、風雨、甚雨など、雨という言葉を直接含むさまざまなものがあるが、その中には、雨乞いに関連して使われる事例も多く、また明らかに前線の通過などの一時的な気象現象を表しているものも多いため、ここでは年輪セルロース酸素同位体比に直接影響を与えるであろう「長期にわたる雨」に関連した語彙として、上記の四つのみを選んだ。

史料の絶対数は、時代毎に社会の状況を反映して大きく変化するが、雨と干ばつに関係する史料の相対的な出現比率の変化は、年輪セルロースの酸素同位体比の変化とよくあっていることが分かる（図2b）。実際には、中世の全時代を通じて乾燥（干ばつ）から湿潤（雨）へと史料の出現割合がゆっくりと移り変わっており、それは年輪セルロース酸素同位体比の長期変動にも表れている（中塚、未公表データ）が、本論では年輪セルロースの酸素同位体比にみられる「非気候学的成分」である樹齢効果（樹木の成長にあわせて生理学的理由で酸素同位体比が徐々に低下してしまう効果）を排除するために、約百年以上のスケールの長期変動を消去したデータを扱っている。年輪セルロース酸素同位体比の百年以上の時間スケールでの長期変動は、同じセルロースに含まれる水素同位体比を酸素同位体比に組み合わせることで復元できる可能性があることが分かっており、現在、解析を進めている。

図2cに、近畿・中部地方における新暦六、七、八月の雨と干ばつに関係する史料の出現比率の年々変動が、中部日本の年輪セルロース酸素同位体比の年々変動と、どの程度の相関を持ち、その相関が時代と共にどのように変化するかを表現するため、「11年の幅で対象の期間をずらしながら両者の相関係数を計算したグラフ」を示した。前述のように、年輪の酸素同位体比と夏の降水量の間には負の相関があるので、図2cにも、概ね負の相関が認められるが、一部、相関がゼロさらに正の領域に入る時代が存在することも分かる。図2aとの対比から、そうした異常な時期のほとんどにおいて史料の絶対数が極めて少なく、「史料が少なくなればなるほど年輪セル

ロース酸素同位体比と雨や干ばつに関する史料の見かけの関係性が著しく低下してしまう」、ということが分かる。年輪セルロース酸素同位体比が、「全ての時代において同じ品質を保っていること」を考慮するならば、この事実は、史料の数が少ない時代においては、単一もしくは少数の雨や干ばつの史料にもとづいて、当時の気候を議論することが、極めて危険であることを示唆している。

『日本書紀』に記された雨や干ばつについての記録の殆どが、単発もしくは少数の記事からなっていることを考えると、それらの気象災害の記事を、そのまま当時の気候状況の理解に当てはめることは、極めて難しいといわざるを得ない。それでは、せっかく新たに得られた高分解能古気候学のデータを、『日本書紀』の記述の理解に役立てる方法はないのであろうか。ここでは、次に、「雨」や「干ばつ」等の気象災害そのものではなく、その累積的な影響を受けておこる可能性がある「飢饉」や「紛争」に着目することで、積極的に古気候データと、『日本書紀』の記述を関係づけられる可能性について、近世や中世の知見を踏まえて、議論したい。

三　気候変動の社会影響と『日本書紀』の時代

気候が原因となって大きな飢饉が発生した歴史上の事例は、寒冷で湿潤な気候であったと考えられる近世において、多数認められる。しかし近世においても、一様に寒冷な気候が続いていたわけではなく、約四十年の周期で寒暖がくり返す状況にあったことが、最近の高分解能古気候復元から明らかになってきている。そして天明や天保の大飢饉は、その中でも最も寒冷な時期に起きていたことも分かってきた（図3）。ここで重要なことの一つは、寒冷化による冷害の影響をもっとも大きく受けた東北地方の人びとは、直前の温暖期には全国米市場への米の売却を前提とした藩を挙げての買米制度の創設など、温暖期の高い米の生産性を前提とする社会への自己変容を遂げていたと言う事実である。[11]つまり約四十年という気候変動のサイクルの中で、好適な気候への過度な適応が起きたことが、引き続く気候悪化時の飢饉の被害を拡大したものと、解釈することができる。

同じことは、中世の時代にもみられる（図4）。鎌倉時代の寛喜の飢饉（一二三〇、三一年）や正嘉の飢饉（一二五八年）、室町時代の寛正の飢饉（一四六〇年）などは、数十年に亘って続いた温暖期のあとの気温の急激な低下（冷害）に伴って起きた。一方、室町時代の応永の飢饉（一四二〇年）や永正の飢饉（一五〇三年）は、数十年にわたる湿潤期のあとの降水量の急激な減少（干害）に伴って起こっている。つまり、数十年の周期での気温や降水量の大きな変動は、時代を超えて人びとに「好適な気候への過適応」と「悪化する気候への適応の失敗」という、ある意味で「普遍的なサイクル」をもたらす可能性があるといえる（図5）。気候変動が、数年周期のものであれば、経験にもとづく「予測」が可能であり、備蓄を用いた「対応」もできる。逆に数百年周期のものであれば、「対応」に時間的な余裕がある。しかし数十年周期の変動は、人間の寿命のタイムスケールで起こるために、人びとにとって「予測」も「対応」も難しいと考えられるのである。

図4からは同時に、十三世紀後半から十四世紀にかけて、気温や降水量の数十年周期での変動の振幅が大きいにもかかわらず、飢饉の報告件数が著しく減る時期があることも分かった。その理由としては、鎌倉中期の飢饉によって人口が減りすぎて食料需要が下がった、市場経済の発展によって地域の食糧事情が改善した、などが考えられている。[12]当時の人びとがどのように気候変動を乗り越えたのかについて興味が深まる一方で、この時代に拡大した降水量の数十年周期の変動に伴って、特に降水量の増大期、つまり水害の頻発期（一二八〇、九〇年代、一三二〇、三〇年代）に、荘園などでの地域紛争の発生を意味する「悪党」という用語が、史料の中で大量に出現

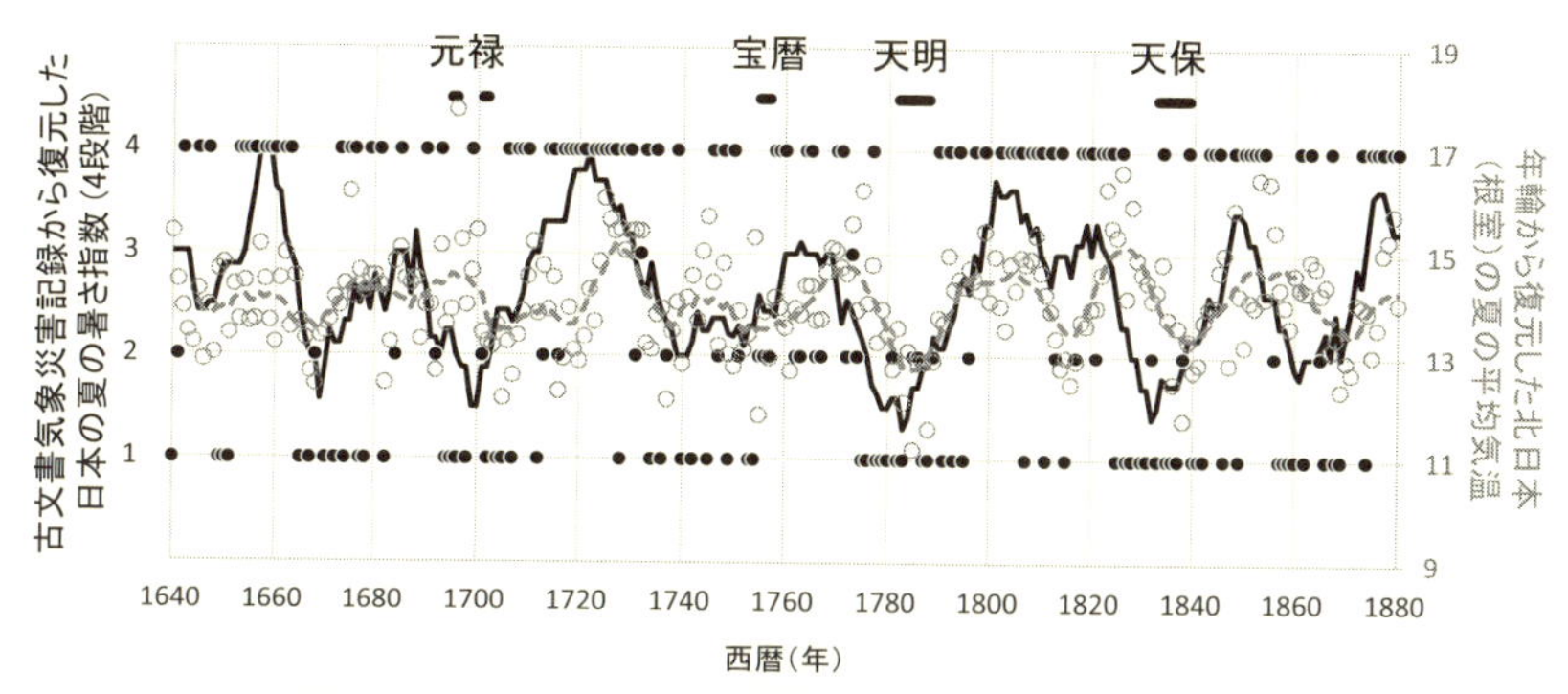

図３　年輪と古文書による近世の気温復元の比較（年輪（灰丸・点線）：北日本およびロシア極東の年輪データから復元された根室の６－９月の平均気温の変動（D'Arrigo et al., 2015））、古文書（黒丸・実線）：気象災害記録から推定した日本の夏の暑さの指数（Maejima and Tagami, 1986*））。それぞれ、丸が年ごとの値、線が11年移動平均。図の上部の黒棒は、東北地方での大飢饉の発生年）。

* Maejima, I. and Y. Tagami, Climatic change during historical times in Japan : Reconstruction from climatic hazard records. Geographical Reports of Tokyo Metropolitan University, 21, 157-171, 1986.

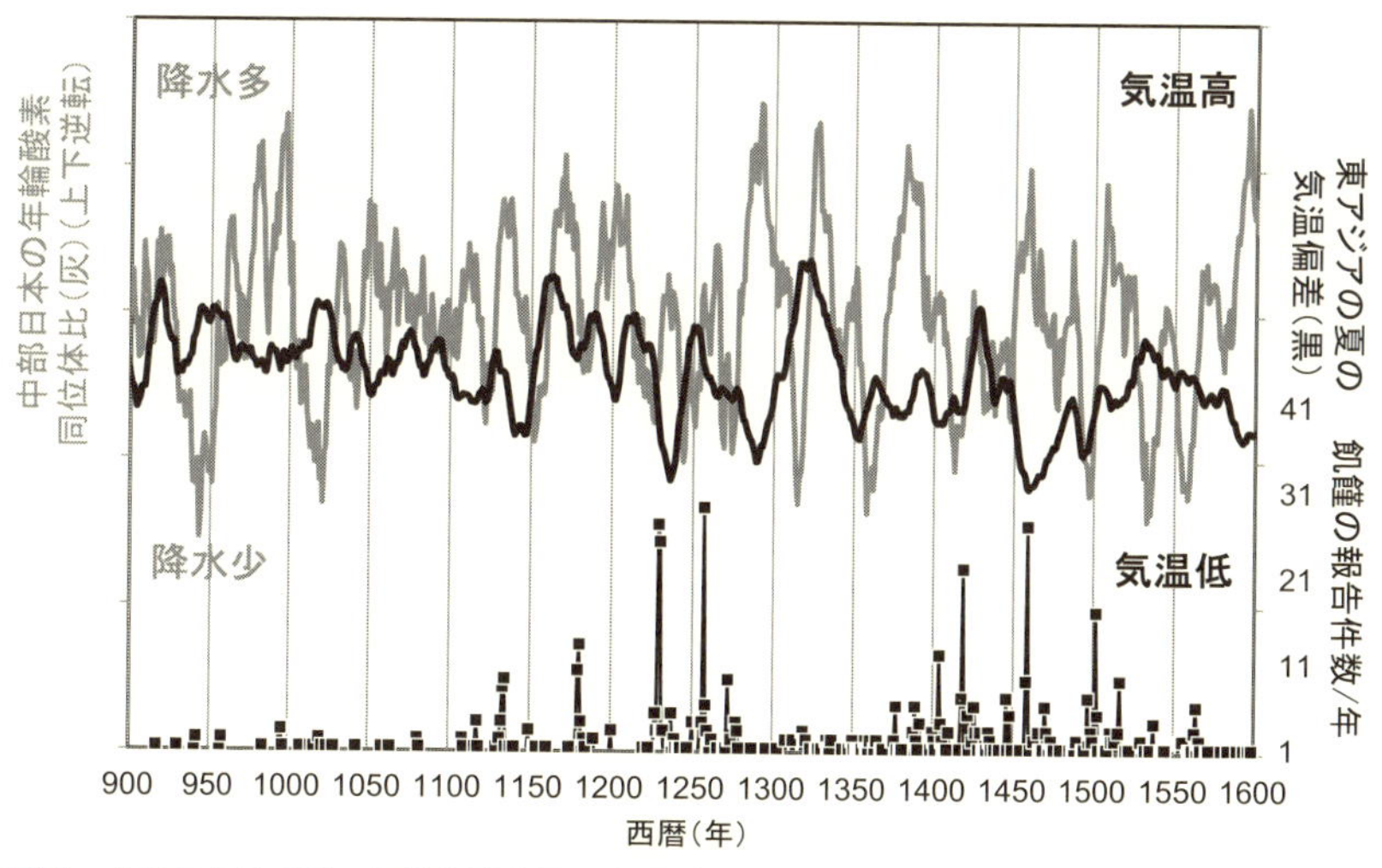

図４　中世における夏の気温と降水量の変動（11年移動平均値）および年ごとの飢饉の報告件数の推移（気温は、年輪データベースから計算された東アジアの平均気温（Cook et al., 2013）、降水量は、指標となる中部～近畿の年輪セルロース酸素同位体比の長周期変動からの偏差をそのまま上下反転して示した（中塚、2016）。年ごとの飢饉の報告件数（黒四角）は、藤木久志編（2007）から集計した）。

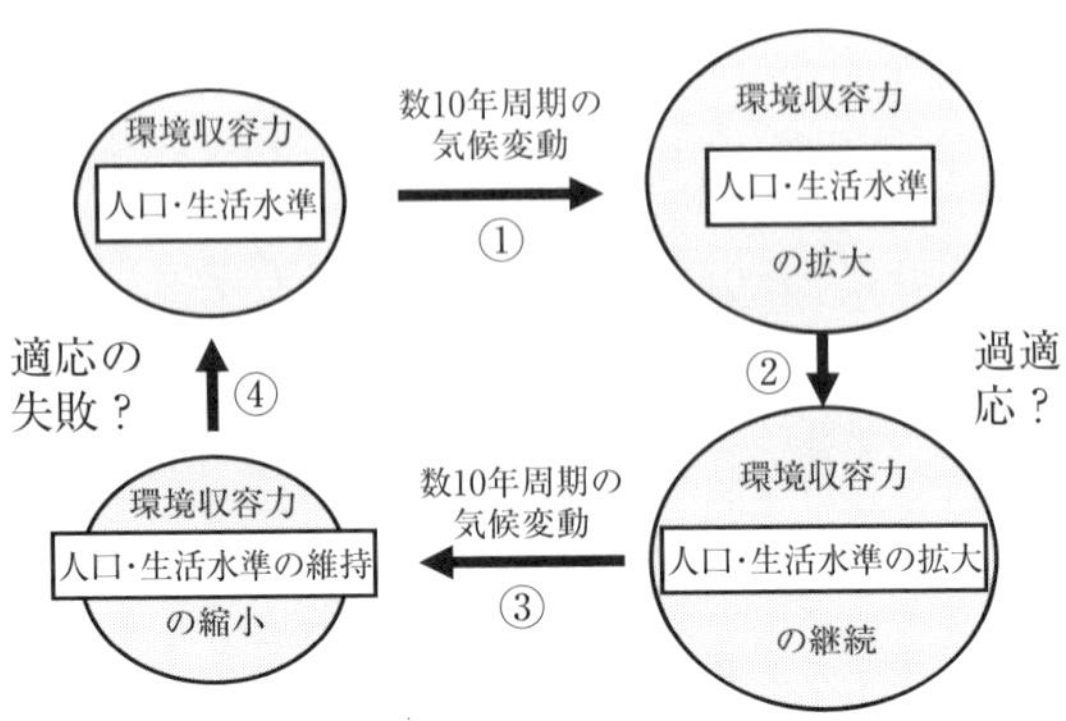

図５　気候変動に伴う米の収量の変化などに駆動された環境収容力の数十年周期変動と人口や生活水準の変化のモデル。

してくることも分かってきた。ある意味で広い範囲に平等の被害を与える「冷害」や「干害」とは違って、同一地域内でも被害の格差が大きい「水害」の場合は、「飢饉」ではなく、むしろ「紛争」を引き起こしやすかった可能性があり、それが鎌倉幕府の滅亡（一三三三年）から南北朝内乱に至る社会騒乱の背景にあったのではないか、という歴史の構図が浮かび上がってきた。

　こうした数十年周期の気候変動は、『日本書紀』が対象とする時代には、どのように起きたのであろうか。残念ながら日本を含む東アジアにおいて、気温の高分解能データは未だこの時代に及んでいないが、年輪セルロース酸素同位体比（夏の降水量）については、年単位の詳しいデータをみることができる（図６）[13]。弥生時代末期の二世紀に二〇年から五〇年の周期での大きな気候変動が生じたあと、古墳時代になると、気候、特にその数十年周期での変動の振幅は小さくなり安定した気候が続くが、五世紀末になると、にわかに約二〇年の周期での変動の振幅が大きくなり、六世紀前半にはその振幅は最大に達する。『日本書紀』では、磐井の乱（五二七、五二八年）と武蔵国造の争い（五三四年）という古墳時代を代表する二つの内乱が、正にこの時期に発生したと記されており、引き続く五三五年には、日本各地に屯倉の設置がなされたとする記事がある。こうした降水量の数十年周期での振幅拡大を、図４に示した中世の事例と比べるならば、五二〇年代と五三〇年代の長期にわたる激しい水害と干害が、それぞれ、西

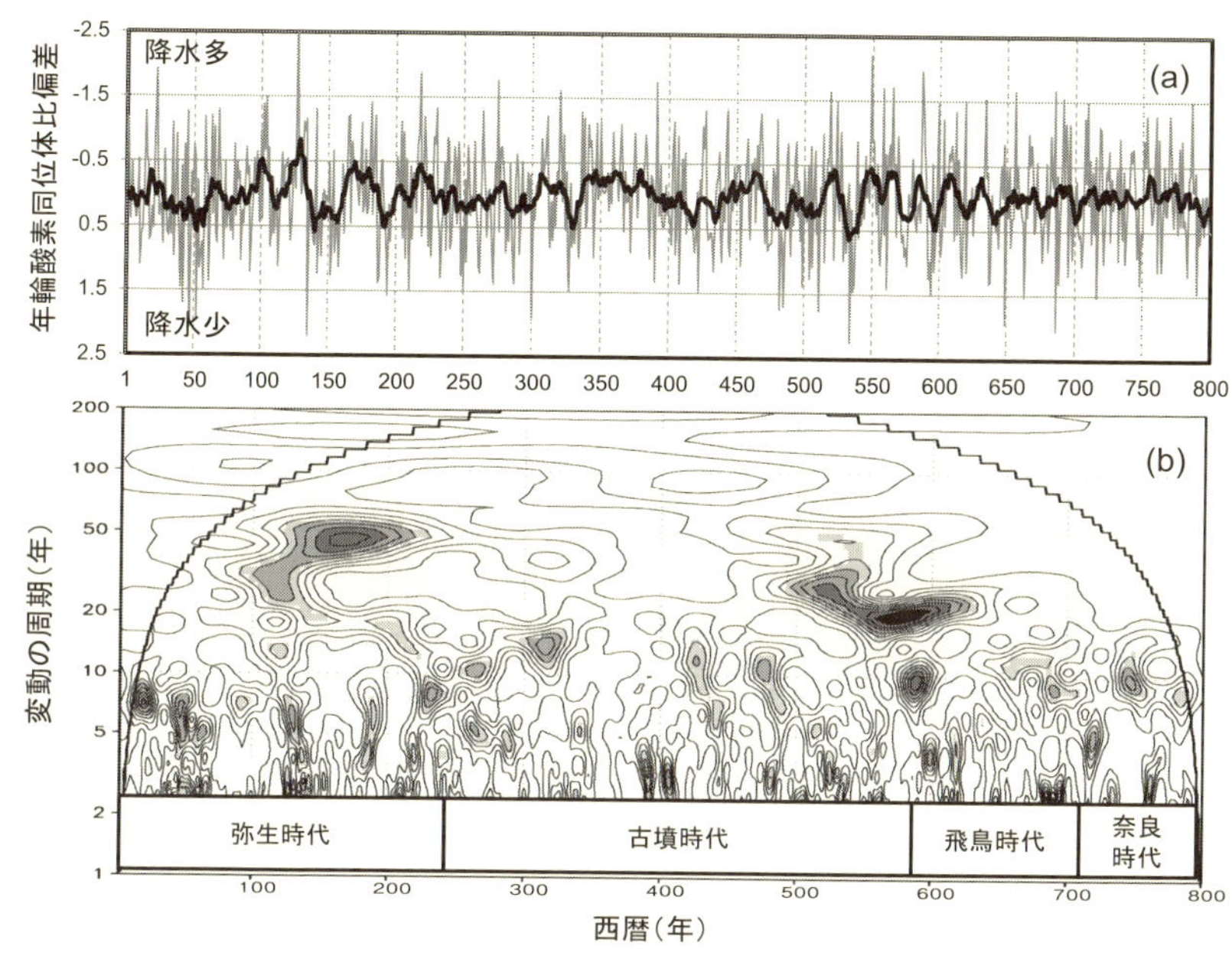

図６　(a) AD１～８世紀における中部～近畿の多数のヒノキから得られたセルロース酸素同位体比の長周期変動からの偏差の平均値（細線が年ごとの値、太線が11年移動平均値）、及び (b) その変動の wavelet 解析図（色の濃さで時代毎・周期毎の変動の振幅の大きさを表現。オランダ王立気象研究所の Climate Explorer を使用）。

日本における大規模な内乱と全国的な飢饉や東日本における紛争の原因になった可能性があると考えることは、合理的であると思われる。

もちろん、これまでの長年にわたる『日本書紀』を含む国内外の文献研究の中で、磐井の乱の背景には、新羅との外交関係などの国際的な環境の変化があったことは、良く知られている。また六世紀前半にみられる『日本書紀』のこうした多数の記事の詳細が正しいのか、それらの年代がずれていないのかどうかについても、さまざまな疑義が提出されてきたことも事実である。しかしこの度、高分解能古気候データという全く新しい情報が、歴史の研究に利用できるようになったことで、『日本書紀』の解釈についても、年代論の精度の検証に、一石を投じられるようになったと共に、磐井の乱の原因となった国際的な環境変化の背景に、東アジアの大規模な気候変動という、さらに大きな根本的原因が存在する可能性が指摘できるようになった、と言えるのではないだろうか。

おわりに―中世史・近世史や考古学との連携の可能性

文字資料にもとづく歴史の研究においては、研究対象とする時代に、どのような質と量の史料が存在するのかが、研究の性格を大きく左右する。この点、膨大な未解読の史料が毎年発見される近世史の研究と比べる際はもちろん、史料の数が限れていて新たな史料の発見はまず望めない中世史の研究と比べても、古代史、特に、『日本書紀』の時代の研究には、非常に大きな制約がある。気候・気象に関連した事項を扱う場合も、図1や図2に示したような、史料から得られる情報の統計的な取り扱いは、まず不可能であり、『日本書紀』に記載された個々の記事から、その年やその時代の平均的な気候状況を推察することの危険性は、図2の例からも、再三指摘したとおりである。

一方で、『日本書紀』が対象とする時代に対しても年単位の解像度で得られるようになった高分解能古気候データには、文字資料とは全く異なる特徴がある。それは先史時代から、古代、中世、近世、近現代までの全ての時代に対して、全く同じクオリティーの情報を提供できると言う特長である。このことは、『日本書紀』の研究に、新たな可能性を付与するに違いない。それは、『日本書紀』が対象とする時代を、近世や中世との比較の延長線上に議論できる可能性がある、ということである。水田稲作を主な生業として、夏の気温や降水量の変動から大きな影響を受けてきたと言う意味では、近世も中世も『日本書紀』が対象とする時代も、前近代の日本社会に共通する自然の制約の下にあった。特に数十年周期での気候の変動は、図3や図4、図5で詳しく議論したように、それが人間の寿命の時間スケールと同じであるという理由から、時代をこえて大きな影響を『日本書紀』が記述する時代に対しても与えていた可能性が大きい。もちろん、気候変動が生み出す米の収穫量の変動に対して、それぞれの時代の社会がどのような応答を取りえたかは、時代と共に大きく異なるはずであり、それこそが、正に時代を超えた共通の大きな歴史研究のテーマになるはずであるが、その際には、まず史料から多くの情報が得られる近世や中世の気候変動に対する社会応答の知見から学ぶことで、『日本書紀』が対象とする時代の研究にも、さまざまな示唆が得られるに違いない。史料の質的・量的な性格の違いによって時代毎に細かく分かれて研究されてきた日本史の各時代が、時代を超えて同じテーマで比較できる。年輪セルロース酸素同位体比は、そのような新しい歴史研究の機会を与えてくれるものといえるかも知れない。

最後にもう一つ、年輪セルロース酸素同位体比の研究から生み出されつつある『日本書紀』の時代に対する新しい研究のシーズが、酸素同位体比年輪年代法による、先史・古代の考古遺物に対する暦年代決定の取り組みである。年輪年代法とは、年輪幅の変化が、同じ地域の同じ種類の樹木であれば、共通の気候変動の影響を受けて、個体の違いを超えて似通った経年変動パターンを示すと言う事実にもとづいて、考古遺跡や古建築物から得られる木材の年輪の年代を一年単位で決定する方法である。そこでは、任意の木材の年輪幅の変動パターンを、暦年代が既に分かっている樹木の年輪幅の変動パターンと対比することで、そのパターンマッチングから、正確に年単位で木材年輪の年代を決められる。木材に樹皮がついていれば、その木材の伐採年代をきめることができ、遺跡や建物の構築年を高い精度で推定することができる。この方法はしかし、樹齢が長く（年輪数が多く）年輪幅の変動に関するデータベースが整備しやすいスギやヒノキのような特定の針葉樹に対してしか応用できなかった。

遺跡から発掘される木材の大部分は、樹皮を含むことが多い小径の広葉樹の杭材や柱材であり、おおむね加工されて樹皮がついていないスギやヒノキの板材とは異なり、伐採年が推定できる可能性があるものが多い。しかし広葉樹と針葉樹では気候変動に対する年輪幅の応答パターンが異なるため、スギやヒノキの年輪幅のデータを広葉樹の年代決定には利用できず、樹齢の短い広葉樹では独自の年輪幅のデータベースも整備しがたいために、年輪年代法を用いることはできなかったのである。

近年、高分解能古気候復元のために、急速に整備されてきた年輪セルロース酸素同位体比は、こうした状況を一気に改善できる新しい年輪年代法の指標を提供してくれた。セルロースの酸素同位体比は年輪幅とは異なり、同じ地域では、樹種の違いを越えて同じ変動パターンを示すからである。現在、縄文時代から現在までのさまざまな木材試料を対象に、セルロース酸素同位体比を、その暦年代決定のために用いる取り組みが始められている(14)。『日本書紀』の時代の考古遺物に対しても、これから次々と年単位の年代が付与されていくことになる。そうした新しい年代情報は、『日本書紀』の記述の年代観を検証することにつながる、全く新しい数多くの機会を提供してくれるに違いない。このように、『日本書紀』の研究と高分解能古気候学の研究の間にはさまざまな接点がある。今後の両者の相互の発展が期待される。

註

(1) 中塚武「気候変動と歴史学」『環境の日本史 ① 日本史と環境 人と自然』(平川南編)、吉川弘文館、三八頁、二〇一二年、中塚武「高分解能古気候データを用いた新しい歴史学研究の可能性」『日本史研究』六四六、三頁、二〇一六年、等。

(2) 田村憲美「日本中世史研究と高分解能古気候復元―その理論的準備と山城国上桂荘を事例とする一試行―」『日本史研究』六四六、一九頁、二〇一六年、鎌谷かおる・佐野雅規・中塚武「日本近世における年貢上納と気候変動―近世史研究における古気候データ活用の可能性をさぐる―」『日本史研究』六四六、三六頁、二〇一六年、等。

（3）D'Arrigo, R., R. Wilson, G. Wiles, K. Anchukaitis, O. Solomina,N. Davi, C. Deserg and E. Dolgovae, Tree-ring reconstructed temperature index for coastal northern Japan: implications for western North Pacific variability. International Journal of Climatology. 35, 3713-3720, 2015.

（4）Cook, E. R., P. J. Krusic, K. J. Anchukaitis, B. M. Buckley, T. Nakatsuka, M. Sano and PAGES Asia2k Members. Tree-ring reconstructed summer temperature anomalies for temperate East Asia since 800 C. E. Climate Dynamics, 41, 2957–2972, 2013.

（5）中塚武「樹木年輪セルロースの酸素同位体比による気候変動の復元」『現代の生態学⑪　地球環境変動の生態学』（原登志彦編）共立出版、一九三頁、二〇一四年。

（6）中塚武「酸素同位体比がもたらす新しい考古学研究の可能性」『考古学研究』六二、一七頁、二〇一五年。

（7）水越允治「文書記録による小氷期の中部日本の気候復元」『地学雑誌』一〇二、一五二頁、一九九三年。

（8）中塚武「高分解能古気候データを用いた新しい歴史学研究の可能性」『日本史研究』六四六、三頁、二〇一六年。

（9）藤木久志編『日本中世気象災害史年表稿』（高志書院）四二七頁、二〇〇七年。

（10）生田敦司「気候変動データと『日本書紀』の記載」『地球研・気候適応史プロジェクト成果報告書Ⅱ』四三頁、二〇一七年。

（11）菊池勇夫『飢饉から読む近世社会』（校倉書房）二〇〇三年。

（12）伊藤啓介「藤木久志『日本中世災害史年表稿』を利用した気候変動と災害史料の関係の検討―「大飢饉」の時期を中心に―」『地球研・気候適応史プロジェクト成果報告集Ⅰ』六五頁、二〇一六年。

（13）中塚武「気候変動が古代日本人に与えたインパクト」『科学』八七、一四〇頁、二〇一七年。

（14）中塚武「酸素同位体比がもたらす新しい考古学研究の可能性」『考古学研究』六二、一七頁、二〇一五年。

飛鳥時代の大型方墳
―蘇我本宗家と榛原石―

長谷川　恵理子

はじめに

わが国の古代史を構築するうえで『日本書紀』は『古事記』とともに重要な文献史料であるが、その記事の信憑性に関しては多くの研究者が議論を重ねてきているところである。しかしながら、飛鳥時代以降の記事では、『日本書紀』の記述と考古学の発掘成果が整合するものが増えてくる。たとえば、奈良県酒船石遺跡で発見された天理砂岩による石垣列や、飛鳥池東方遺跡で発見された石組み大溝は、『日本書紀』斉明二年（六五六）是歳条の「香山の西から石上山まで水路を掘らせ、舟二百隻に石上山の石を積み、流れに沿ってそれを引き、宮の東の山に石を重ねて垣とされた。」という記事を裏付けるものとして注目された。[1][a] 一方で、まだ検討が進んでいない考古資料がある。そのひとつが、いわゆる榛原石である。[2]

榛原石は、七世紀前半の古墳の石室材や寺院の化粧石として、飛鳥地域を中心に急激な使用が認められる。ところが、七世紀後半にはその使用が唐突に途絶える。このような使用例の開始と終焉は、蘇我本宗家の躍進や滅亡に奇しくも一致している。

使用例の開始と終焉が特徴的な考古資料に、いわゆる百済系と呼ばれる素弁蓮華文軒丸瓦が知られる。七世紀に隆盛した寺院は、いくつかの系統の軒瓦によって装飾され、伽藍配置と並んで造営氏族を可視化したものと考えられている。榛原石も同様に、古墳の外表や寺院基壇周辺の化粧に使用されることが多く、造営主体を可視化する意味合いが秘められているのではないだろうか。

榛原石は、古墳石室の構築材として戦前に紹介されて以来、その分布範囲や使用方法などが検討されてきた。[3]さらに近年、奈良県帯解黄金塚古墳・大阪府平石古墳群・奈良県小山田古墳（小山田遺跡）の実態が解明され、榛原石が飛鳥時代の有力者の古墳にも使用されていることが判明したことから、それを用いた古墳の被葬者像や政治的背景がさまざまに議論され始めた。本論では榛原石の研究史を整理した上で、近年の調査成果を検討することによって『日本書紀』研究の一助としたい。

一　榛原石の先行研究と所見

榛原石とは、奈良東大和高原の宇陀市を中心に、宇陀郡曽爾村から三重県名張市にかけての山地で産出する室生火砕流堆積物である。現在でも谷あいの崖面にその露頭が見られ、崩れ落ちた岩塊は周辺の河川にも散乱する。飛鳥時代の石切り場は分明でないが、宇陀市室生ダム付近と推定される。[4]また、榛原石は衝撃を加えると板状または柱状に割り取ることができ、節理にそって五～一〇センチ厚の板石が容易に得られる。比較的軟らかいことから加工しやすく掘削せずに切り出せることから、近年まで縁石や門柱の化粧石などに利用されてきた。

飛鳥時代には古墳石室の構築材や墳丘の化粧石（墳丘の外表施設）、寺院基壇の化粧石などに利用されている。長さ三〇～八〇センチ、幅三〇～四〇センチ、厚さ五～一〇センチメートル程度の方形に切り出されることが多い。近畿の古墳石室の構築材では、紀の川（吉野川）で産出する緑色片岩（結晶片岩）の板石、芝山（大坂山）で産出するカンラン石玄武岩・カンラン石安山岩の板石が有名である。これらは古墳時代初頭の竪穴式石室から使用されていることに対し、榛原石は飛鳥時代の古墳に限り使用がみとめられる。

a　戦前の研究

榛原石の研究は、奈良県桜井市の舞谷古墳（舞谷二号墳）の使用例が紹介されたことにはじまる。その後、大正五年（一九一六）に、高橋健自氏が同市の花山西塚古墳を報告する。高橋氏は、「この種の石英粗面岩は宇陀郡地方に存するを以て、ここに用ゐられたるは當然なれども、かくの如く之を五ノ目に積築せるはその例稀なり[5]」と希少性を記した。またその面に三和土（漆喰）の類を塗るとする。この報告を受け、花山西塚古墳は昭和二年（一九二七）、国史跡に指定された[6]。榛原石を使用した古墳の特徴が認識され始めた時期である。

b　戦後～一九七〇年代の研究

奈良県に橿原考古学研究所が開設されたのち、本格的に古墳や遺跡の分布調査が進められた。そのなかで泉森皎氏は、榛原石を石室構築材として使用する古墳を集成し、石室形態と漆喰の有無などから分類を試みた[7]。そして、使用古墳の被葬者は「帰化系氏族」と「在地豪族」の二者を候補とした。このとき、これらの古墳は「磚槨式古墳」と呼ばれていた。ちなみに近年は「磚積石室墳」の名称が多く使われる傾向にある。

c　一九八〇～一九九〇年代の研究

高松塚古墳壁画の発見以降、終末期古墳（飛鳥時代の古墳）への関心が深まっていた。榛原石を石室構築材として使用する古墳の発掘例も増加した。その結果、七世紀前半から中頃のごく限られた時期のものであることがわかってきた。これらの古墳は概して小型の方墳や円墳が多く、古墳の各辺や直径は一〇～二〇メートル程度である。石室形態は横穴式石室と横口式石槨に分けられる。さらに、石室構築材以外の榛原石の使用例も明らかとなった。すなわち、石室構築材、寺院基壇の化粧石、古墳墳丘の化粧石（墳丘の外表施設）があり、以下に詳述する。

1　石室構築材

舞谷古墳群が発掘調査され[8]、墳丘形態や埋葬施設の構造、年代が明らかになった。埋葬施設は二号墳以外すべて横口式石槨で、隙間に漆喰が充填されていた。漆喰は一部壁面にも塗布が確認される。古墳群は五基で構成され、三、四号墳からは七世紀中頃とされる飛鳥Ⅱ期の土器（須恵器杯G）が出土し、大化の薄葬令の影響も検討された。報告書は「古墳の造営が中央集権の管理のもとにユニット化された」とし、被葬者は中央集権体制が強化・発展する過程の政権中枢部にいた中堅官僚層を候補とする。造墓集団については、飛鳥地方の寺院造営に榛原石を採りいれた石工集団と考え、宇陀地方の東漢氏（倭漢氏）統率下にある渡来系氏族、具体的には押坂直などを候補とした[9]。

東漢氏は古くから蘇我氏の影響下にあった渡来系氏族とされ、榛原石の石切り場を蘇我氏に関連付けるとすれば首肯できる。ただし、周辺には東漢氏以外の氏族の活動も検討されている。そもそも、狭小な飛鳥地域のなかに氏族の拠点を抽出することは難しく、領域が成立するのかどうかも確かではない。
林部均氏は、このような榛原石使用古墳の大半は七世紀中頃に集中して造営されたと説く。そして同時期の寺山石英安山岩使用古墳と並ぶ地域性とする。[10] ところが、この時期の地域性は、七世紀後半になると解消されるとする。ちなみに、榛原石の石切り場の管理が、蘇我本宗家滅亡後どのように変化したのかは研究者によって意見が分かれる。奥田尚氏は蘇我倉家が引き継ぎ、石川麻呂一族が失脚するまでは利用されたと考える。そして、帯解黄金塚古墳（後述）を石川麻呂の一族墓とする。西川寿勝氏は乙巳の変までとし、それ以降の利用は激減、あっても小規模古墳に限られることから管理者がなくなると考える。[11]
以上のように、この時期に調査・検討された古墳はいずれも山間部の小規模古墳である。これらの小規模古墳は榛原石の石切り場（室生ダム付近）から飛鳥地域を結ぶ谷間に分布しており、榛原石の運搬経路を推測できるものの、榛原石使用集団を限定するには至らなかった。

2　寺院基壇の化粧石

飛鳥寺や山田寺の調査により、榛原石が寺院の化粧石として利用されていることも明らかとなった。[12] 崇峻元年（五八八）に造営が始まる飛鳥寺は、[b] 東・西金堂の基壇縁石や回廊縁石（側石）を榛原石で化粧する。また、皇極二年（六四三）に建立された山田寺金堂では、[c] 基壇犬走りに使用されている。ちなみに、残された榛原石から山田寺金堂に敷き詰められた石の総数を計算すると、七一二枚位である。[13] 石の寸法が揃い、かなり規格化されている。実は、飛鳥寺の発掘当時、榛原石の使用は報告書の註でふれられる程度だった。その後、山田寺で使用が判明し、飛鳥寺の使用例が写真から確認された。

『日本書紀』は持統元年（六八七）に、天皇が直大肆を遣わして三百の高僧を飛鳥寺に招き、一人一領ずつの袈裟を施す場面を記す[d]。山田寺でも天武十四年（六八五）に天皇の行幸の記事がみられる[e]。このように両寺の造営主体が滅亡した後も寺院は継続して栄え、榛原石は伽藍中枢を飾り、維持もされたようである[14]。

ところで菅谷文則氏は、榛原石の使用が飛鳥地域発展の嚆矢となる飛鳥寺の造営にさかのぼることに注目し、石材調達に蘇我氏が関与したと推測した[15]。ただし、菅谷氏は山田寺での使用が際立つことから工人は蘇我倉家の支配下とする[16]。楠元哲夫氏も、榛原石の使用が飛鳥寺造営を契機に本格化することを指摘している。一方で、榛原石の使用が飛鳥地域に集中しながらも広範囲におよぶことから、蘇我氏の私的な石工集団ではないとする見解もある[17]。

なお、蘇我氏系といわれる田中廃寺、和田廃寺などでも出土が認められるが、使用状況は明らかではない。あわせて、蘇我蝦夷・入鹿の邸宅と推定されている甘樫丘東麓遺跡からも遊離した榛原石が散見されている[18]。上町台地の難波宮下層遺跡からは、仏教用語である「宿世」の語句が記された木簡とともに、素弁蓮華文軒丸瓦や榛原石の板石が出土し、当初の四天王寺に使われていた可能性がある[19]。直線距離で約四五キロメートル、この榛原石が石切り場からもっとも遠方に運ばれた例となる。

3　古墳墳丘の化粧石（墳丘の外表施設）

一九七〇年代に飛鳥時代中～後期の陵墓古墳の墳丘構造が円墳ではなく、多角形になる可能性が一部の研究者によって検討された。そのなかで、舒明天皇押坂内陵（段ノ塚古墳）の墳丘には榛原石などが使用され、多角形になることが囁かれていた。一九九四年、宮内庁書陵部は段ノ塚古墳の墳丘の一部を発掘調査し、その成果を公表した。[20]この古墳は桜井市忍阪にあり、舒明天皇の改葬陵とされる。墳丘は上円部（上方部：八角）と下方部からなり、上円部は上下二段、下方部は三段築成である。墳丘規模は主軸長約七二メートル、下方部下段幅九〇メートル超と推測される。このとき、上円部が八角形であることが確定した。八角形は上円部基底に榛原石が直線的に根巻きされていたことから判明した。墳丘の化粧は榛原石を階段状に積み上げており、確認されただけで五〇段近い。この調査により、古墳墳丘の化粧に榛原石の大量使用がはじめて判明したのである。

ちなみに、実測図面から計算すると、上円部下段をすべて板石で化粧した場合、約一七〇〇〇枚もの榛原石が必要となる。[21]板石は、厚いものでは一〇センチメートルを超える。隅角石として使用されるものは八角形の頂角の一三五度に整えられている。このように大王墓級ともなれば、相応の厚みを持つ板石を方形に整えて積み上げなくてはならず、舒明天皇が榛原石の産地に近い忍阪（押坂）に改葬された理由の一つとも考えられる。著者は舒明天皇の崩御後、即位したばかりの皇極天皇に天皇陵造営を主導する力はなかったと考える。それで陵墓造営や改葬には蘇我本宗家の意向が強く働いたとみる。

なぜ、そのように考えることが可能なのか。その根拠については、近年の調査成果である小山田古墳（小山田遺跡）にも関わる問題であるので、改めて第三章で検討していく。

二　近年の調査成果の検討

二〇〇〇年以降、榛原石を検討した注目すべき論考はない。ところが近年、飛鳥時代研究にとって重要な調査事例がいくつか追加された（図1）。著者は榛原石研究が新たな局面に入りつつあると考える。

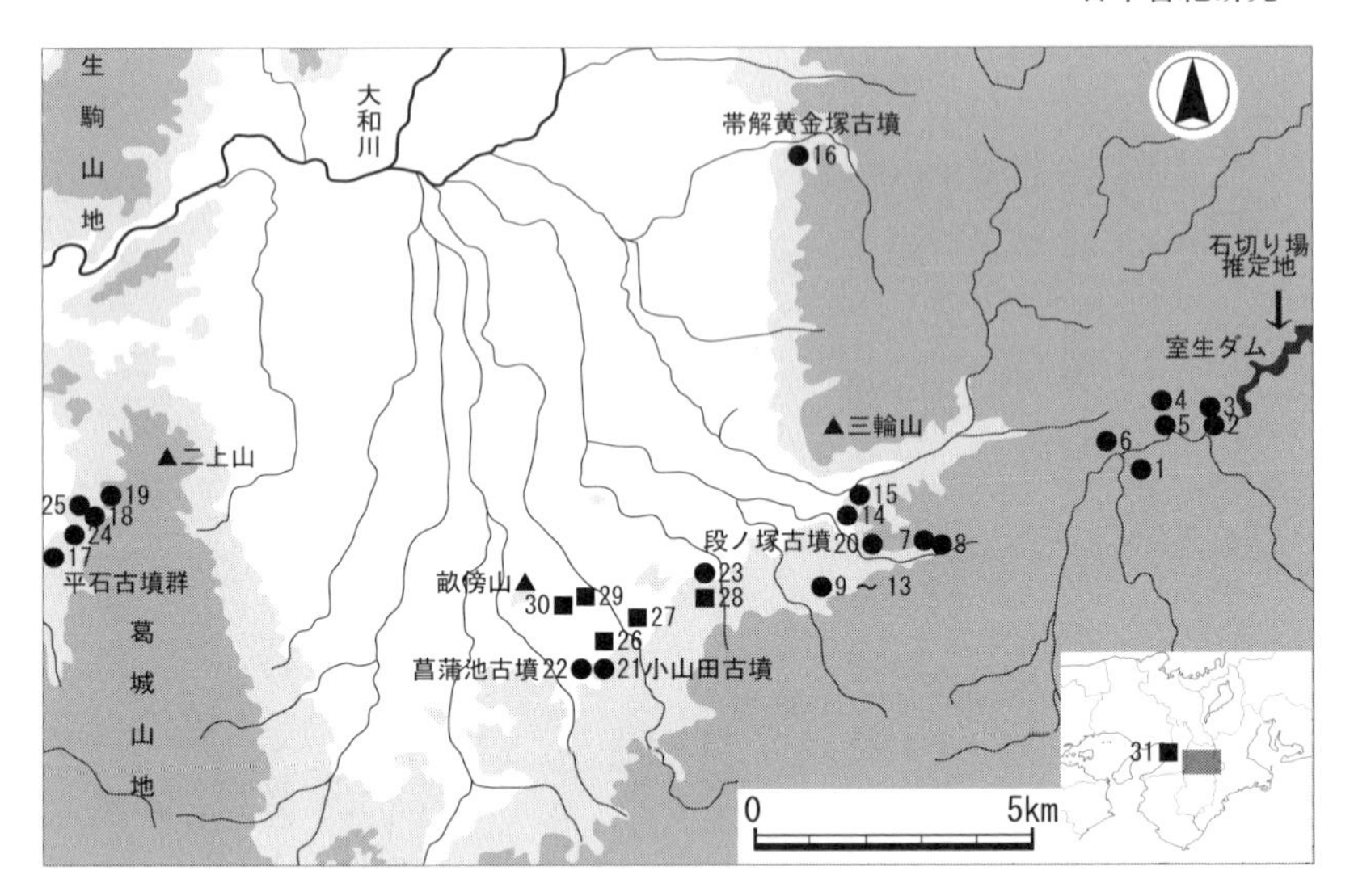

	遺跡名	墳形、規模（単位m：約）
＜石室構築材（小規模古墳）＞		
1	丹切33号墳	円墳（？）、径12
2	奥ノ芝２号墳	円墳、径10
3	奥ノ芝１号墳	円墳、径15
4	南山古墳	方墳、一辺17
5	神木坂２号墳	方墳、一辺15
6	西峠古墳	円墳、径９
7	花山西塚古墳	円墳、径16
8	花山東塚古墳	円墳、径21
9	舞谷１号墳	方墳、一辺14×９
10	舞谷２号墳	方墳、一辺10.6×９
11	舞谷３号墳	方墳、一辺14.6×9.47
12	舞谷４号墳	方墳、一辺14.4×10
13	舞谷５号墳	方墳、一辺15×10
14	忍坂９号墳	円墳、径11
15	忍坂８号墳	円墳、径 11

	遺跡名	墳形、規模（単位m：約）
＜石室構築材（大型方墳）＞		
16	帯解黄金塚古墳	方墳、一辺30
17	シシヨツカ古墳	方墳、一辺34
18	アカハゲ古墳	方墳、一辺44
19	ツカマリ古墳	方墳、一辺43
＜墳丘の外表施設＞		
20	段ノ塚古墳(舒明陵)	八角墳、対辺長42
21	小山田古墳	方墳、一辺70
＜使用状況が不明＞		
22	菖蒲池古墳	方墳、一辺30
23	庚申塚古墳	墳丘付近に榛原石
24	シシヨツカ東古墳	墳丘付近に榛原石
25	バチ川古墳	推定
＜邸宅・寺院（敷石もしくは用途不明）＞		
26	甘樫丘東麓遺跡	
27	飛鳥寺	
28	山田寺	
29	和田廃寺	
30	田中廃寺	
31	難波宮下層（四天王寺？）	

図１　榛原石使用の遺跡

1　帯解黄金塚古墳

奈良県奈良市帯解黄金塚古墳の石室実測図や石室写真が、宮内庁により公開された(22)。その結果、埋葬施設は全長推定一三～一六メートル、玄室は約三メートル四方の方形で高さ二・七メートルの大型横穴式石室と判明した。石室の天井部分は破壊され花崗岩で修復されているものの、榛原石を全面に積んで壁面からドーム状に持ち送る構造と推定する。築造時には、石室床面全面に榛原石が敷き詰められていたようである。さらに、玄室は漆喰を厚く塗布した痕跡が残り、埋葬当初は床面を含め一面白壁に覆われていた可能性もある。羨道には、六か所にわたり壁面をせり出させた羨門状の立柱石の装飾がある。この柱で区切られた空間は前室・墓室状区画と名付けられ、複室構造とされる。榛原石を積み上げたこのような大型石室はこれまでに発見されておらず、それが飛鳥地域ではないことを含め、特異性が引き立つ。墳丘は、一辺約三〇メートルの方墳で、本来は三段築成であると考えられる。

さらに、奈良市教育委員会によって古墳の墳丘裾や外堤の確認調査が行われた(23)。これによって、東西約一二〇メートル、南北最大約六五メートルの外堤がめぐることが判明した。壮大な外表施設をもつ大型方墳は大和と河内では七世紀前半に集中して築造され、後半以降は見られない。また、墳丘裾から飛鳥Ⅰ～Ⅱ期の須恵器破片が発見され、これにより報告では七世紀中頃の造営とする。ただし、この須恵器が古墳造営に関わるものか、追葬などによる新しい時期のものかは判然としない。

古墳は石上神宮に近く、物部氏に関わるとすれば被葬者を推定する上で重要な要素となる。この地に榛原石を大量使用した石室をもつ大型方墳が造営されていたことは、物部氏と蘇我氏の関係を示唆するものともいえよう。そして、この時代に両者と深い関わりがあるとみられる人物に、物部大臣があげられる。物部大臣の祖母（馬子

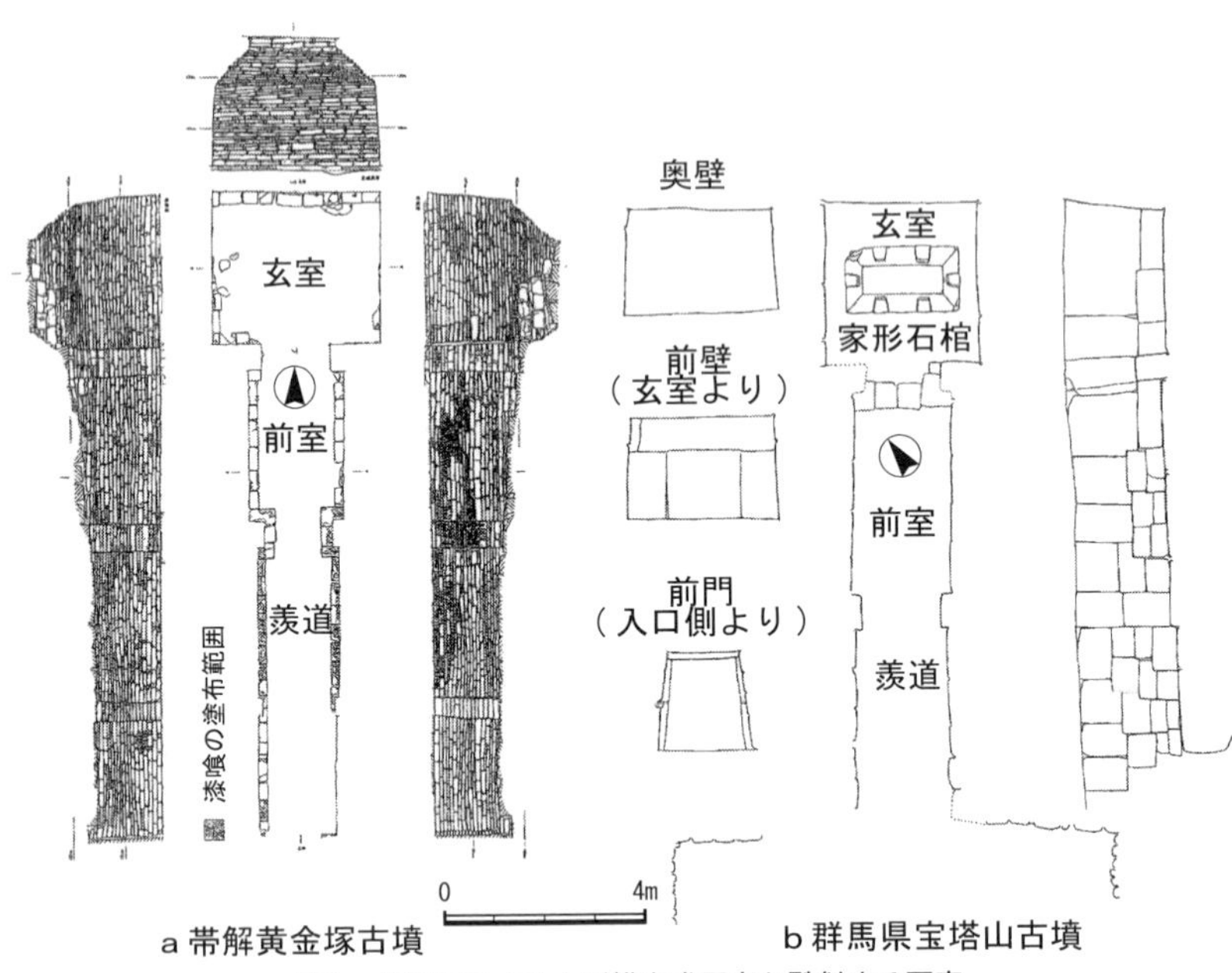

図２　榛原石による大型横穴式石室と酷似する石室

の妻）は物部守屋大連の妹で、『日本書紀』皇極二年（六四三）十月条には、物部大臣が「母方の財力によって世に勢威をふるった」とある。(f)

平林章仁氏は、物部大臣は石上神宮の祭祀を統轄したと人物とみなす。(24)馬子が物部守屋を滅ぼして以降、しばらくは守屋の妹である馬子の妻が石上神宮の祭祀を担ったものの、その後は入鹿の弟が「物部大臣」を称して石上神宮の祭祀を統轄した。その時期は、大臣蝦夷・入鹿体制が成立する皇極朝とする。平林氏は蘇我氏による石上神宮の祭祀への介入こそが乙巳の変の契機の一つと推定する。

なお、帯解黄金塚古墳の石室は、尾崎喜左雄氏をはじめとした研究により群馬県高崎市宝塔山古墳との類似が指摘されている。(25)最近では右島和夫氏が精査し、両者の玄室、前室、羨道が非常に近い比率配分であることから、両者は共通した設計原理に基づいている可能性が高いとしている(26)（図

2)。宝塔山古墳は一辺六〇メートルの大型方墳で、その精巧な加工と切組積の手法から截石切組積石室と呼ばれる横穴式石室をもつ。硬質の輝石安山岩を各所に使用し、加工技術の完成度も非常に高い。さらに右島氏は、同地域の截石切組積石室編年において宝塔山古墳の前段階に位置づけられる山ノ上古墳に、岩屋山式石室との関係性を想定する。これらの古墳には漆喰の使用も共通する。このように同一地域に二種の石室プランの連続した伝播が窺えるとすれば、近畿においては岩屋山式石室の造営集団と帯解黄金塚古墳の造営集団はどう関連するのかといった問題も提起される。

2　平石古墳群

大阪府太子町から河南町にまたがる磯長谷は幾つもの陵墓が造営され、飛鳥時代の王陵の谷と呼ばれている。その南の丘陵をこえると平石谷に至る。二〇〇一年から大阪府教育委員会は平石古墳群のシショツカ古墳・アカハゲ古墳・ツカマリ古墳を順次調査した。その結果、壮大な外表施設をもつ大型方墳であることが判明し、榛原石の使用も判明した。平石古墳群は石切り場推定地の室生ダム付近から直線で三〇キロメートル以上離れており、榛原石の使用例としては最も遠い古墳例である。この三古墳は、大規模な土壇を形成した上に三段築成の墳丘をのせる。三古墳とも墳丘最下段（土壇）は六〇～八〇メートルを測る。埋葬施設はすべて相同の横口式石槨である。榛原石が石槨床面に敷き詰められていたと推測されるが、大半は抜き去られていた(27)。シショツカ古墳とアカハゲ古墳の間には未調査の方墳（仮称シショツカ東古墳）が予測され、榛原石の散布が確認される。したがって、四古墳が一つの谷に計画的に造営されたと推定されている。

アカハゲ古墳・ツカマリ古墳はかつての調査によって石槨構造が明らかとなり、両古墳の造営年代は七世紀中頃と推定されていた。そのため、シシヨツカ古墳も共通する石槨構造から同様の年代観が当てはまると思われた。実際、報告書で上林史郎氏は「土器が検出されていない段階で、古墳を実見した筆者は、その石槨構造などから当初その築造時期は七世紀の第2四半期頃と想定していた」と記している。(28) ところが、その石室羨道から六世紀後半~末(TK四三段階)の須恵器が見つかった。これまで横口式石槨の出現は、冠位制度の開始以降と考えられていたが、その年代観に修正を迫るものとなった。これに対し、西川寿勝氏はシシヨツカ古墳を改葬墓と捉え、七世紀前半に造営されたシシヨツカ古墳に六世紀後半の土器が再副葬されたと考えた。(29) シシヨツカ古墳の改葬については奥田尚氏も同様の見解を示している。(30)

平石古墳群における榛原石の石槨床面での使用状況は、寺院の敷石に似ており、著者は両者の類似を重視している。その墳丘が版築工法によって築かれていることも、寺院建築の技術の取り込みが窺える。さらに奥田氏は、これらの三古墳に榛原石とともに葛城山の石英閃緑岩の使用も指摘している。この石材も馬子が造営した飛鳥寺の礎石において初めて使われたという。(31) なお、報告書では三古墳とも使用尺度は高麗尺と推測する。

ところで、前述のとおりシシヨツカ古墳の造営年代については意見が分かれているが、森本徹氏は見つかった須恵器の一群をTK四三段階よりは新しくTK二〇九段階のものとみて、その造営年代を七世紀初頭としている。(32) この場合でも蘇我本宗家の全盛期と一致しており、墳形が大型方墳であることも首肯できる。(33)

3　小山田古墳(小山田遺跡)

二〇一四年末、奈良県明日香村川原の小山田遺跡において大規模な掘割(堀り割り)が検出され、大きな話題となった(小山田遺跡第五・六次調査)。奈良県立橿原考古学研究所は大型方墳の掘割とし、一辺五〇メートル以上の方墳の発見を発表した。[34] このときは古墳とみなさない見解もあったが、その後の第八次調査で東西の一辺が七〇メートルであること、横穴式石室羨道部分の大型石材を抜き取った痕跡、石組暗渠などが追加確認され、大型方墳の存在が確定した。墳丘盛土中の土器類や軒丸瓦片から、築造時期は七世紀前半以降で七世紀後半には掘割が埋没したとみられる。第九次調査では、羨道の長さが八・七メートル以上と判明している。[35]

第五・六次調査で検出された墳丘北側の掘割表面には、河原石による化粧があった。墳丘は、階段状の板石積みが施されていた。この板石積みに榛原石が使用されている。

また、小山田古墳については七世紀後半におこなわれた墳丘の破壊や掘割の埋没が論点の一つとなっている。小山田古墳の掘割からは、藤原京期の土器が出土した。掘割や化粧石はこの時期に破壊・埋め立てられたようである。第一次調査で今回の遺構の北東側から藤原京期の木簡が出土していること、また小山田古墳から西に一五〇メートルほどの距離に位置する菖蒲池古墳の墳丘が、藤原京期の掘立柱建物により削平されていることからも、飛鳥時代後半にはこの地の土地利用が変化したようだ。[36] なお、橿原考古学研究所は第五・六次調査の記者発表で、破格の墳丘規模や墳丘斜面の榛原石の板積み、その造営時期から小山田古墳を舒明天皇の初葬陵と推定しているが、一方で、大型方墳であることや造営場所が蘇我本宗家の本拠地であることなどから、蘇我蝦夷の大陵とする見解もある。七世紀後半の古墳の破壊状況は、大陵説の根拠の一つとされている。[37]

詳しくは第三章で述べるが、著者は小山田古墳の榛原石の板石積みが段ノ塚古墳と共通する点を重視しており、小山田遺跡を舒明天皇の初葬陵と推定する。ふたつの造営には榛原石の使用からも蘇我本宗家が関わったことは間違いないだろう。

小山田古墳の造営には発見された榛原石の石段から復原すると、現存する八段分のみ見積もっても、約五五〇

○枚が必要となる。二〇段（一〇〇センチメートル分）積まれていたとすれば、必要推定枚数は一三五〇〇枚を超える。(38) すでに破壊された墳丘上部まで石段があったとすればさらにその枚数は増える。

ところで、塚口義信氏は板石積みの一、二段目に段ノ塚古墳にない結晶片岩が使用されている点にも注目されている。(39) 使用の理由は、榛原石と比較してより硬度と厚みがある結晶片岩を下段部分にほどこしたものと推測されているが、加工に手間がかかるにせよ、そのまま上部まで結晶片岩を使用することも可能であったはずだ。実際に、小山田古墳の南西約二キロメートル先の真弓テラノマエ古墳では、その墳丘外表に、結晶片岩の階段状の板石積みが一一段分検出された。(40) 板石積みは、さらに続くようである。小山田古墳では、そうせずにあえて榛原石を選択したということであり、造営者の意図が窺える。

4　菖蒲池古墳

小山田古墳の西一五〇メートルにある菖蒲池古墳では、橿原市によって史跡整備に伴う調査が続けられ、二〇一五年に発掘調査報告書が刊行された。(41) 調査の結果、菖蒲池古墳は一辺約三〇メートルの二段築成の方墳で、外堤を含めると東西六七～九〇メートル、南北八二メートルの復原規模に及ぶ。墳丘斜面や掘割に貼石や板石積みはなく、掘割の一部に土のう積みが見られる。榛原石の出土はあるものの、遺構に伴うものはない。報告書は「磚敷の遺構は検出されなかったものの、完形品を含めて一定量の磚が出土したことは重要である」と榛原石を評価する。報告書にあるとおり、すでに削平された墳頂部での使用の可能性もあるが、一方で掘割からの投棄の可能性も考えられており判然としない。墳丘から掘割に落ち込んだ形で発見された須恵器は飛鳥Ⅱ期である。古墳の築造時期は七世紀半ばとされる。なお、墳丘は藤原京期の掘立柱建物により削平されており、当該期においての古墳としての意義の変化が窺える。

菖蒲池古墳には相同の、精緻な竜山石の漆塗り家形石棺がふたつ納められている。横穴式石室は玄室長七・二メートル、玄室幅二・五メートルの細長い石室構造である[42]。つまり、ふたつの相同の石棺を配するために細長い石室が構築されたと考えられ、当初から二人の埋葬が計画されていたと推定される[43]。このような特徴をもつ菖蒲池古墳であるが、榛原石の使用古墳としては、これ以上の資料が得られておらず現段階での評価は難しい。

三　舒明天皇陵（段ノ塚古墳）と小山田古墳の造営背景

第一章では、墳丘の外表施設における榛原石の使用例として、舒明天皇の改葬陵とされる舒明天皇押坂内陵（段ノ塚古墳・以下「舒明天皇陵」と記す）を挙げた。そして、この陵墓造営や改葬には蘇我本宗家の意向が強く働き、即位したばかりの皇極天皇に天皇陵造営を主導する力はなかったと考えた。この点に関しては、水谷千秋氏による「（『藤氏家伝』の記述から）皇極が正式な天皇として位置づけられていない」「暫定的な中継ぎ女王の体制」であるとの指摘からも推察されよう。さらに皇極天皇の即位の理由を「複数の候補者（古人大兄皇子、中大兄皇子、山背大兄王）の対立抗争を先送る意図で擁立された」とされており[44]、著者もそう考える。また、平林章仁氏による「（皇極天皇は自らの即位と）引き換えに、蘇我氏には葛城県を除く葛城氏旧権益の継承を認めたものと思われる」との考察は、その即位事情を探る上で重要である[45]。

それでは、なぜ非蘇我系と位置づけられている舒明天皇の陵墓を蘇我氏が主導したと推定することが可能なのだろうか。ここで系図をみていきたい（図3）[46]。

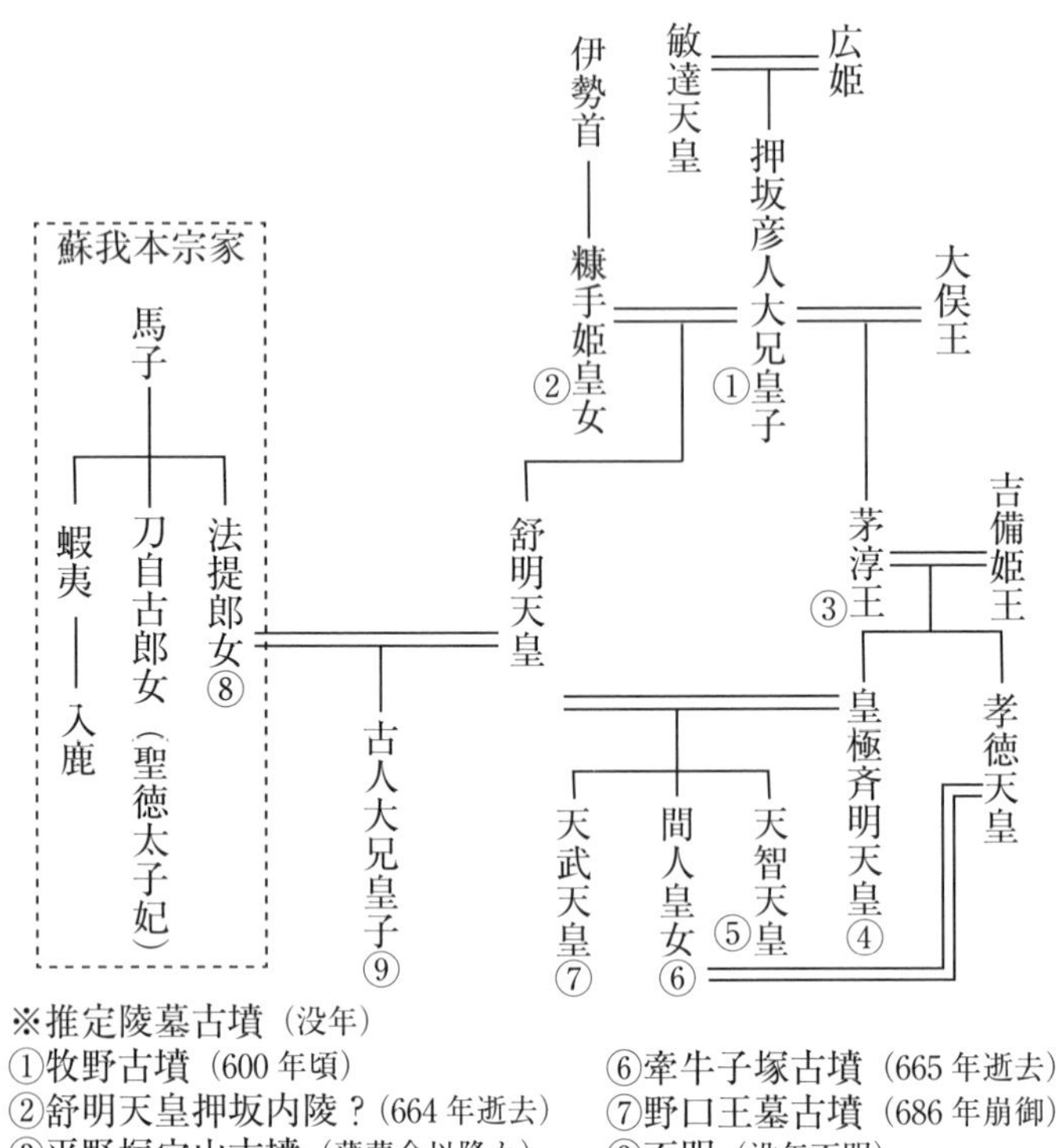

※推定陵墓古墳（没年）
①牧野古墳（600年頃）
②舒明天皇押坂内陵？（664年逝去）
③平野塚穴山古墳（薄葬令以降か）
④牽牛子塚古墳（661年崩御）
⑤御廟野古墳（672年崩御）
⑥牽牛子塚古墳（665年逝去）
⑦野口王墓古墳（686年崩御）
⑧不明（没年不明）
⑨不明（645年粛清）

図3　舒明天皇押坂内陵二石棺の被葬者候補

この系図から、舒明天皇（田村皇子）は、皇極天皇のほかに蘇我馬子の娘である法提郎女を娶ったことがわかる。そして生まれたのが長子の古人大兄皇子となる。つまり、この時点では、舒明天皇は依然として蘇我氏と太い繋がりがあることが確認できる。

『日本書紀』によれば、舒明天皇の崩御は舒明十三年（六四一）十月という[g]。そして、皇極元年（六四二）十二月に滑谷岡に葬られ[h]、その翌年九月に押坂（忍阪）に改葬されたとある[i][47]。いずれも蘇我本宗家の全盛期にあたる。

つまり、舒明天皇陵造営には、

初葬陵・改葬陵のいずれにせよ、次期天皇候補としての古人大兄皇子の決意表明と、それを推す蘇我本宗家による力の誇示の意図が含まれていたと考えられる。舒明天皇は、百済大宮・百済大寺の建設、八角墳の採用など、前代からの変革へ繋がる天皇としての評価が大きくなっているが、舒明の死によって揺り戻しがおきたであろうことも否定できない。舒明の死後、暫定的に皇極天皇の即位が行われたが、次期天皇候補としては、さらに水谷氏が指摘する通り、「客観的な情勢は舒明の長子であり、蘇我蝦夷・入鹿が推していた古人大兄皇子に有利であった」であろう[48]。

したがって、このような背景をもつ陵墓造営に、蘇我本宗家の石材を使用するのは極めて自然なことと言える。それも墳丘の外表施設という、造営主体を可視化できる非常に目立つ場所での使用である。

また、第二章では同様に、墳丘の外表施設における使用例として小山田古墳を挙げた。そして舒明天皇の初葬陵であると推定した。蘇我本宗家の本拠地に造営したのも、前述の理由により納得できると考える。

そして結論をいえば、著者は改葬後の舒明天皇陵に、法提郎女が合葬された可能性も考えている。ただし、法提郎女の生没年は不明で、また宮内庁は、改葬後の舒明天皇陵をその母・糠手姫皇女との合葬陵としており、この点を検討しなければならない。

ちなみに系図を確認すると、舒明天皇と繋がる前後世代の陵・墓については、乙巳の変の直後に粛清された古人大兄皇子の墓を除けば、法提郎女以外はほぼ推定されていることがわかる（別の説が提示されているものも存在する）[49]。すなわち、押坂彦人大兄皇子は牧野古墳、茅渟王は平野塚穴山古墳、皇極斉明天皇は牽牛子塚古墳（宮内庁治定は越智崗上陵）、天智天皇は御廟野古墳、天武天皇は野口王墓古墳、間人皇女は牽牛子塚古墳に合葬と考えられている。

それでは、改葬後の舒明天皇陵に法提郎女が合葬されている可能性を証明できるのだろうか。書陵部紀要には、以下の記述がある。①舒明天皇陵は横穴式石室をもつと予想される、②江戸時代の国学者谷森善臣が里人の話として、横穴式石室の中に石棺がふたつあり奥棺は横に、前棺は縦に、丁字の形にならび置かれていたとの伝聞を紹介しており、事実とすれば重要、③想定される羨門部天井石などの数値は、畝傍陵墓参考地（史跡丸山古墳）の巨大な横穴式石室の羨道部を思い起こさせる、などである。[50]

ここから①から③について検討を試みる。①については、②③の前提となり、羨門部の天井石とみられる大石も確認されているので評価する。②は伝承で難しい部分であるが、今尾文昭氏はこれを評価する。[51] また、その真偽についての議論はなく、著者も評価したい。宮内庁の治定では、このふたつの石棺に舒明天皇と糠手姫皇女が葬られていることになる。

『日本書紀』によれば、糠手姫皇女（嶋皇祖母命として記載）は天智三年（六六四）六月に薨じたとある。[j] ただし、合葬に関する記載はない。

また、『延喜式』には、

押坂内陵　高市崗本宮御宇舒明天皇。在大和國城上郡。兆域東西九町。南北六町。陵戸三烟。

押坂墓　田村皇女。在大和國城上郡舒明天皇陵内。無守戸。

押坂内墓　大伴皇女。在大和國城上郡押坂陵域内。無守戸。

押坂墓　鏡女王。在大和國城上郡押坂陵域内東南。無守戸。

とあり、田村皇女（糠手姫皇女）の墓が舒明天皇陵内にあるとする。直木孝次郎氏の著書[52]によれば、「天皇陵内」というのは同じ石室内（または一墳丘内に横穴式石室が二基）あることを示すという。一方の「陵域内」はその陵の兆域内に別に墓があること示す。ここからも、ふたつの石棺は、舒明天皇と糠手姫皇女となる。

しかしながら、はたして糠手姫皇女の没年六六四年において、石棺の使用が首肯できるのであろうか。たとえば、夾紵棺を納めたと推定される牽牛子塚古墳は、『日本書紀』天智六年（六六七）二月条[k]にみえる斉明天皇と間人皇女の合葬陵の可能性が高いが、報告書ではその築造年代を七世紀後半とする。[53]さらに岸本直文氏は、年代を狭めて「六六五年の間人皇女の没後に築造された[l]」と考える。[54]また、牽牛子塚古墳のそばに位置する越塚御門古墳は、大田皇女の墓と目されるが、前述の『日本書紀』天智六年の記述から造営年代は六六七年頃が推定されるだろう。こちらは遺物が少ないが、細片から棺は漆塗木棺の可能性が推定されている。[55]このように考古学的には、王権に関係する被葬者においては、この時期の主流は石棺ではなく漆塗木棺や夾紵棺が主流とみられるのである。[56]

つまり、石棺の使用という点において、舒明天皇陵での糠手姫皇女との合葬は時代が合わないと考えられるのではないだろうか。その結果、合葬の推定者に法提郎女が浮上してくる。

ここで思い起こされるのが③の畝傍陵墓参考地（史跡丸山古墳。以下、五条野丸山古墳と記す）である。その被葬者については、おおきく欽明天皇説、蘇我稲目説のふたつがあり決着をみていない。現在、五条野丸山古墳には、ふたつの石棺が確認されている。欽明天皇説では、石棺の新旧に議論があるものの、『日本書紀』推古二十年（六一二）の堅塩媛の改葬におけるものだと推定されている。[m]そして、この改葬については蘇我氏の意向が強く働いたとみられているが、その状況は、舒明天皇の改葬に重なるところでもある。

また、『延喜式』は大伴皇女の墓について記す。これについて直木氏は、「大伴皇女はその生存年代から推察すると、舒明以前の人で、したがってその墓は、舒明の押坂内陵が建立される以前から存在していたと思われる」

とする。[57] そうだとすれば、大伴皇女（欽明天皇と堅塩媛の皇女）の墓域に、舒明天皇と法提郎女の合葬陵が設定されたとも考えられる。[58]

以上、舒明天皇陵における法提郎女との合葬の可能性を探ってきた。これによって舒明天皇陵と小山田古墳の造営背景の解明を試みた。しかし、この推論には石棺の状況が確認できず編年から年代を推定できないこと、法提郎女の生没年がわからず、舒明天皇陵に改葬した時点での状況が不明であることなど、史料不足による未解決の問題も多くある。あくまで可能性として考えられるひとつの仮説としてとどめておきたい。

四　榛原石の終焉と飛鳥時代の使用石材の変化

七世紀中頃に榛原石の使用が終焉を迎える一方、七世紀を通して使い続けられる石材がある。二上山で産出する白色の凝灰岩、いわゆる二上凝灰岩（二上山白石）である。二上凝灰岩は家形石棺に利用されていたが、聖徳太子や推古天皇の没する六二〇年代以降は少なくなり、棺材は漆塗りの棺に変化する。ところが、二上凝灰岩は廃れることなく、石室材として七世紀末まで使われ続ける。寺院の基壇や礎石にも使用される。つまり、七世紀中頃に画期を見いだせない石材である。

これに対して、七世紀後半の斉明天皇時代にのみ、榛原石と入れ替わるように飛鳥地域周辺で使用される石材もある。天理市の豊田山で産出する凝灰岩質細粒砂岩、いわゆる天理砂岩である。天理砂岩は酒船石遺跡で丘陵を廻るように積み上げられて発見された。冒頭で触れたとおり、『日本書紀』[n] 斉明二年（六五六）是歳条に登場する、石上山から狂心渠を通じて船二百隻で運んだ石に対応するものである。

天理砂岩は飛鳥京跡の中層遺構（斉明天皇の後飛鳥岡本宮）や、それに先行する溝でも発見されているという[59]。このような石材の使用は新たな石工集団の編成や石切り場の開発と掌握に関連するものと思われ、斉明天皇に関わる施設にのみ使われた可能性が高い[60]。

いずれにせよ、七世紀後半に至っても氏寺の造営や改築が盛んであり、基壇やその化粧のための石材需要は大きかったと考える。一方で、古墳の石室においては、横口式石槨と横穴式石室のいずれも自然石の使用を放棄し、硬い巨石を使った高度な石材加工を伴うものに特化していく。つまり、王権中枢部以外では石室をつくれない方向へと収斂していったのである。その後、七世紀末になるとこれらの高度な石材加工の石工は次第に小規模化し、石室石材は王権中枢部においても束明神古墳・マルコ山古墳・高松塚古墳・石のカラト古墳の石室石材のように、加工が容易な二上凝灰岩が採用される。またその石室も真の文武天皇陵とされる中尾山古墳のように、火葬骨を収納する形態へと変化していく[61]。

このような石材の使用変化については、その要因に薄葬の浸透による造墓の簡素化や、仏教文化の普及による火葬の流行があげられている。しかし、第三の選択肢となりえた榛原石は、切り出しや運搬、加工が容易であるにもかかわらず採用されることはなかった[62]。著者は、ここに榛原石の消長の背景を読み取ることができると考える。つまり、飛鳥時代に使用される石材はそれぞれ特徴的な消長を示すが、そのなかで榛原石の消長については、その時期の重なりや蘇我本宗家の勢力範囲との重なりから、両者に深い関わりがあると捉えることが可能と考察するのである。

おわりに

本論では榛原石の研究史を振り返りながら、近年調査された大型方墳を検討した。榛原石の使用は、いずれも七世紀前半の飛鳥地域を中心に、大和・河内にかぎられる特徴的なものである。使用古墳について、一つめは榛原石の石切り場から飛鳥地域を結ぶ経路上にある小規模古墳の石室構築材、二つめは舒明天皇の陵墓と考えられる二基の大型古墳の墳丘を飾る外表施設、三つめは蘇我氏関連と考えられる大型方墳の帯解黄金塚古墳・平石古墳群の三古墳の石室構築材、の三種に及んだ。

寺院や邸宅などの使用例も使用古墳と共通し、七世紀前半の飛鳥地域を中心とし、大和・河内地域に限られる。寺院においても、伽藍中枢を飾る化粧石として利用されており、造営集団を可視化するものであり、七世紀前半の造営とされる飛鳥寺金堂から山田寺金堂に及ぶ蘇我系寺院に限定される。

その意味においては、近年調査成果が公表され、話題となっている大型方墳についても、時期を七世紀前半とし、造墓に蘇我本宗家の影響が強かったことを否定する材料はみいだせない。被葬者を議論するうえで大きな手掛かりとなるだろう。

このように、比較的明快な使用の特徴をもつ石材ではあるが、その歴史的意義については、乙巳の変や大化の薄葬令が使用の画期となるのか、使用古墳の造営集団を蘇我本宗家に限定できるのか、考古資料と文献史料を安易に結び付けられない問題点も認められる。また、本稿では都塚古墳・石舞台古墳などの大型方墳の被葬者像、岩屋山式石室の造営集団、大化の薄葬令の実効性、飛鳥時代中・後期の変革を示す大型方墳の終焉から八角墳の発展への仏教隆盛との関わりまで、取り上げられなかった。次稿に期したい。

註・引用文献

(1) 明日香村教育委員会『酒船石遺跡発掘調査報告書』（二〇〇六年）二一四・二四〇頁。長尾充・水戸部秀樹「飛鳥池東方遺跡の調査―第八六次」『奈良国立文化財研究所年報一九九八―二』奈良国立文化財研究所（二〇〇八年）五七頁。以下、現代語訳は井上光貞監訳『日本書紀Ⅲ』中央公論社（二〇〇三年）による。

(2)「榛原石」の地質学上の名称は流紋岩質溶結凝灰岩で、室生火山岩とも呼ばれる。火山活動による火砕流堆積物で、鉱物組成や堆積地の違いから数種に分類することもできるようである。佐藤隆春・中条武司・和田穣隆・鈴木桂子「中新世の室生火砕流堆積物」『地質学雑誌』一一八（二〇一二年）。「榛原石」は通称名で明確には定義できず、昭和まで切り出され、流通していたときの商品名と思われる。今回は一般によく知られ、考古学でも多用されている通称名に従う。「天理砂岩（凝灰岩質細粒砂岩）」などについても同様である。

(3) 最近では「榛原石」と蘇我氏を関連付け、二〇一六年七月からの大阪歴史博物館特別企画展『都市大阪の起源を探る』で、四天王寺関連資料として難波宮下層出土の榛原石が展示された。また、同年十月には奈良県立橿原考古学研究所附属博物館の秋季特別展「蘇我氏を掘る」で、小山田古墳・菖蒲池古墳出土の榛原石が展示された。同じく十月に大阪府太子町立竹内街道歴史資料館の企画展「国指定史跡二子塚古墳と大方墳の時代」で、ツカマリ古墳・菖蒲池古墳の榛原石が展示された。榛原石と蘇我氏との関連の高まりを窺い知ることができる。

なお、榛原石の産出地である宇陀市付近では、磚積石室墳が集中してつくられる以前の時期に榛原石の自然石を使用した石室や石棺（加工・未加工の板石を使用）がつくられているが、紙幅の関係でふれることが出来なかった。詳細な発掘調査報告書が刊行されているので、以下を参照されたい。宇陀古墳文化研究会『大和宇陀地域における古墳の研究』（一九九三年）。奈良県教育委員会『宇陀・丹切古墳群』（一九七五年）。奈良県立橿原考古学研究所『榛原町石田一号墳』（一九八五年）。奈良県立橿原考古学研究所『榛原町能峠遺跡群Ⅰ（南山編）』（一九八六年）など。

(4) 奥田尚「舞谷三号墳の石材分析」「榛原石について」『舞谷古墳群の研究』奈良県立橿原考古学研究所（一九九四年）一一

三・一二九頁。

(5) 高橋健自「磯城郡多武峯村大字粟原字小谷俗称ハナヤマ西塚」『奈良縣史蹟勝地調査會報告書　三』(一九一六年)四四頁。

(6) 内務省「花山塚古墳」『奈良縣に於ける指定史蹟　二』史蹟調査報告三(一九二七年)二一頁。

(7) 泉森皎「磚槨式古墳の研究」『宇陀福地の古墳』奈良県文化財調査報告書一七　奈良県教育委員会(一九七二年)三五～四四頁。この研究を受け系譜を考察した猪熊兼勝氏の論考がある。猪熊兼勝「飛鳥時代墓室の系譜」『研究論集Ⅲ』奈良国立文化財研究所(一九七六年)四七頁。

(8) 磚槨墳研究会『舞谷古墳群の研究』前掲(4)。舞谷古墳群で発掘調査がおこなわれたのは三、四号墳の二基である。一、五号墳については範囲確認調査で榛原石の散布と墳丘の高まりが確認され、その墳丘規模から三、四号墳同様の一墳丘三石室が推定されている。二号墳のみ横穴式石室一室で、古くから開口していた。

(9) 磚槨墳研究会『舞谷古墳群の研究』一五三頁、前掲(4)

(10) 林部均「飛鳥時代の古墳の地域性」『考古學論攷』橿原考古学研究所紀要一一(一九八五年)四七・四九頁。

(11) 両氏のご教示による。奥田尚『古代飛鳥・石の謎』学生社(二〇〇六年)一三五頁。

(12) 奈良國立文化財研究所『飛鳥寺發掘調査報告』奈良國立文化財研究所學報五(一九五八年)。奈良国立文化財研究所飛鳥資料館『山田寺展』(一九八一年)。山田寺の発掘調査は一九七六年からはじまり、金堂、塔、講堂、回廊など伽藍中枢部の構造が明らかになったのは一九八一年である。奈良文化財研究所『山田寺発掘調査報告』奈良文化財研究所学報六三(二〇〇二年)。また、奥田尚氏は飛鳥寺跡の南・東回廊に使用されている石材を調査し、その側溝に室生ダム付近で採取と推定される方形に加工した流紋岩質溶結凝灰岩を確認している。奥田尚「回廊に使用されている石材・石種」『明日香村遺跡調査概報平成一二年度』明日香村教育委員会(二〇〇二年)六一頁。

(13) 榛原石の必要枚数は、報告書の平面図をもとに計算した。犬走り見切石も含む。犬走り敷石の寸法は、報告書の平面図・写真に多く認められるものから一枚長さ八〇センチ、幅四〇センチとして計算した。ただし、使用されたすべての石が検出されているわけではなく、平面図上で確認できるのは半数程度である。調整部分に小型の石も使用しているので枚数はさらに多くなる可能性がある。

(14) 造営主体が滅亡や弱体化した寺院は、その後どうなるのか。著者は継続が困難となり、同系氏族の隆盛により一時的に盛り返す場合もあるが、やはり衰退していくと考える。たとえば東漢氏の氏寺と推定される檜隈寺の盛衰は東漢氏のそれと連動している。東漢氏は蘇我氏の影響下にあった渡来系氏族とされ、蘇我本宗家の滅亡により七世紀後半に檜隈寺も一時衰退する。その後、八世紀後半に東漢氏の同系氏族、坂上苅田麻呂・田村麻呂が台頭する時期に堂宇は一時盛り返すが九世紀以降衰退する。以上の動向が、発掘調査による遺構や瓦の検出状況により推定されている。石田由紀子・森先一貴・高橋透・石橋茂登「檜隈寺周辺の調査―第一六四次」『奈良文化財研究所紀要 二〇一一』奈良文化財研究所（二〇一一年）一三六頁。岩本正二「明日香村檜隈寺の発掘調査」『佛教藝術』一三六 佛教藝術學會（一九八一年）七九頁。

ただし飛鳥寺・山田寺については本文中に述べたように、造営主体が滅亡した後も寺院が維持されている。その理由について著者は、両寺は天皇勅願の寺院ではないが官寺としての性格を帯びていたからと考えるが、それは同時に官寺化をいつからと認識するのかという問題にも関わる。たとえば上原真人氏は、飛鳥寺でもっとも多数出土した軒丸瓦の編年から、天武朝における官寺化を指摘する。水谷千秋氏は、蘇我氏の氏寺として馬子により発願された飛鳥寺が、造営の過程で国家的な寺院へと成長を遂げたとする。対して平林章仁氏は、大臣馬子の仏教信仰は公的な立場からで、飛鳥寺も百済から王権に贈与された仏教信仰を天皇から下賜され造営したとする。すなわち、「飛鳥寺は倭国に対する他国からの支援によって成立していることから、きわめて国家的寺院としての要素が強い」とする古川貴和子氏の考察と通じる。さらに平林氏は、この時期の仏教を「国家仏教」・「氏族仏教」といった括りで理解することにも疑問を呈し、両寺の造営と寺院経営をどのように把えるかは大きな課題とする。上原真人『瓦を読む』講談社（一九九七年）七六頁。水谷千秋『謎の豪族 蘇我氏』文藝春秋（二〇〇六年）一三九頁。平林章仁『蘇我氏の研究』雄山閣（二〇一六年）七三頁。古川貴和子「蘇我氏再考」『龍谷大学大学院文学研究科紀要 三六』（二〇一四年）一一八頁。

(15) 菅谷文則「榛原石考」『末永先生米壽記念獻呈論文集』乾 末永先生米寿記念会（一九八五年）七〇五頁。
(16) 楠元哲夫「大和榛原石石棺の系譜」『考古学と移住・移動』同志社大学考古学シリーズ刊行会（一九八五年）四一五頁。
(17) 関川尚功「考古学から見た榛原石」『舞谷古墳群の研究』一二一～一二六頁、前掲(4)。
(18) 豊島直博・覧和也「甘樫丘東麓遺跡の調査―第一四一次」『奈良文化財研究所紀要 二〇〇六』奈良文化財研究所（二〇〇六年）九〇頁。
(19) 前掲(3)大阪歴史博物館『都市大阪の起源をさぐる』特別企画展冊子（二〇一六年）。四天王寺は最初に上町台地北東の玉造に建立され、難波宮造営時に現在の場所に移ったとする説があり、この場所に寺院遺構が見つかる可能性も十分あるとする。

(20) 笠野毅「舒明天皇押坂内陵の墳丘遺構」『書陵部紀要』四六（一九九四年）。正確には上円部下段は、平面が等角八角形を基調とし、南正面に短辺が付設する九角形である。陵形の「上円部」「下方部」は、笠野氏論文に準拠した。

(21) 榛原石の必要枚数は、前掲(20)の実測図より、板石の厚み約五センチ、傾斜角度は三〇度として計算した。この傾斜角を保ち段積みするための板石のずらし幅は、約八・六六センチとなる。後述の小山田古墳はずらし幅一〇センチなので妥当な数値である。実測図から八角形の一辺を測ると約一九メートル、上円部最下段一周は約一五二メートルと求められる。板石の長辺を類例から四〇センチとすると、最下段一周の必要枚数は三八〇枚となる。計算上は段積みごとに一・五枚ずつ必要枚数が減っていくので、垂直に積まれた下段部分を含め五〇段として計算した場合、約一七〇〇〇枚必要になる。なお板石には大小があるので、あくまでも推定枚数となる。ちなみに前掲(20)では対辺長が明記されていないため実測図の平均から一辺を測り計算したが、白石太一郎氏は対辺長を四二メートルとする。白石太一郎『古墳からみた倭国の形成と展開』敬文舎（二〇一三年）二九四頁。それをもとに計算しても、五〇段分の必要枚数は約一五七〇〇枚となり、あまり差はない。

(22) 陵墓調査室「黄金塚陵墓参考地墳丘および石室内現況調査報告」『書陵部紀要』五九（二〇〇八年）。

(23) 奈良市教育委員会『帯解黄金塚古墳』二〇〇九年二月二八日現地公開資料。奈良市教育委員会「帯解黄金塚古墳第二次調査」『奈良県内市町村埋蔵文化財技術担当者連絡協議会年報　平成二一年度』（二〇一〇年）

(24) 平林章仁『蘇我氏の研究』一五六頁、前掲(14)。

(25) 尾崎喜左雄『古墳のはなし』世界社（一九五二年）一三九頁。

(26) 右島和夫「山ノ上古墳の再検討」『塚口義信博士古稀記念　日本古代学論叢』和泉書院（二〇一六年）一九八頁。右島和夫「総社古墳群と山王廃寺」『山王廃寺』前橋市教育委員会（二〇一二年）一〇四頁。

(27) 大阪府教育委員会『加納古墳群・平石古墳群』（二〇〇九年）。シシヨツカ古墳では、奥室の床石が発見されていないが、方形に加工した榛原石を敷いていた可能性が高いとする。上林史郎「平石古墳群の被葬者像」『同』四〇四頁。

(28) 上林史郎「平石古墳群の被葬者像」『加納古墳群・平石古墳群』四〇六頁、前掲(27)。

(29) 西川寿勝「シシヨツカ古墳、改葬墓の可能性」『加納古墳群・平石古墳群』三九五頁、前掲(27)。西川寿勝「蘇我氏の墓域に関する諸問題」『日本書紀研究』三一　塙書房（二〇一六年）二二〇頁。

(30)　奥田尚「平石古墳群の被葬者」『堀田啓一先生喜寿記念献呈論文集』（二〇一一年）八二頁。
(31)　奥田尚「平石古墳群の被葬者」『堀田啓一先生喜寿記念献呈論文集』七九頁、前掲(30)。
飛鳥寺造営における榛原石の初めての使用に、なぜ注目するのか。それは、寺院での使用の初例として注目しているのではなく、榛原石の石材としての使用の始まりが、飛鳥寺造営を契機としているからである。それまで榛原石は、その産出地での使用（多くは自然石）は認められるものの、顕著な外部への石材の移動は行われていなかった。その移動と使用の始まりが飛鳥寺造営であるからである。ここに画期がある。菅谷文則氏、楠元哲夫氏も、この点を重要視している。前掲(15)、(16)参照。
(32)　森本徹「シシヨツカ古墳の喪葬儀礼」『官報』一六　大阪府立近つ飛鳥博物館（二〇一二年）五九頁。森本徹「喪葬儀礼の変化からみた終末期古墳」『歴史研究』五〇　大阪教育大学（二〇一三年）一九頁。
(33)　山田高塚古墳（推古天皇の磯長山田陵）・春日向山古墳（用明天皇の河内磯長原陵）がある磯長谷の南側で、陵墓古墳と同規模の大型方墳群が発見されたことについて、その被葬者像の議論が高まっている。蘇我本宗家説（奥田尚氏・西川寿勝氏）、大伴氏説（塚口義信氏・上林史郎氏）、渡来人説（山本彰氏）、蘇我石川氏説（白石太一郎氏）などがあるが結論をみない。
(34)　奈良県立橿原考古学研究所「小山田遺跡第五・六次調査」『奈良県遺跡調査概報　二〇一四年度』（二〇一六年）。同『小山田遺跡第五・六次調査』二〇一五年一月十八日現地説明会資料。
(35)　奈良県立橿原考古学研究所『小山田遺跡第八次調査（小山田古墳）発掘調査成果報告』二〇一七年三月一日報道発表資料。同『小山田遺跡（小山田古墳）第九次調査』二〇一七年八月二六日現地説明会資料。なお第九次調査では、羨道基底石の抜き取り穴で江戸時代後半頃の矢穴跡がある石材が確認され、横穴式石室の石材抜き取り時期の一端が把握された。
(36)　塚口義信「小山田遺跡についての若干の臆測」『古代史の海』八〇（二〇一五年）。白石太一郎・前園実知雄「明日香養護学校校庭出土の木簡」『青陵』二二　奈良県立橿原考古学研究所（一九七三年）。
(37)　今尾文昭「『都市陵墓』の出現」『ここまでわかった飛鳥・藤原京』吉川弘文館（二〇一六年）五六頁。相原嘉之「甘樫丘をめぐる遺跡の動態」『明日香村文化財調査研究紀要』一五　明日香村教育委員会（二〇一六年）一八・一九頁。小澤毅「小山田古墳の被葬者をめぐって」『三重大史学』一七　三重大学人文学部考古学・日本史研究室（二〇一七年）一三頁。重見泰「『今城』の創出と飛鳥の陵墓群」『古代学研究』二一三（二〇一七年）一三頁。塚口義信「小山田遺跡についての若干の臆測」『古代史の海』前掲(36)。さらに塚口氏は、軽（橿原市大軽町付近）から檜隈（明日香村檜前付近）に至る地域一帯はかつて今来郡に属していたとし、今回の調査地もその一角として蝦夷の大陵である根拠のひとつとする（同書三八～四一頁）。なお、第八次調査報告は広く新聞に取り上げられ、その被葬者について研究者による多くのコメントが掲載された。

ところで、小山田古墳を舒明天皇の初葬陵とした場合、初葬から改葬までの期間が二年であり、あまりにも短いという難点がある。また、「滑谷岡」を小山田古墳付近の地名とする史料もない。さらに、小山田古墳を陵墓古墳とした場合、陵墓の毀損行為が、造営後間もない藤原京期に行われていることの理由付けが必要となる。改葬後の舒明天皇陵が八角墳を採用したことへの繋がりも含め、これからさき解明しなければならない問題点である。

(38) 榛原石の必要枚数は、前掲(34)の調査概報の数値より板石の平均を長辺四〇センチ、奥行き三〇センチ、厚さ五センチとして計算した。調査概報の傾斜角度は約二五度であるが、一〇センチずつずらして段積みする条件をいかすため三角比から二七度とした。また墳丘は最下段（結晶片岩の一段目）で一辺七〇メートルの正方形と仮定した。一段につき一〇センチずつ奥にずらすと各辺は二〇センチずつ短くなるが、基底の結晶片岩はずらし幅がないので、榛原石の最下段は一辺が六九・八メートルになる。なるべく長辺の四〇センチをいかしながら並べたとした場合、榛原石の最下段一周の必要枚数は六九五枚となる。計算上は段積みごとに二枚ずつ必要枚数が減っていくので、現在確認される八段分では約五五〇〇枚、二〇段分（高さ一〇〇センチ分）では約一三五〇〇枚必要となる。なお板石には大小があるので、あくまでも推定枚数となる。

(39) 塚口義信「小山田遺跡についての若干の臆測」『古代史の海』三六・三七頁、前掲(36)。

(40) 明日香村教育委員会「二〇〇九―一次　真弓テラノマエ古墳範囲確認調査」『明日香村遺跡調査概報　平成二一年度』（二〇一一年）六五頁。古墳の築造時期を示す土器は出土していないが、玄室床面や棺台に使用されている平瓦の特徴から七世紀前半頃と考えるとする。石室は大半が失われているが結晶片岩の磚積石室である。付近にはカヅマヤマ古墳など、同様に結晶片岩を使用した磚積石室墳が確認されている。

(41) 橿原市教育委員会『菖蒲池古墳』（二〇一五年）。

(42) 橿原市教育委員会『菖蒲池古墳』七八頁、前掲(41)。

(43) 石室および石棺を詳しく調査した河上邦彦氏が、この見解を示している。河上邦彦「菖蒲池古墳の石室の系譜」『古文化論叢―伊達先生古稀記念論集―』伊達先生古稀記念論集刊行会（一九九七年）四七八頁。

(44) 水谷千秋『女帝と譲位の古代史』文藝春秋（二〇〇三年）九〇～九五頁。本文中の（　）内は著者加筆。

(45) 平林章仁『蘇我氏の研究』五六・五七頁、前掲(14)。本文中の（ ）内は著者加筆。平林氏は、皇極天皇（敏達天皇系）に、「自身の属する王統（血脈）への強い執着」をみる。そして「舒明天皇が亡くなった後は、時の王家内の序列に従えば蘇我氏系の古人大兄皇子が即位するのが順当」であるが、「先の大后としてそれを阻止し、敏達天皇系の王統継承を目指して自ら即位」したと推察する。そして、「そのことと引き換えに、蘇我氏には葛城県を除く葛城氏旧権益の継承を認めたものと思われる」とした。すなわち、それは「蘇我蝦夷らによる葛城高宮への祖廟と今来への双墓の造立に代表される事業に現れていると理解される」とする。

(46) 塚口義信『ヤマト王権の謎をとく』学生社（一九九三年）二一九頁。

(47) 『日本書紀』の記述に従えば、初葬から改葬までの期間が二年であり、あまりにも短い。改葬記事の信憑性の問題かもしれない。さらに、寿陵であるか否かも関係する。白石太一郎氏は、「そもそも古墳は被葬者の死後に造営されたものであるのか、また生前から造営が開始されていたものなのかは、単に終末期に限らず、古墳それ自体やその造営の意味を考える上にもきわめて重要な問題である。この問題については、考古学的にも、文献学的にも検討を要する課題があまりにも多（い）」としている。白石太一郎「牽牛子塚古墳と岩屋山古墳」『館報』一五　大阪府立近つ飛鳥博物館（二〇一一年）一二頁。

(48) 水谷千秋『女帝と譲位の古代史』九七頁、前掲(44)。

(49) 白石太一郎氏・今尾文昭氏は、奈良県岩屋山古墳を天智朝（六六七年・修造前）の斉明陵とし、牽牛子塚古墳を文武朝（『続日本紀』文武三年・六九九年）に場所を移して修造された斉明陵であるとする。白石太一郎「牽牛子塚古墳と岩屋山古墳」『館報』一二〇頁、前掲(47)。今尾文昭「八角墳の出現と展開」『古代を考える終末期古墳と古代国家』白石太一郎編、吉川弘文館（二〇〇五年）四八頁。

(50) 笠野毅「舒明天皇押坂内陵の墳丘遺構」『書陵部紀要』六七・六八頁、前掲(20)。

(51) 今尾文昭「『古事記』の〝上古〟・〝今〟と発掘された飛鳥（舒明期）」『日本国』の誕生―古事記が出来たころ―』奈良県立橿原考古学研究所附属博物館（二〇一二年）九九頁。

(52) 直木孝次郎『額田王』吉川弘文館（二〇〇七年）四二～四五頁。

(53) 明日香村教育委員会『牽牛子塚古墳発掘調査報告書』（二〇一三年）三〇三・三〇四頁。

(54) 岸本直文「後・終末期古墳の「治定」問題」『季刊　考古学』一二四　雄山閣（二〇一三年）二六頁。岸本氏は、牽牛子塚

古墳の凝灰岩刳り抜き石槨を、花崗岩でつくられる鬼の俎・雪隠と凝灰岩の切石を組合せた野口王墓古墳との間に位置づけ、本文中の年代観とする。

(55) 明日香村教育委員会『牽牛子塚古墳発掘調査報告書』三〇四頁、前掲(53)。越塚御門古墳の年代も七世紀後半とする。

(56) 明日香村教育委員会は、飛鳥地域における刳抜式家形石棺を集成(一二例)、年代を推定している。調査方法は、おもに棺蓋の平坦面指数に着目するものである。その結果、菖蒲池古墳二例・小谷古墳一例を除き、六世紀前半から七世紀前半までの年代とされた。なお、小谷古墳例の平坦面指数は五〇パーセントで七世紀中葉とされるが四九パーセントの艸墓古墳例は七世紀前半とされ、小谷古墳例も前半例に近い。同じく七世紀中葉とされる菖蒲池古墳の石棺は特殊な例で、平坦面指数は不算出である。明日香村教育委員会『都塚古墳発掘調査報告書』(二〇一六年)一六一頁。また西川寿勝氏は、「家形石棺は六〇〇年代になるとほとんどみられなくなる。かわって漆塗りの棺が登場する」とし、さらに「(六〇〇年代)後半には漆塗り木棺が主流となり、王族や最有力者のみ麻布を芯材として漆を重ね塗りする夾紵棺が採用される」としている。西川寿勝「蘇我氏の墓域に関する諸問題」『日本書紀研究』二一三頁、前掲(29)。なお、刳抜式家形石棺の身が残る奈良県平群町西宮古墳は、築造時期を七世紀後半とする説があるが、岸本直文氏は被葬者に山背大兄王(六四三年没)を推定しその頃の築造とする。岸本直文「後・終末期古墳の「治定」問題」『季刊　考古学』一二四頁、前掲(54)。

(57) 直木孝次郎『額田王』四〇頁、前掲(52)。直木氏はこのように『延喜式』の大伴皇女墓(押坂内墓)を評価されている。また、新井喜久夫氏は、その諸陵寮式の研究の中で、大伴皇女、石前皇女(石前王女)などの欽明天皇と堅塩媛との間に生まれた詳細不明の皇女が記載されているのは蘇我氏の影響力とする。それには『日本書紀』『古事記』とは別の史料の存在を示唆する。これに反して北康宏氏は、大伴の「伴」は「俣」の書き誤りで、本来は茅渟王の生母の大俣皇女(大俣王)であるとの見解を示している(中大兄皇子の系統の正当化が目的)。新井喜久夫「古代陵墓制雑考」『日本歴史　二二二』日本歴史学会編(一九六六年)一八頁。北康宏「律令国家陵墓制度の基礎的研究—『延喜諸陵寮式』の分析からみた—」『史林』七九—四　史学研究会(一九九六年)二三・二四頁。なお、鏡女王墓については詳細が分からず、別稿に譲りたい。

(58) 中島光風「鏡王女について」『文學』岩波書店(一九四三年)四四頁。

(59) 和田萃「斉明朝における飛鳥」『飛鳥池遺跡と亀形石』ケイ・アイ・メディア(二〇〇一年)八二頁。西光慎治「砂岩について」『酒船石遺跡発掘調査報告書』一七四頁、前掲(1)。奈良県教育委員会『飛鳥京跡二』(一九七一年)一四五頁。

(60) その後の使用は酒船石遺跡で使用された天理砂岩の転用とみられている。西光慎治「砂岩について」『酒船石遺跡発掘調査報告書』一七七頁、前掲(1)。

(61) 中尾山古墳環境整備委員会編『史跡中尾山古墳環境整備事業報告書』明日香村教育委員会（一九七五年）。埋葬施設は凝灰岩と花崗岩の切石を用いた横口式石槨。内部は長さ、幅、高さとも〇・九メートルしかなく、横口式石槨の最後の姿ともいえる形態から、七世紀後半以降の年代が想定される。文献に見られる陵墓の所在地の記録などから、火葬された文武天皇の陵の可能性が高い。以上、大阪府立近つ飛鳥博物館『ふたつの飛鳥の終末期古墳』（二〇一〇年）九〇頁の解説による。

(62) 奥田尚『古代飛鳥・石の謎』一九二頁、前掲(11)

(a)『日本書紀』斉明天皇二年是歳「於田身嶺、冠以周垣。田身山名。此云大務。復於嶺上兩槻樹邊起觀。號爲兩槻宮。亦曰天宮。時好興事。廼使水工穿渠。自香山西、至石上山。以舟二百隻、載石上山石、順流控引、於宮東山、累石爲垣。時人謗曰、狂心渠。損費功夫、三萬餘矣。費損造垣功夫、七萬餘矣。宮材爛矣、山椒埋矣。又、謗曰、作石山丘。随作自破。若據未成之時、作此謗乎。」

(b)『日本書紀』崇峻天皇元年是歳「是歳、百濟國遣使幷僧惠總・令斤・惠寔等、獻佛舍利。百濟國遣恩率首信・徳率蓋文・那率福富味身等、進調幷獻佛舍利、僧聆照律師・令威・惠衆・惠宿・道嚴・令開等、寺工太良未太・文賈古子、鑪盤博士將徳白味淳、瓦博士麻奈文奴・陽貴文・㥄貴文・昔麻帝彌、畫工白加。蘇我馬子宿禰、請百濟僧等、問受戒之法。以善信尼等、付百濟國使恩率首信等、發遣學問。壞飛鳥衣縫造祖樹葉之家、始作法興寺。此地名飛鳥眞神原。亦名飛鳥苫田。」

(c)『上宮聖徳法王帝説』裏書「注云、辛丑年始平地。癸卯年立金堂之。代（戊）申始僧住。」

(d)『日本書紀』持統天皇元年八月「己未、天皇使直大肆藤原朝臣大嶋・直大肆黄書連大伴、請集三百龍象大德等於飛鳥寺、奉施袈裟。人別一領。曰、此以天渟中原瀛眞人天皇御服所縫作也。詔詞酸割。不可具陳。」

(e)『日本書紀』天武天皇十四年八月「八月甲戌朔乙酉、天皇幸于淨土寺。」

(f)『日本書紀』皇極天皇二年十月「復呼其弟、曰物部大臣。々々之祖母、物部弓削大連之妹。故因母財、取威於世。」

(g)『日本書紀』舒明天皇十三年十月「冬十月己丑朔丁酉、天皇崩于百濟宮。」

(h)『日本書紀』皇極天皇元年十二月「壬寅、葬息長足日廣額天皇于滑谷崗。」

(i)『日本書紀』皇極天皇二年九月「九月丁丑朔壬午、葬息長足日廣額天皇于押坂陵。」
(j)『日本書紀』天智天皇三年六月「六月、嶋皇祖母命薨。」
(k)『日本書紀』天智天皇六年二月「春二月壬辰朔戊午。合葬天豊財重日足姫天皇與間人皇女於小市岡上陵。是日、以皇孫大田皇女、葬於陵前之墓。」
(l)『日本書紀』天智天皇四年二月「春二月癸酉朔丁酉、間人大后薨。」
(m)『日本書紀』推古天皇廿年二月「二月辛亥朔庚午、改葬皇太夫人堅鹽媛於檜隈大陵。是日、誄於輕術。」
(n)前掲(a)に同じ。
※原文は、東野治之『上宮聖徳法王帝説』岩波書店(二〇一三年)、坂本太郎・家永三郎・井上光貞・大野晋校注『日本書紀』日本古典文学大系新装版　岩波書店(一九九五年)、正宗敦夫編『延喜式　第四』日本古典全集刊行会(一九二九年)による。

〔挿図出典〕

図一　長谷川作図。地名表は以下をもとに長谷川作図。1奈良県教育委員会『宇陀・丹切古墳群』(一九七五年)、榛原町教育委員会『神木坂古墳群Ⅱ』(一九八八年)。2・3奈良県教育委員会『宇陀福地の古墳』(一九七二年)、榛原町教育委員会『神木坂古墳群Ⅱ』(一九八八年)。4榛原町教育委員会『榛原町内遺跡発掘調査概要報告書一九九四年度』(一九九五年)。5榛原町教育委員会『神木坂古墳群Ⅱ』(一九八八年)。6井ノ谷守「宇陀の一磚槨墳」『古代学研究』一二〇(一九九〇年)。7・8奈良県立橿原考古学研究所編『飛鳥・磐余地域の後、終末期古墳と寺院跡』(一九八二年)。9~13磚槨墳研究会『舞谷古墳群の研究』(一九九四年)。14・15奈良県立橿原考古学研究所編『桜井市外鎌山北麓古墳群』(一九七八年)。16陵墓調査室「黄金塚陵墓参考地墳丘および石室内現況調査報告」『書陵部紀要』五九(二〇〇八年)。17~19大阪府教育委員会『加納古墳群・平石古墳群』(二〇〇九年)。20笠野毅「舒明天皇押坂内陵の墳丘遺構」『書陵部紀要』四六(一九九四年)。21奈良県立橿原考古学研究所『小山田遺跡第八次調査(小山田古墳)発掘調査成果報告』(二〇一七年)。22橿原市教育委員会『菖蒲池古墳』(二〇一五年)。23明日香村教育委員会『明日香村文化財調査研究紀要　五』(二〇〇六年)。24(17~19)と同じ。25奥田尚・加藤治樹「バチ川古墳・大原古墳の石材とその採取地」『古代学研究』一六六(二〇〇四年)。26奈良文化財研究所『奈良文化財研究

所紀要』（二〇〇六年）。27奈良國立文化財研究所『飛鳥寺發掘調査報告』（一九五八年）。28奈良文化財研究所『山田寺発掘調査報告』（二〇〇二年）。29奈良国立文化財研究所『飛鳥・藤原宮発掘調査概報　六』（一九七六年）。30（9～13）と同じ。橿原市千塚資料館『かしはらの歴史をさぐる』（一九九三年）。31大阪歴史博物館『都市大阪の起源をさぐる』（二〇一六年）。

図二　右島和夫「山ノ上古墳の再検討」『塚口義信博士古稀記念　日本古代学論叢』（二〇一六年）をもとに長谷川加筆。

図三　長谷川作図。

付記

本論は、奈良大学文学部文化財歴史学科に提出した卒業論文の一部について、日本書紀研究会二〇一六年十二月例会発表をもとに加筆修正したものである。成文にあたり、坂井秀弥先生、小林青樹先生、豊島直博先生、柳澤一宏先生、高橋直樹先生、日本書紀研究会のみなさまに多大なご教示を得ました。また、塚口義信先生、平林章仁先生、水谷千秋先生、奥田尚先生、西川寿勝先生、米田敏幸先生、右島和夫先生には、考古資料や文献史料の評価・批判について、ご指導と格段のご高配をいただきました。記して謝辞いたします。

律令国家形成期の天皇観とミカド

長谷部　寿彦

はじめに

宮殿の門に対する敬称ミカド[1]が、天皇の呼称の一つとして長く使用されてきたことは周知の通りである。たとえば、平安前期に成立した『竹取物語』をみると、会話文のなかで天皇は「御門（ミカド）」と呼称されている。また、時代は下って幕末に来日した西欧の外交官の回想録等でも天皇は「ミカド」と呼称されている[2]。後述するように天皇をミカドと呼称することは、中国王朝の諸制度を模範にした律令国家の形成過程のなかで出現してきたものだが、その時期が具体的にいつであり、どのような天皇観を背景に出現したものであったか。この問題に対する一つの解答を示すのが本稿の課題である。

このような問題を考えていこうとする場合、武田祐吉氏[3]と田中卓氏[4]の研究は外すことができない。

武田氏は、ミカドの原義は「元来人民が宮城の御門に対して、これを仰いでいふのが本義であり、それを出発点として分化を遂げてゐる」と述べ、ミカドが天皇の呼称になった時期については『万葉集』にその用例がないことや、天平勝宝九歳（七五七）五月二日付「生江臣家道女本願経貢進文」（『大日本古文書』四巻）の「聖御門」が孝謙天皇を指していると考えられることなどから、天皇をミカドと呼称することは「当時としても新しい用法であつたのであらう」として八世紀中期頃に想定した。

そして、この呼称が成立した背景については「宮殿、朝廷の、知識的概念が発達し、それがこの語に依って表現せられるやうにな」り、「朝廷の義から、やがて天皇の御義に導かれ来た順序が考へられる」と述べ、すなわち朝廷と天皇を結びつける天皇観を背景に成立してきたものと考えた。

田中氏も「『ミカド』が元来『御門』の謂ひであることは疑いない」としたうえで、山田孝雄氏の『古今和歌集』にみえる「アメノミカド」は、聖武天皇の特称であったという指摘を受けて[5]、聖武朝に聖武天皇をアメノミカド、スメラガミカド、ヒノミカドなどと呼称するようになり、そこから天皇をミカドと呼称するあり方が成立したと述べ、武田氏と同じく八世紀中期、具体的には聖武朝を想定した。

そして、その背景には「天皇によって朝廷も国家も代表せられてゐるとの力強い自覚」があるとし、やはり天皇と朝廷を結びつける天皇観が背景にあったとみた。

両氏の研究は、ミカドと天皇の問題を考える場合、まず振り返るべきものではあるが、以下に述べるようにミカドという語句そのものがもつ性格への言及がなく、ミカドが天皇の呼称になった時期についても再検討の余地がある。また、本稿も両氏と同じく天皇をミカドと呼称することが、天皇と朝廷を結びつける天皇観を背景に定着してきたものであったと考えるが、両氏の研究にはこうした天皇観の形成過程については言及がない。

そこで本稿では、以上の問題点に留意しながら天皇をミカドと呼称する天皇観の成立時期とその背景を再考し、そのことを通して律令国家形成期の天皇観そのものの特質も抉出してみたいと考えている。

一　ミカドの原義と性格

1　ミカドの原義

本章では、ミカドの原義を再確認した上でミカドという語句がもつ性格を考えたい。武田祐吉氏は、ミカドの原義について「御と門との結合からなる熟語と考へられ、その御は、敬意を現す為に附する接頭語であり、門は、門戸の意味を現すところの体言」、「宮殿の御門を仰いで、これを表現するを原義」と述べる。田中卓氏も「『ミカド』が元来『御門』の謂ひであることは疑いない」と述べる。

次頁の表①は、『万葉集』にみえるミカドの用例をまとめたものである。この表からは、ミカドが天皇の宮殿の門、天皇や皇子の宮殿、地方の役所、中央政府、日本国、遠方へ派遣された官人などの意味で使用されていることがわかる。

また、ミカドの表記法は「御門」以外に、「朝庭跡」（表①15）・「朝庭」（表①17・20・21・24）・「美加度」（表①19・32）・「国家」（表①22）・「美可度」（表①23・26）・「美可等」（表①28）・「三門」（表①27）・「朝廷」（表①29）・「門」（表①31）などの表記法が確認されるが、「御門」（表①1・2・3・4・5・6・7・8・9・10・11・12・13・14・16・18・25・30）と書く用例が表の三十二例中、十八例と多用される。なお、新日本古典文学大系では、表①22の「国家」をミカドではなくクニイへと読むが定説とはなっていない。

さらに作製年代が明確にわかる歌のうち、より古い時期、具体的には七世紀につくられた表①1から13の歌で

	作製年代	用例	ミカドの意味	歌番号
1	持統３年（689）	皇子乃御門	草壁皇子の宮殿	168
2	持統３年（689）	嶋御門	草壁皇子の宮殿	173
3	持統３年（689）	常都御門	草壁皇子の宮殿	174
4	持統３年（689）	吾御門	草壁皇子の宮殿	183
5	持統３年（689）	多芸能御門	草壁皇子の宮殿	184
6	持統３年（689）	大寸御門	草壁皇子の宮殿	186
7	持統３年（689）	嶋之御門	草壁皇子の宮殿	189
8	持統８年？（694？）	日之御門	持統天皇の宮殿	50
9	持統８年？（694？）	大御門	持統天皇の宮殿	52
10	持統10年（696）	天都御門	天武天皇の宮殿	199
11	持統10年（696）	皇子之御門	高市皇子の宮殿	199
12	持統10年（696）	御門之人	高市皇子の宮殿	199
13	持統10年（696）	御門之原	高市皇子の宮殿	199
14	持統８年？（694？）～ 和銅３年？（710？）	君之御門	皇子（未詳）の宮殿	3324
15	７世紀後半～８世紀前半？	遠乃朝庭跡	地方の役所（大宰府）	304
16	７世紀後半～８世紀前半？	皇祖乃　神御門	天皇（未詳）の宮殿	2508
17	神亀５年（728）	等保乃朝庭	地方の役所（大宰府）	794
18	天平元年（729）	皇祖　神之御門	歴代天皇の宮殿	443
19	天平２年（730）	美加度	中央政府	879
20	天平４年（732）	遠乃御朝庭	地方（東山・山陰・西海道）の役所	973
21	天平５年（733）	日御朝庭	中央政府	894
22	天平５年（733）	毛等能国家	日本国	4245
23	天平８年（736）	等保能美可度	遠方へ派遣された官人	3668
24	天平８年（736）	等保能朝庭	遠方へ派遣された官人	3688
25	天平16年（744）	皇子乃御門	安積皇子の宮殿	478
26	天平19年（747）	等保能美可度	地方の役所（越中国府）	4011
27	天平勝宝元年（749）	大王乃　三門	歴代天皇の宮殿の門	4094
28	天平勝宝元年（749）	等保能美可等	遠方へ派遣された官人	4113
29	天平勝宝７年（755）	等保能朝廷	地方の役所（大宰府）	4331
30	年代不明	難御門	天皇（未詳）の宮殿の門	2568
31	年代不明	東中門	天皇（未詳）の宮殿の東の中の門	3886
32	年代不明	安米乃美加度	天皇（未詳）の宮殿	4480

表①　『万葉集』におけるミカドの用例

ミカドの意味については、基本的に新編日本古典文学全集『万葉集』（小学館）を参考にしているが、適宜、私案を提示している。

ミカドは「御門」と表記される。このことは武田氏の述べるように、ミカドの原義が門（カド）に敬意を示す御（ミ）が冠せられた尊敬語の御門（ミカド）であり、そこから天皇や皇子の宮殿、地方の役所、中央政府、日本国、遠方へ派遣された官人などの意が派生していったことを示唆する。そして武田氏も指摘したように『万葉集』のミカドの用例のなかには、明確に天皇の呼称として使用されたものは確認されない。

2　ミカドの性格

本稿もミカドの原義は、門（カド）への尊敬語「御門（ミカド）」と考えるが、武田氏や田中氏が言及しなかったミカドの語句自体がもつ性格について考えておきたい。

まず、武田氏の述べた「元来人民が宮城の御門に対して、これを仰いでいふのが本義であり、それを出発点として分化を遂げ」た原因を確認しておきたい。

橋本義則氏は、平城宮大極殿閤門の性格を内外交渉の場・二つの相異なる空間の結節点と理解した(6)。この理解は古代の門の性格を適切に示したものと考えるが、橋本氏が述べた以上のような性格に加えて居住者の象徴という性格も古代の門は含有していた。

たとえば、『古事記』中巻、仲哀天皇段や『日本書紀』神功皇后摂政前紀・仲哀九年十月辛丑条にみえる、神功皇后が新羅を征服した際に「以二其御杖一、衝二立新羅国主之門一」（『古事記』）、「以二皇后所杖矛一、樹二於新羅王門一、為二後葉之印一」（『日本書紀』）という説話は、その端的な事例である(7)。このほか『続日本紀』養老五年（七二一）正月己酉条の「制、諸司官人、於二本司次官以上一致敬、常所二聴許一。自レ今以後、不レ得二更然一。若違二此旨一、一人到二卿門一者、到人解レ官、同僚降レ考」という記事も、古代の門に居住者の象徴という性格が含有されていたことを示すものである。

先述したように本稿は、ミカドが天皇そのものの呼称として定着してくる過程において、「朝庭」という語句と結合したことが大きな意味をもったと考える。しかし、宮殿の門への敬称を原義としたミカドという語句から、宮殿や天皇そのものへの意味が派生してくる原因の一つに、ミカドのカドという語句に居住者の象徴という古代の門の性格が含有されていたことが関係していることは認めてもよいだろう。

また、ミカドは諸豪族と隔絶した皇族の尊貴性を表現するための語句という性格も含有していた。表①をみると、ミカドの原義「御門」の表記の対象が天皇もしくは皇子に限定されることが注目される。このことに関連して想起されるのが、以下の『日本書紀』皇極三年（六四四）十一月条の記事である。

冬十一月、蘇我大臣蝦夷・兒入鹿臣双二起家於甘梼岡一。呼二大臣家一、曰二上宮門一。入鹿家、曰二谷宮門一。谷、此云二波佐麻一。称二男女一曰二王子一（後略）。

新訂増補国史大系『日本書紀』収載の古訓をみると、「上宮門」はウヘノミカド、フヘツミカド、「谷宮門」はハザマノミカドなどと呼称するとされる。皇極紀の現存最古の写本は、九世紀後期から十世紀前期頃の成立とみられる岩崎本であるが、その岩崎本では「上宮門」の「宮門」をミカドと訓じており、「宮門」をミカドと呼称することが平安中期までさかのぼることは確かである。

当該記事では大臣蘇我蝦夷と入鹿が、「大臣家」・「入鹿家」を「宮門」と呼称したことを、子を「王子」と称したことと合わせて、蝦夷・入鹿が自らを皇族になぞらえている傲慢な人間であるということを表現する事例として挙げられる。

先述したように、「宮門」をミカドと呼称する古訓は最古のものでも平安中期のものであり、『日本書紀』編纂時には「宮門」をミヤノカド、ミヤノミカドなどと呼称した可能性もあるが、宮殿そのものを「宮門」と「門」を含んだ語句で表現することと、その表現を臣下が使用することは僭越であり許されないという意識が『日本書紀』編纂時に成立していたことは確かである。そして、この用例と『万葉集』の「御門」が皇族にしか使用されない語句であったことをあわせて考えると、ミカドに諸豪族と隔絶された皇族の尊貴性を表現するための語句という性格が含有されていたことがうかがえ、ミカドが天皇の呼称として定着していく原因の一つは、ここにもあったものと考えられる。

二　ミカドと天皇の結合時期

1　ミカドと宮殿の結合時期

「はじめに」で述べたように、武田祐吉氏や田中卓氏はミカドが天皇の呼称になった時期を八世紀中期と考えているが、この推定に問題はないであろうか。本章ではミカドが天皇の呼称になった時期を改めて考えてみたい。まず、ミカドと天皇や皇子の宮殿の意味が結合した時期を確認しておきたい。第一章の表①からは、七世紀後期には天皇や皇子の宮殿を「御門（ミカド）」と呼称していたことがわかる（表①1・2・3・4・5・6・7・8・9・10・11・12・13）。

特に天皇の宮殿の呼称として使用しているのは、表①8の「日の御門」、表①9の「大き御門」、表①10の「天つ御門」の用例である。「日の御門」、「大き御門」、「天つ御門」のミカドが文脈から天皇の宮殿の門ではなく、天皇の宮殿そのものの呼称として使用されていることは確実である。

ミカドと皇族の宮殿の意味が結合した時期について、武田氏は特に言及していないが、田中氏は「『ミカド』の語が、御門より転じて御所・皇居・或いは朝廷の意に転じて用ひれらたことは、先づ天武・持統天皇以前に既に認められるやうであり」と述べて、天武・持統朝前にミカドと皇族の宮殿の意味が結合していたことを想定する。

『万葉集』の用例から、七世紀後期にはミカドと皇族の宮殿の意味が結合していたことは確かだが、その成立時期は田中氏の述べるように天武・持統朝以前にさかのぼるものと考えられる。

それは、『古事記』下巻、雄略天皇段の伊勢国三重から出仕した采女が雄略天皇に献じた歌の存在である。そのなかに「八百土よし、い築きの宮、真木さく、檜の御門、新嘗屋に、生ひ立てる、百足る、槻が枝は」と、天皇が新嘗祭で居する建造物そのものを「檜の御門（ヒノミカド）」と表現する事例がみられる。

この歌は新嘗祭に関する歌であり、本来は海人集団から大和政権の大王に献上された男性から奏上されたものと考えられており[8]、その来歴は律令国家の成立以前にさかのぼるものとみられる。この歌の「檜の御門」という表現は、皇族の宮殿をミカドと呼称するあり方が律令国家成立以前に成立していたことを示すものである。

2　武田・田中説の再検討

ミカドと天皇の意味が結合し、天皇の呼称になった時期について武田氏は以下のように述べる。「はじめに」で引用した部分と重なる部分もあるが、改めて該当箇所を引用しておく。

天皇の御上を、古くは、「おほきみ」「すめらみこと」と申し上げて居ったのであって、「みかど」と申し上げるのは、さう古いことでは無いらしい。万葉集には、正しき天皇の御上に使つたと見られる例は無い。この文の初めに挙げた「天のみかど」を従来は、天皇の御義と解してゐたのであるが、明日香の清御原の宮の時代に於いて、さういふ用法は認め難い。

しかし正倉院文書、天平勝宝九歳五月二日の生江臣家道女の貢経文には、退きては、聖の御門、天地日月のむた動きなく大坐しまさむことを欲ひまつる、とあり、この聖の御門は孝謙天皇を指し奉つてゐるのである、同じ文の続きに、次に天の下平安に、公の御門に退くことなく仕え奉らしめむと欲ひまつると述べてゐる。公の御門は朝廷を指してゐるのに依つても、朝廷の義から、やがて天皇の御義に導かれ来た順序が考へられる。

この文にいふ。聖の御門は、当時としても新しい用法であつたのであらう。歌語にはむしろ主として慣れ来つた語が用ゐられるが故に、万葉集の「みかど」に、天皇の御義を示すものが見出されないのであらう。

武田氏の根拠は、『万葉集』にミカドを天皇の呼称として使用する例が確認されないことと、天平勝宝九歳五月二日付「生江臣家道女本願経貢進文」中の「聖御門」が孝謙天皇を指す語句と考えるところにある。

第一章でも確認したように、確かに『万葉集』にはミカドを天皇の呼称として使用した明確な例は確認されない。そこで、まず武田氏が根拠の一つとした「生江臣家道女本願経貢進文」を検討してみよう。

この史料について簡単に説明しておくと、天平勝宝九歳五月二日の聖武天皇の一周忌に、越前国足羽郡の郡司を務めた生江臣氏の一族とみられる生江臣家道女が、(9)母生江臣大田女とともに法華経一百部八百巻と喩伽論一部一百巻の計九百巻を東大寺に貢納した。その経典に附されたのが以下の「生江臣家道女本願経貢進文」である。

なお、生江臣家道女は後に「越優婆夷」と呼ばれ、延暦十五年（七九六）七月に平安京の「於二市廛一、妄説二罪福一、眩二惑百姓一」したとして、越前国に送り返されている（『日本後紀』延暦十五年七月辛亥条）。彼女が天平勝宝九歳五月に大量の経典を貢納した背景としては、生江臣氏と東大寺との深いつながりが関係しているものと考えられている。[10]

貢

本願経合九百巻

法華経一百部八百巻

喩伽論一部一百巻

右上為二帝上天皇大御奉仕一、退聖御門、共二天地日月一不レ動欲レ将二大座一、次天平下安、於二公御門一无レ退欲レ令二奉仕一

天平勝宝九歳五月二日

願主越前国足羽郡江下郷生江臣家道女

母生江臣大田女

その大意は、「帝上天皇（聖武天皇）の霊への奉仕、聖御門（孝謙天皇）の治世が天地・太陽・月と共に安泰であることへの祈願、天から下の世界まで平和・安寧で、公御門（中央政府）に欠かさず奉仕し続けたいことへの祈願などを成就させるために、法華経と喩伽論を貢納します」というようなものである。本文中の「帝上天皇」は「太上天皇（聖武天皇）」、「聖御門」は古代の諸史料にみえる「聖朝」の「朝」を「御門」と表記したものとみられ、「聖朝」と同義の語句とみられる。

「聖朝」は「後岡本聖朝（斉明天皇）」・「後清原聖朝（持統天皇）」・「藤原聖朝（文武天皇）」（慶雲四年〈七〇七〉製作カ

「金銅威奈大村骨蔵器」）、「石村池辺宮御宇聖朝（用明天皇）」（『続日本紀』和銅四年〈七一一〉十二月壬子条）などのように、過去の天皇やその天皇の治世期間をあらわす語句として使用されるとともに「臣等商量、人能弘レ道、先哲格言。闡二揚仏法一、聖朝上願。方今、人情稍薄、釈教陵遅、非二独近江一、余国亦爾。望、遍下二諸国一、革レ弊還レ淳、更張二弛綱一。仰称二聖願一」（『続日本紀』霊亀二年〈七一六〉五月庚寅条）、「伏願、護寺鎮国、平二安聖朝一、以二此功徳一、永為二恒例一」（『続日本紀』天平九年〈七三七〉四月壬子条）のように、現天皇を示す語句としても使用された。

武田氏は「聖御門」を孝謙天皇を指す語句として理解したが、現天皇を「聖朝」と表現した『続日本紀』霊亀二年五月庚寅条や同天平九年四月壬子条の用例を参考にすると、武田氏の述べるように現天皇の孝謙を指しているものとみて問題はないだろう。

また、「聖御門」はヒジリノミカドと呼称したものとみられるが、「聖朝」の「朝」は後述するように「朝庭（ミカド）」と同義の語句としても用いられ、「朝庭」と同じくミカドと呼称したものとみられることから、「聖朝」は「聖御門」と同じくヒジリノミカドと呼称したものと推測される。

「公御門」は、『日本紀略』弘仁九年（八一八）三月戊申条などにみえる「公朝」の「朝」を「御門」と表記したものとみられ、「公朝」と同義の言葉とみられる。同条には、「制、朝堂・公朝、見二親王及太政大臣一者、左大臣動座、自余共立二床子前一、但六位以下、磬折而立」という記事もみえる。本条の「公朝」は、朝堂と並立して使用されていることから、朝堂院の朝堂外の公共空間をあらわしているものとみられ、本条を踏まえて改めて「公御門」の意味を考えると、朝堂院を中心とした中央政府をあらわした語句とみられる。

先述したように「聖御門（ヒジリノミカド）」は、現天皇である孝謙天皇を指しているものとみられる。ちなみに天皇を「御門」という表記で表現した確実な用例はこの史料が初見であり、武田氏が『万葉集』に直接ミカドを天皇の呼称として使用した例がみられないこととあわせて、ミカドが天皇の呼称になった時期を「当時としても新しい用法であつたのであらう」と述べて、先述したように八世紀中期頃と想定したことは理解できなくもない。

だが、「聖御門」と同義の言葉であり同じくヒジリノミカドと呼称したものとみられる「聖朝」を用いて天皇を表現した例が、先述したように八世紀中期以前にもみられることからすると、天皇をミカドと呼称することが武田氏のいうように「当時としても新しい用法」であったかどうかは再検討する余地があるだろう。

田中氏は先述したように、ミカドに天皇の意味が加わった時期を聖武朝と想定した。田中氏は自身の見解を以下のようにまとめる。

「アメノミカド」・「スメラ（ガ）ミカド」・「ヒノミカド」の呼称が、聖武天皇の特称としてしたのであらうといふことを試見として述べてきたのであるが、実はこの時代に、「ミカド」のみを以て天皇の御事を指した事例は管見に入らない。このことは、最初より、単独の「ミカド」の語に「天皇」の転義が生じて、その後、これに「アメ」・「スメラ」・「ヒ」が冠せられたといふのではなくて、逆に、初めに「アメノミカド」・「スメラ（ガ）ミカド」・「ヒノミカド」の呼称が生じ、その後に「アメ」・「スメラ」・「ヒ」が省略せられて、単に「ミカド」のみで「天皇」の意味に用ひられるやうになつたことを推察せしめる。〈ミカド＝帝〉の初まりは、恐らく聖武天皇より以後であり、天平宝字元年七月戊午の宣命に「帝」字の初見を認めることを指標として考へれば、之を聖武・孝謙両天皇の御代頃に求めて大過ないであらう。

田中氏の説の前提となるのが、山田氏の説を承けて八世紀中期にアメノミカドという呼称が聖武天皇の特称として成立したという主張である。そして田中氏が、その根拠とするのが『万葉集』四四八〇番歌（表①32）、『続

日本紀』天平宝字八年（七六四）十月壬申条宣命、『続日本紀』神護景雲三年（七六九）十月乙未条宣命である。

『万葉集』四四八〇番歌は以下のような歌だが、まず本歌を検討したい。

可之故伎也　安米乃美加度乎　可気都礼婆　祢能未之奈加由　安佐欲比尓之弖

（畏きや天の御門をかけつれば哭のみし泣かゆ朝夕にして）

その大意は「恐れ多い　大君のことを　思い出すと　泣けてきます　朝夕絶えず」（新編日本古典文学全集）、または「恐れ多い天皇を思い浮かべると、声を上げて泣けてくるのです、朝も夜も」（岩波文庫新版）などとされる。なお、作者は未詳であり、作製年代もわからない。

田中氏は、本歌の「安米乃美加度」を「アメノミカド」＝聖武天皇の意味として解釈し、作者と作製年代を推定していく。だが、そもそも「安米乃美加度」を聖武天皇として解釈していいのかという問題がある。そのまま意味をとれば天上の宮殿の意味であり、間接的に「お亡くなりになって、天上の宮殿の意味にいらっしゃる先の天皇」というような用法で天皇を表現していることは確かであるが、田中氏の述べるように、ただちに平安時代に聖武天皇の特称として使用されていたというアメノミカドと結びつけられるかどうかは疑問である。

次に田中氏が根拠とした『続日本紀』の用例を検討したい。『続日本紀』天平宝字八年（七六四）十月壬申条宣命に「掛朕我天先帝乃御命」、神護景雲三年十月乙未条宣命に「掛毛畏支朕我天乃御門帝皇」という表現がみえ、田中氏はこれらを聖武天皇がアメノミカドと呼称されていたことの根拠としようとする。

両事例とも文脈から聖武天皇を指した表現であることは間違いないが、前者の「天先帝」の「帝」が当時、ミカドと読まれたかどうかは実は確実でなく（キミやスメラミコトなどという呼称も想定される）、そのまま解釈すれば「お亡くなりになって天上にいらっしゃる先帝」というような意味になる。

また、後者の「天乃御門帝皇」の「天乃御門」も「天上の宮殿」の意味と解釈され、むしろ「帝皇」が聖武天皇その人を指しているものとみられる。それゆえ、この「天の御門」を聖武その人を指す呼称とみることは難しいのではないか。

以上、田中氏の説の前提となる聖武天皇の特称としてアメノミカドという呼称が八世紀中期に成立していたという主張の根拠となる史料を検討してきたが、様々な問題があった。

3　ミカド・天皇の結合時期

ここまでの考察からすれば、ミカドが天皇の呼称になった時期は八世紀中期頃とみた武田・田中両氏の説よりさかのぼる可能性が高い。その根拠の一つは先述した「聖朝」の用例であるが、「朝庭」という語句の用例は天皇をミカドと呼称するあり方が成立した時期を絞り込むてがかりとなる。

天皇の宮殿内に存在した「朝庭」という空間そのものの性格と成立時期については第三章で後述するが、『万葉集』のトホノミカドの表記法を第一章表①から確認すると、トホノミカドのミカドを「朝庭跡」（表①15）・「朝庭」（表①17・21・24）・「御朝庭」（表①20）・「朝廷」（表①29）と表記する用例があることから、「朝庭（廷）」をミカドと呼称していたことが確認される。(11)

『日本書紀』をみると天皇を拝することを「客等拝㆓朝庭㆒」（推古十八年〈六一〇〉十月丁酉条）、「遣㆓高麗㆒使人、遣㆓耽羅㆒使人等、返之共拝㆓朝庭㆒」（天武八年〈六七九〉九月庚子条）、「百僚諸人拝㆓朝庭㆒」（天武十年〈六八一〉正月癸酉条）、「百僚拝㆓朝庭㆒」（天武十二年〈六八三〉正月庚寅条）、「百僚拝㆓朝庭㆒」（天武十四年〈六八五〉正月戊申条）などと「朝庭」という語句を使用して表現する例がみえる。

具体的には、唐使・新羅・任那使が小墾田宮「朝庭」の「庭中」で推古天皇に「再拝」した事例や（『日本書紀』推古十六年〈六〇八〉八月癸卯条・推古十七年〈六〇九〉十月丁酉条）、孝徳天皇が定めた礼法に官人が天皇の宮殿に参集した際に、まず「就レ庭再拝、乃待二于庁一」せと求めたことの例（『日本書紀』大化三年〈六四七〉是歳条）、「朝庭隊仗」を「如二元会儀一」くして行われた白雉改元の儀の際、官人達が小郡宮「中庭」で孝徳天皇に「再拝」した事例（『日本書紀』白雉元年〈六五〇〉二月甲申条）などにみえるように「朝庭」で天皇を拝したのであろうが、佐竹昭氏の述べるように天皇を拝することを「拝二朝庭一」と表現しているものとみられる。[12]

田中氏は「古事記・日本紀を検討するに、天皇を『ミカド』と申し上げた証拠は認め難い」と述べる。これは『古事記』・『日本書紀』に「御門」などの語句で天皇を呼称した事例がないことなどから慎重にいわれたものであろうが、『万葉集』から「朝庭」がミカドと呼称されていたことが確認でき、「朝庭」という語句を使用して『日本書紀』が天皇を拝することを「拝二朝庭一」と表現していたことをあわせて考えると、『日本書紀』の成立した八世紀前期、「朝庭（ミカド）」という語句にすでに天皇の意味が加わっていたこと、すなわちミカドが天皇の呼称になっていたことは認めてもよいと考える。

なお、天武紀には「百寮諸人」が天皇を拝することを「皇子以下、百寮諸人拝レ朝」（天武四年〈六七五〉正月丁未条）、「群臣百寮拝レ朝」（天武五年〈六七六〉正月庚子条）などと表現する用例もみられる。「拝レ朝」の「朝」は「朝庭」と同じくミカドと呼称したものとみられ、「拝二朝庭一」という表現と同義の表現と考えられる。

ミカドに天皇の意味が含まれるようになった時期が、武田氏や田中氏の主張した八世紀中期よりも以前にさかのぼるとすれば、ミカドが天皇の呼称になった時期はいつまでさかのぼるのであろうか。

このことを考える場合にてがかりとなるのが、過去の天皇とその治世を「難波朝庭」（『日本書紀』天武十一年〈六八二〉九月壬辰条）というように、天皇号を省略して「王宮の所在地名」＋「朝庭（もしくは朝廷）（ミカド）」をもって表現する例の成立時期である。

大和政権で過去の大王とその治世は「獲加多支鹵大王（雄略天皇）寺、在二斯鬼宮一時」（「稲荷山古墳出土鉄剣銘」）のように、「大王の個人名」＋「大王」＋「王宮の所在地名」＋「時」か、「台（治）二天下一獲□□□鹵大王（雄略天皇）世」（「江田船山古墳出土鉄刀銘」）のように「台（治）二天下一」＋「大王の個人名」＋「大王」＋「世」などと表現された。

天皇号が成立すると「乎娑陀宮治二天下一天皇（敏達天皇）之世」・「等由羅宮治二天下一天皇（推古天皇）之朝」・「阿須迦宮治二天下一天皇（舒明天皇）之朝」（「船首王後墓誌」）・「飛鳥御原宮治二天下一天皇（天武天皇）御朝」（「小野朝臣毛人墓誌」）[13]など、「大王」を「天皇」、「時」・「世」を「世」に加え「朝」・「御朝」などと表現した、「王宮名」＋「治二天下一天皇」＋「世（朝・御朝）」という表現がみえはじめる。[14]

なお、「朝」や「御朝」は先にみたように「聖朝」と表現する例もみられるが、これは「朝庭」と同義の表現とみられる。さらに七世紀後期以降、天皇号を省略して「宮の所在地名」＋「朝庭」を用いて過去の天皇とその治世を表現する例が増えてくる。これは「朝庭」に天皇とその治世の意味も含有されてきたこと、すなわち「朝庭」に天皇の意味が加わってきたことを意味する。[15]

表②は『日本書紀』・『続日本紀』に収載された詔勅・上表などで「王宮の所在地名」＋「朝庭（朝廷）」を使用して、過去の天皇とその治世を表現した例をまとめたものであり、七世紀後期にみえ始めた天皇とその治世を「朝庭（朝廷）」を使用して表現することが八世紀にかけて定着していく様子がうかがえる。

なお、「朝庭」と「朝廷」の異同については、佐竹昭氏が「古くはすべて『朝庭』と記した可能性が濃い」と

	年代	用例	対象天皇
1	天武元年（672）６月壬午	近江朝庭	天智天皇
2	天武11年（682）９月壬辰	難波朝庭	孝徳天皇
3	天平７年（735）５月丙子	難波朝庭	孝徳天皇
4	天平８年（736）11月丙戌	浄御原朝庭	天武天皇
5	天平19年（747）10月乙巳	浄御原朝庭	天武天皇
6	天平勝宝３年（751）２月己卯	浄御原朝庭	天武天皇
7	天平宝字元年（757）閏８月壬戌	藤原朝庭	文武天皇
8	天平宝字２年（758）４月己巳	泊瀬朝倉朝廷	雄略天皇
9	天平宝字２年（758）４月己巳	小治田朝廷	推古天皇
10	天平神護元年（765）５月庚戌	難波高津朝庭	仁徳天皇
11	天平神護２年（766）３月戊午	難波長柄朝庭	孝徳天皇
12	天応元年（781）12月丁未	後奈保山朝庭	元正天皇
13	延暦３年（784）11月戊午	遠明日香朝庭	允恭天皇
14	延暦３年（784）11月戊午	長谷旦倉朝庭	雄略天皇
15	延暦10年（791）１月己巳	飛鳥浄御原朝庭	天武天皇
16	延暦10年（791）９月丙子	訳語田朝庭	敏達天皇
17	延暦10年（791）12月甲午	小治田朝庭	推古天皇

表②　『日本書紀』・『続日本紀』収載の詔勅や上表などで、「朝庭（朝廷）」を過去の天皇や天皇の治世の意味で使用した例

いう指摘をしている[16]。佐竹氏の指摘を踏まえ、本稿では「朝廷」（例えば表②9など）の表記も「朝庭」と同義の表現とみて考察をすすめる。

坂本太郎氏は、『日本書紀』天武紀上を実録としての真実性をもち、信ずべき史料によって書かれたと評価し、天武紀下と持統紀を政府の毎日の記録を史料とした純粋の歴史記録と評価した[17]。坂本氏の評価を参考にすると、表②1の「近江朝庭」の用例はおいておくにしても、表②2の「難波朝庭」は原史料の表現であったものとみて問題はないであろう。

金石文での初見は、持統三年（六八九）の年記をもつ「采女氏塋域碑[18]」にみえる「飛鳥浄原大朝庭（天武天皇）」という用例であり、表②2の「難波朝庭」が原史料の表現であったことの傍証史料となる。

表②2の用例と「采女氏塋域碑」の用例をあわせて考えると天武朝には、「朝庭」に天皇の意味が加わり、過去の天皇やその治世を天皇号を省略して

「王宮の所在地名」＋「朝庭」で表現するあり方が成立していたものとみられる。以上から本稿では、過去の天皇やその治世を「王宮の所在地名」＋「朝庭」で表現するあり方が成立した時期を天武朝頃と考えたい。

三　ミカドと天皇が結合した背景

1　「朝庭」の成立

第二章でみたように天武朝頃には「朝庭（ミカド）」という語句を用いて天皇をミカドと呼称するようになっていた可能性が高い。そこで本章では、「朝庭」と天皇の結合がどのような天皇観を背景に成立してきたものであったのかを考えたい。

まず、天皇の宮殿（ミカド）内に「朝庭」という空間が成立した時期と背景を確認しておきたい。「はじめに」で述べたように、武田祐吉氏はミカドに「朝庭（朝廷）」の意味が生じた後、「朝廷の義から、やがて天皇の御義に導かれた順序が考へられる」とミカドに天皇の意味が加わる前段階にミカドと「朝庭」の結合を想定し、田中卓氏はミカドが天皇の呼称となった背景を「天皇によって朝廷も国家も代表せられてゐるとの力強い自覚」があると述べ、やはり「朝庭」と関連づける。また、佐竹昭氏も同様にミカドに天皇の意味が加わったのは「漢語としての朝廷の語義が媒介となったためであろう」と述べ[19]、ミカドに天皇の意味が加わる前段階にミカドと「朝庭」の結合を想定する。

第一章で先述したようにミカドの原義は門への敬称であり、古代の門には居住者の象徴という性格も存在していた。ここからミカドの居住者であった天皇の意味が派生してくることを想定するのは容易であるが、本稿も武田氏、田中氏、佐竹氏と同様にミカドは、まず天皇や皇子の宮殿の門への敬称の原義から宮殿そのものの呼称に派生した後、天皇の宮殿内に成立した「朝庭」の意味に派生し、その後天皇そのものの呼称として派生していったものと想定する。

それは、第二章でみたように天皇をミカドと呼称した早い用例が「朝庭」という語句で表現されていたことに加え、天皇のみならず皇子の宮殿の呼称にも派生していったミカドという語句が、天皇の呼称に収斂し定着していく過程を考えていく場合、天皇の宮殿内のみに存在し、天皇と官人の君臣関係を具現化する場であり、天皇と官人の結集の場でもあった「朝庭」とミカドの結合の段階を想定することが重要であると考えることによる。

さて、その「朝庭」という語句は、本来天皇の宮殿内に存在した官人の儀式・政務の場である朝堂が立ち並ぶ朝堂院という区画内の中央に存在する空間を指した。「朝庭」は、元日朝賀や即位式などの儀式の際に官人や蕃客などが定位置に立ち並んで、大極殿上の高御座にある天皇を拝する場であったが[20]、官人が「朝庭」に立ち並ぶ場合、位階の上下に従うのが原則であることなどからうかがえるように、「朝庭」は官人社会の秩序を維持する役割を担う空間でもあった[21]。

なお、天皇の宮殿内に存在した大極殿・朝堂・朝庭からなる空間を正式に朝堂院と呼称するようになるのは長岡宮以降だが[22]、本稿では、それ以前の天皇（大王）の宮殿内に存在した長岡宮以降の朝堂院につながる空間も朝堂院、その中央に存在した広場を「朝庭」と呼称する。

さて、その「朝庭」だが第二章で先述したように『万葉集』から八世紀前期にはミカドと呼称されていたことが確認される。しかし、「朝庭」という漢語を構成する「朝」と「庭」という漢字本来の意味を尊重するならば、アサノオホバもしくはアシタノオホバなどと呼称すべきである。

『日本書紀』をみると、「朝堂庭」（皇極二年〈六四三〉十月己酉条）・「朝庭内」（白雉二年〈六五一〉十二月晦条）をミカドノオホバと読む古訓が確認される。この古訓が、いつまでさかのぼるものかという問題はあるが、これは「朝庭」をミカドと呼称する前段階に「朝庭」をミカドノオホバと呼称する段階があった可能性を示唆させる。ミカドノオホバという呼称は「朝庭」をミカドと呼称するよりも無理がない呼称であり、「朝庭」をミカドノオホバと呼称する段階を経た後、ミカドと呼称するあり方が成立してきた可能性は高いと考える。

ここで、改めて第一章表①をみるとミカドを「朝庭」と表記するようになった時期が「御門」と表記した時期よりも遅いことが注目される。『万葉集』の仮名表記が、収載された歌の製作された時期の表記をどれだけ反映しているのかという問題はあるが、ミカドを「朝庭」と表記するようになった時期が、七世紀後期より以前にあまりさかのぼらないものであることは認めてもよいだろう。

これに関連して、七世紀後期から八世紀前期に製作された歌のなかにみられる「朝庭跡」（表①15）というミカドの表記も注目される。「朝庭」の後に「跡」を付したこの表記は、ミカドと「朝庭」の結合が定着しきっていない、すなわち「朝庭」をミカドと呼称するようになった時期より、あまり隔たっていない時期の表記を反映したものとみられる。

「朝庭（ミカド）」という空間の存在は、推古十一年（六〇三）十月に推古天皇が遷宮した小墾田宮から確認される（『日本書紀』推古十一年十月壬申条）。[23]

表③は『日本書紀』にみられる「朝庭」を使用した政務・儀式をまとめたものである。小墾田宮の「朝庭」を嚆矢に「朝庭」が儀式・政務の空間として定着していく様子がうかがえる。なお、「朝庭」ではなく単に「朝」

と記された記事や「大極殿」と記された記事も「朝庭」の使用を前提とした儀式・政務の可能性が高いとみて用例に含めてある。

「朝庭」の存在が確認されるようになる小墾田宮造営の直接的契機は、『隋書』倭国伝のみに記される六〇〇年の遣隋使が受けた隋の文帝の「訓令」と隋使来朝への対応であった(24)。著名な記事ではあるが、『隋書』倭国伝の当該部分をみておこう。

　開皇二十年（六〇〇）、倭王姓阿毎、字多利思比孤、号二阿輩鶏弥一、遣レ使詣レ闕。上令三訪二其風俗一。使者言、倭王以レ天為レ兄、以レ日為レ弟、天未レ明時出聴レ政、跏趺坐、日出便停二理務一、云レ委二我弟一。高祖（隋文帝）曰、此太無二義理一。於レ是訓令レ改レ之。

文帝より「訓令」を受けることになった、「天未レ明時出聴レ政、跏趺坐、日出便停二理務一、云レ委二我弟一」という倭国の政務のあり方の解釈については諸説あるが、近年に出された平林章仁氏の「日の出後の俗事である日常政務が、夜明け前の祭事に基づいて執行されている様を、天と日の兄弟関係に擬えて説明したまでのことであろう」という見解に従っておく(25)。

本記事は倭国の政務のあり方が、隋の政務のあり方と大きく相違するものであったことを示しているが、隋唐期の政務のあり方を渡辺信一郎氏の研究をもとに確認しておこう(26)。

隋唐期の皇帝の政務が行われる主要な空間は皇帝の宮殿内に三つあった。一つめは両儀殿（大明宮では紫宸殿、以下同じ）であり、皇帝が五日毎に出御し、五品以上の官僚などと日常政治を行う場である。

二つめが正殿とされた太極殿（宣政殿）であり、皇帝が一日・十五日の朝会に出御し九品以上の官僚と朝政を行う場である。太極殿では、皇帝の即位式・皇帝への尊号奉呈・皇帝の葬儀・皇太子冊立・制科の試験・時令の

	年月日	宮名	『日本書紀』の場所表記	内容
1	推古16年(608)８月癸卯	小墾田宮	朝庭	天皇の唐使引見
2	推古16年(608)８月丙辰	小墾田宮	朝	唐使歓待の饗宴
3	推古17年(609)10月丁酉	小墾田宮	朝庭	天皇の新羅・仁那使引見
4	推古17年(609)10月乙巳	小墾田宮	朝	新羅・仁那使歓待の饗宴
5	舒明２年(630)８月庚子	小墾田宮	朝	高句麗・百済使歓待の饗宴
6	舒明７年(635)７月辛丑	飛鳥岡本宮	朝	百済使歓待の饗宴
7	舒明11年(639)11月朔	飛鳥岡本宮	朝	新羅使歓待の饗宴
8	皇極元年(642)４月癸巳	飛鳥岡本宮	朝	天皇の百済使引見
9	皇極元年(642)７月壬戌	飛鳥岡本宮	朝	百済使歓待の饗宴・相撲
10	皇極２年(643)10月己酉	飛鳥板蓋宮	朝堂庭	天皇と群臣・伴造の饗宴・合議
11	皇極４年(645)６月甲辰	飛鳥板蓋官	大極殿	天皇の高句麗・百済・新羅使引見
12	大化３年(647)１月壬寅	蝦蟇行宮	朝庭	射礼
13	白雉元年(650)２月甲申	小郡宮	朝庭	白雉献上・改元儀
14	白雉２年(651)12月晦	難波長柄豊碕宮	朝庭内	安宅・土側等読経
15	斉明元年(655)７月己卯	難波長柄豊碕宮	朝	蝦夷・百済使歓待の饗宴
16	天智９年(670)１月辛巳	近江大津宮	宮門内	射礼
17	天智10年(671)１月庚子	近江大津宮	殿前	朝賀
18	天武４年(675)１月丁未	飛鳥浄御原宮	朝	朝賀
19	天武４年(675)１月壬子	飛鳥浄御原宮	朝庭	天皇と群臣の饗宴
20	天武５年(676)１月朔	飛鳥浄御原宮	朝	朝賀
21	天武５年(676)１月甲寅	飛鳥浄御原宮	朝庭	天皇と百寮の饗宴
22	天武８年(679)９月癸巳	飛鳥浄御原宮	朝	遣新羅使引見
23	天武８年(679)９月庚子	飛鳥浄御原宮	朝庭	遣耽羅使引見
24	天武10年(681)１月癸酉	飛鳥浄御原宮	朝庭	朝賀
25	天武10年(681)１月辛巳	飛鳥浄御原宮	朝庭	射礼
26	天武10年(681)２月甲子	飛鳥浄御原宮	大極殿	浄御原令制定の詔発布
27	天武10年(681)３月丙戌	飛鳥浄御原宮	大極殿	帝紀・上古諸事撰述の詔発布
28	天武10年(681)９月己亥	飛鳥浄御原宮	朝	遣高句麗・新羅使引見
29	天武11年(682)５月己未	飛鳥浄御原宮	朝	倭漢直等男女引見
30	天武11年(682)７月甲午	飛鳥浄御原宮	朝庭	大隅隼人・阿多隼人の相撲
31	天武12年(683)１月庚寅	飛鳥浄御原宮	朝庭	朝賀
32	天武12年(683)１月乙未	飛鳥浄御原宮	大極殿前	天皇と親王・群卿の饗宴
33	天武12年(683)１月丙午	飛鳥浄御原宮	庭中	小墾田儛・三国楽の奏
34	天武14年(685)１月戊申	飛鳥浄御原宮	朝庭	朝賀
35	朱鳥元年(686)１月癸卯	飛鳥浄御原宮	大極殿	天皇と緒王卿の饗宴
36	朱鳥元年(686)１月己未	飛鳥浄御原宮	朝庭	酺（酒宴）の実施
37	持統３年(689)１月朔	飛鳥浄御原宮	前殿	朝賀
38	持統４年(690)１月己卯	飛鳥浄御原宮	朝	朝賀
39	持統８年(694)12月乙卯	藤原宮	朝	百官引見

表③　『日本書紀』にみえる「朝庭」を使用した政務・儀式

註　場所表記に「朝庭」とない政務・儀式でも、表記から「朝庭」を使用した可能性が高い事例も含めた。

読授・改元詔の発布など皇帝が行う基本的な朝政・儀礼が挙行された。また、冬至と元日の大朝会は太極殿（含元殿）で、皇帝と九品以上の官僚、地方各州の使節団、外国の使節団が参加して行われた。

三つめが承天門（丹鳳門）であり、即位・郊祀・宗廟祭祀・尊号奉呈・改元・元会儀礼の執行に際し、大赦の発布を行う場である。このように主として三つの空間を使用して、皇帝による三層の朝政が統一的に執行されるところに隋唐期の政務のあり方の特徴がある。

また、承天門（丹鳳門）とともに独自の機能を果たしたのが、外朝に位置づけられた朝堂という空間であった。朝堂は宰相の合議の場、儀礼の際の官僚待機の場、戦勝宣言の場、官僚の任命伝達の場、外国の君主に皇帝の慰労の言葉を伝達する場、官僚・民衆からの上表を受理する場、訴訟受理の場などとして使用され、承天門（丹鳳門）とともに上表や訴訟受理などを通じて社会との接点の役割を演じたという。

先述したように小墾田宮の造営は、隋文帝の「訓令」と隋使来朝の対応を契機に倭国に中国的儀式を導入するために行われたものと考えられる。小墾田宮へ遷宮した二ヶ月後、冠位十二階が制定され（『日本書紀』推古十一年十二月壬申条）、翌推古十二年（六〇四）四月に「八曰、群卿百寮、早朝晏退。公事靡レ盬。終日難レ盡。是以、遅朝不レ逮二于急一。早退必事不レ盡」などと「群卿百寮」に懈怠なく出仕し「公事」を遂行することも求めた憲法十七条が制定され（『日本書紀』推古十二年四月戊辰条）、同年九月に「朝庭」内で中国式の立礼を採用したこと（『日本書紀』推古十二年九月条）など[27]も、その流れのなかに位置づけられる。

小墾田宮から「朝庭」という空間が確認されるようになった直接的背景は、推古朝で導入が推進された中国的儀式を挙行するための空間が必要になったためと考えられるが、「朝庭」の創出が天皇（大王）のもとに統一された政務空間の創出という側面があったことにも留意しておく必要がある。

先述したように隋唐期の皇帝の政務は、三つの空間を使用して皇帝が政務を統一的に執行するところに特徴があったとされる。これに対して、倭国の政務運営は氏姓制度を前提にした職務分担にもとづいて各氏族が分散して処理していたものとみられ[28]、外交も天皇（大王）の宮ではなく、難波などの客館で畿内の有力豪族によって担われていた[29]。このようななかで、天皇（大王）の宮殿内に「朝庭」という空間を創出して、「朝庭」に冠位を与えた諸豪族を参集させようとしたことは、倭国では「朝庭」という一つの空間に集約されてしまってはいるが、隋唐期の皇帝と同じように天皇（大王）のもと、統一的な儀式・政務の運営を目指そうという指向が醸成されつつあることを意味する。

2　ミカドと「朝庭」

次に天皇の宮殿の呼称であるミカドという語句に小墾田宮から存在が確認されるようになった「朝庭」の意味が結合した時期を考えたい。

「朝庭」の存在が確認されるのは推古朝からだが、佐竹昭氏は推古朝から皇極朝にかけての「この空間に対する強い関心は、『日本書紀』の記事からすると外交儀礼との関わりにあったらしい」と述べている[30]。佐竹氏の指摘は、表③で推古朝から舒明朝にかけて「朝庭」が外交の空間として使用されていたことは確認されるが（表③1・2・3・4・5・6・7）、豪族たちの日常的政務の空間として使用されたことが確認されないことなどからも基本的に首肯してよいだろう（もちろん、そのようなことが全くなかったとは想定していない）。

推古朝から舒明朝の政務のあり方を考える場合、推古三十六年（六二八）九月に推古天皇の後継天皇を選定するため「群臣」を蘇我蝦夷の「大臣家」に召集して合議が開催されたという記事（『日本書紀』舒明即位前紀）と、舒明八年（六三六）七月に大派王が蘇我蝦夷に以下のように語ったという記事が注目される（『日本書紀』舒明八年七月朔条）。

大派王謂二豊浦大臣一曰、群卿及百寮朝参已懈。自レ今以後、卯始朝之、巳後退之。因以レ鍾為レ節。然大臣不レ従。

この記事から「群卿及百寮」の「朝参」が未だ定着していないことと、その励行に大臣蘇我蝦夷自身が関心を示さなかったことが窺えるが、先の舒明即位前紀の記事とあわせて考えると、舒明朝に至っても「朝庭」は未だ大臣や「群卿及百寮」の日常的政務空間として定着していないものとみられる。

皇極朝になると「朝堂庭」で、天皇と「群臣伴造」が饗宴と授位の合議が開催されたことが確認されるが（表③10）、「朝庭」儀式の整備史上、注目すべき諸政策がみられるようになるのは孝徳朝である。

第二章でも少しみたように大化三年（六四七）、孝徳天皇は小郡宮で以下のような「礼法」を定めた（『日本書紀』大化三年是歳条）。

凡有レ位者、要於寅時。南門之外、左右羅列、候二日初出一。就レ庭再拝、乃侍二于庁一。若晩参者、不レ得二入侍一。臨レ到二午時一、聴レ鍾而罷。其撃レ鍾吏者、垂二赤巾於前一。其鍾台者、起二於中庭一。

この「礼法」は「朝庭」を官人の日常的政務空間として定着させることを目的にしたものと考えられる。

第二章でみたように、『日本書紀』に収載された文書中で「朝庭」を天皇の意味で使用した初見事例とみられる天武十一年（六八二）九月壬辰の天武天皇勅は、「自レ今以後跪礼、匍匐礼、並止之。更用二難波朝庭之立礼一」（『日本書紀』天武十一年九月壬辰条）と「朝庭」で「跪礼、匍匐礼」を停止することと「難波朝庭」の「立礼」を行うことを命じたものだが、この勅からは孝徳朝の儀式整備が画期的なものとして意識されていたことがわかる。

この天武天皇の勅と小郡宮で礼法を制定した記事は、孝徳朝の「朝庭」儀式整備の一端をうかがわせるものだが[31]、孝徳朝に造営された難波長柄豊碕宮[32]が東西二三三・四メートル、南北二六三・二メートルという巨大な規模をもつ朝堂院のなかに広大な「朝庭」が出現したことにも留意しておくべきである。

先述したように『万葉集』のミカドの表記からすると、ミカドを「朝庭」と表記する例が定着した時期は、七世紀後期よりもあまりさかのぼらない時期とみられる。このことと推古朝から舒明朝の「朝庭」が日常的政務空間としては未だ定着していない状況や、孝徳朝の「朝庭」儀式の諸整備、難波長柄豊碕宮に出現した広大な「朝庭」の存在などをあわせて考えると、ミカドと「朝庭」が結合した時期は、的確な時期を示すのは困難ではあるが、その上限は孝徳朝、下限は天皇や天皇の治世を「朝庭」と表現することが確認されるようになる天武朝頃までの範囲におさまる可能性が高いと考えられる。

3　「朝庭」と天皇

最後に「朝庭（ミカド）」と天皇の意味が結合した背景を考えたい。第二章でみたように「朝庭」に天皇そのものの意味が加わってきたのは天武朝頃とみられるが、その背景には同時期に「朝庭」と天皇を同一視する天皇観が形成されてきたことがあった。このことを考えていく場合、文武元年（六九七）八月に即位した文武天皇の即位宣命の以下の部分が注目される（『続日本紀』文武元年八月庚辰条）。

（前略）随神所思行佐久止詔天皇大命乎、諸聞食止詔。是以、天皇朝庭敷賜行賜幣留、百官人等、四方食国乎治奉止任賜幣留国々宰等尓至麻弖尓、国法乎過犯事無久、明支浄支直支誠之心以而、御称々而緩怠事無久、務結而仕奉止詔大命乎、諸聞食止詔。故如此之状乎聞食悟而、款将仕奉人者、其仕奉礼良牟状随、品々讃賜上賜治将賜物曾止詔天皇大命乎、諸聞食止詔（後略）。

本宣命で文武天皇は、「天皇朝庭」が設けた「百官人」・「国々宰等」の官人たちに「国法」を遵守し、「明き浄き直き誠の心」をもって、「緩び怠たる事な」く、「仕へ奉」ることを求め、「款しく仕へ奉らむ人」には「仕へ奉れらむ状の随」に「品々」を昇叙することを宣言する。

本宣命の「天皇朝庭」という表現からは、官人の「仕奉」(33)の対象である「天皇」と「朝庭」を重ねる天皇観がうかがえる(34)。そして、その天皇観が「品々」、すなわち位階の昇叙によって担保されていること、そして昇叙の基準として氏姓の尊卑などではなく、「款しく仕へ奉らむ」、「仕へ奉れらむ状」と日々の勤務態度のみがあげられていることなどが注目される。そこで位階昇叙法をてがかりにして、本宣命にみられるような天皇と「朝庭」を同一視する天皇観が形成されてきた背景を考えてみたい。

まず、唐制を模範にして大宝令で確立した令制の位階昇叙法の基本的仕組みを野村忠夫氏の研究にもとづき確認しておく。野村氏によると、令制の官人は蔭位制の叙位（三位以上の子・孫、四・五位の子の特典）、貢挙制の叙位（大学・国学修了後、貢試に及第することが前提条件）、トネリとしての勤務状況にもとづく叙位の三種類の出身法（初叙法）のいずれかの方法で出身した後、「考」（毎年の勤務評定）と「成選」（考が所定年数に達した時に行われる昇叙の是非や内容の選考）を受けて昇進する仕組みになっていた。なお、「考」の前提条件は一年間（前年八月一日～本年七月末）に一定数の「上日」（出勤日数）を満たすことであり、満たせない場合は原則として「不考」として考の対象から除外された(35)。

野村氏が明らかにした以上のような令制の出身法や昇叙法は、唐の官僚制の仕組みを模範にしながら形成されてきたものだが、その起原は天武朝にさかのぼる。『日本書紀』からは、天武二年（六七三）五月に出身法につながる詔（『日本書紀』天武二年五月朔条）、天武七年（六七八）十月に昇叙法につながる詔（『日本書紀』天武七年十月己酉条）がそれぞれ下されたことが確認できる。[36] なお、天武二年五月詔が「夫初出身者、先令ㇾ仕二大舎人一。然後、選二簡其才能一、以充二当職一」、天武七年十月詔が「凡内外文武官、毎ㇾ年、史以上、属官人等、公平而恪懃者、議二其優劣一、則定二応ㇾ進階一」と表面上は氏姓の尊卑を問題とせずに「才能」や「公平而恪懃」を判断基準にしていることが注目される。

また、天武七年十月詔や後述の天武十一年（六八二）八月詔にはみえない、上日の扱いの問題であるが野村氏の「上日（出勤日数）が、官人の勤怠を判定する最も初歩的で端的な基準であろうから」・「事実上での一基準として作用したとみられる」という見解に従うべきであろう。[37]

天武七年十月詔は「進階」手続きの判断基準に氏姓をあげないが、天武十一年八月には「景迹」とともに「族姓」を「考選」の基準にすべきこと、「族姓不ㇾ定者」は「考選」の対象から除外すべきことを命じた詔が下された（『日本書紀』天武十一年八月癸未条）。これは天武十三年（六八四）十月の、八色の姓の制定（『日本書紀』天武十三年十月己卯条）に結実した、個々の官人が帰属する氏を確定して、その各氏に八種類の新たな姓を与えることにより、従来の氏姓制秩序を再編しようとする政策の一環であった。[38]

持統四年（六九〇）四月、持統天皇は詔を下して、天武七年十月詔の毎年の考を選に結びつける考選方法を複数の考を選に結びつける方法に改め（『日本書紀』持統四年四月庚申条）、これが令制の考選法のもととなった。[39] 本詔中の「以二其上日一、選二定九等一。四等以上者、依二考仕令一、以二其善最功能、氏姓大小一、量二授冠位一」という記事から前年施行の浄御原考仕令に「上日」が存在していたことがわかる。

「族姓」や「氏姓大小」の考慮をかかげた天武十一年八月詔と持統四年四月詔中の浄御原考仕令の規定は、大和政権以来の氏姓制秩序の強調を示すものとも考えられる。しかし、前者の詔が氏姓制秩序を再編しようとした天武朝の諸政策の一環としてだされたもの[40]、後者の詔がそれを受けたものであったことや[41]、「景迹」・「善最功能」が判断基準として規定されたことにも留意しておく必要があるだろう。

以上の経過を経て制定された大宝選叙令応選条が、「銓擬之日」の判断基準として唐選挙令（『唐令拾遺』選挙令三条）と同じく、「銓擬之日、先盡二徳行一。徳行同、取二才用高者一。才用同、取二労効多者一」と徳行才用主義を掲げて氏姓の尊卑を問題とせず、大宝考課令善条も勤務評定の基準として唐考課令（『唐令拾遺』考課令三・四・五・六条）と同じく、「徳義有レ聞者、為二一善一」・「清慎顕著者、為二一善一」・「公平可レ称者、為二一善一」・「恪勤匪レ懈者、為二一善一」と規定し氏姓の尊卑を問題にしなかったことは周知のことである。

その理由については、大宝令で蔭位制の規定が成立して氏姓制秩序を令制のなかに組み込むことができたためとみるのが通説だが[42]、蔭位授与の基準はあくまで祖父・父の位階であって、「族姓」や「氏姓大小」は考慮の対象外であることや（大宝選叙令五位以上子条）、蔭位授与後の昇叙の際に「族姓」や「氏姓大小」を考慮する規定が存在しないことなどに加えて、長山泰孝氏の「蔭位の制度は貴族制の維持に対して必ずしも十全の働きをするものではなく、むしろ律令的な官僚制原理の作用と相まって、有力貴族の地位をしだいに低下せしめる方向に働いたと考えられる」という指摘や[43]、仁藤敦史氏の蔭位授与が「徳行才用主義と王権の意志に大きく制約されて」おり、結果として「王権の貴族層に対する相対的優位性を保証する制度として機能し」、「律令官人のスタート時点での有利性を保証するものではあっても、以後の昇進を保証するものではけっしてない」という指摘を想起するならば[44]、大宝律令にもとづく律令国家の確立によって氏姓制秩序のもつ影響力が相対的に後退していることは認めるべきであろう。事実、大宝律令の施行から約二世紀後には、藤原氏以外の律令国家成立以前からの有力貴族の大半は没落してしまうのである(45)。

以上みてきたように天武朝以降、大宝令に結実した位階昇叙法の形成が進展したが、天武朝から持統朝にかけての昇叙の判断の前提となる上日を満たすために出勤すべき空間はどこであろうか。

『延喜式』に以下のような規定がある。

○凡百官庶政皆於二朝堂一行之、但三月十月旬日著之、正月二月十一月十二月並在二曹司一行之（太政官式）。

○凡諸司皆先上二朝座一、後就二曹司一、不レ得下経二過他処一以闕中所職上、若無レ故空座及五位以上頻不レ参経二三日以上一者、並省推科附レ考、其節会雨泥日、及正月、二月、十一月、十二月、並停二朝座一、但三月、十月旬日著之（式部省式上）。

○凡京官五位已上、先参二朝堂一、後赴二曹司一、或三日頻不参、而式部不レ勘者、台喚二式部一勘之（弾正台式）。

○凡諸司五位以上、共率二僚下一、且就二朝座一、然後行二曹司政一、怠二慢政事一有レ闕、厳加二禁制一（弾正台式）。

岸俊男氏は、これらの規定などから寒気のきびしい十一月から二月までの寒冷期を除き、「百官」が朝堂院内の「朝堂」の朝座についた後、各々の「曹司」で執務することが、平安宮の段階でも維持された官人の勤務形態の原則であることを指摘した(46)。式部省式上や弾正台式からは、理由のない「空座」や「不参」が、毎年の勤務評定すなわち「考」に反映されるという原則がうかがえる。

『延喜式』からうかがえる原則や、先述した小郡宮の「礼法」の「有レ位者、要於寅時。南門之外、左右羅列、候二日初出一。就レ庭再拝、乃侍二于庁一。若晩参者、不レ得二入侍一」という規定をあわせて考えると、天武朝から持統朝の官人たちの執務空間は、浄御原宮内の「朝庭」内、もしくは近接した「朝堂」であったとみられる。

次頁の図は飛鳥浄御原宮の遺構図であるが、図中の内郭南・エビノコ郭西、もしくはエビノコ郭南の空間が、「朝庭」[47]と想定される。また、エビノコ郭南に「朝堂」[48]を想定する見解もあるが定説ではない。

なお、浄御原宮の「朝堂」については、以下の『日本書紀』の記事からその様子がうかがえる。

○天武七年（六七八）四月己亥条

霹二靂新宮西庁柱一。

○天武十一年（六八二）十一月乙巳条

詔曰、親王・諸王及諸臣、至二于庶民一、悉可レ聴之。凡糾二弾犯レ法者一、或禁省之中、或朝庭之中、其於二過失発処一、即随見随聞、無二匿弊一而糺弾（後略）。

○持統四年（六九〇）七月甲申条

詔曰、凡朝堂座上、見二親王一者如レ常、大臣與レ王、起立二堂前一。二王以上、下レ座而跪。

○持統四年（六九〇）七月己丑条

詔曰、朝堂座上、見二大臣一動レ坐而跪。

○持統五年（六九一）三月甲戌条

宴二公卿於西庁一。

天武十一年十一月の詔からは、浄御原宮に「禁省」と「朝庭」という空間（「禁省」が後の内裏、「朝庭」が朝堂院に相当する空間であろう）が別個に存在していたことがわかり、持統四年七月の詔からは「朝堂」の存在、天武七年四月己亥条・持統五年三月甲戌条からは、「朝堂」に「西庁」とこれに対応する「東庁」が存在していたことがうかがえる。

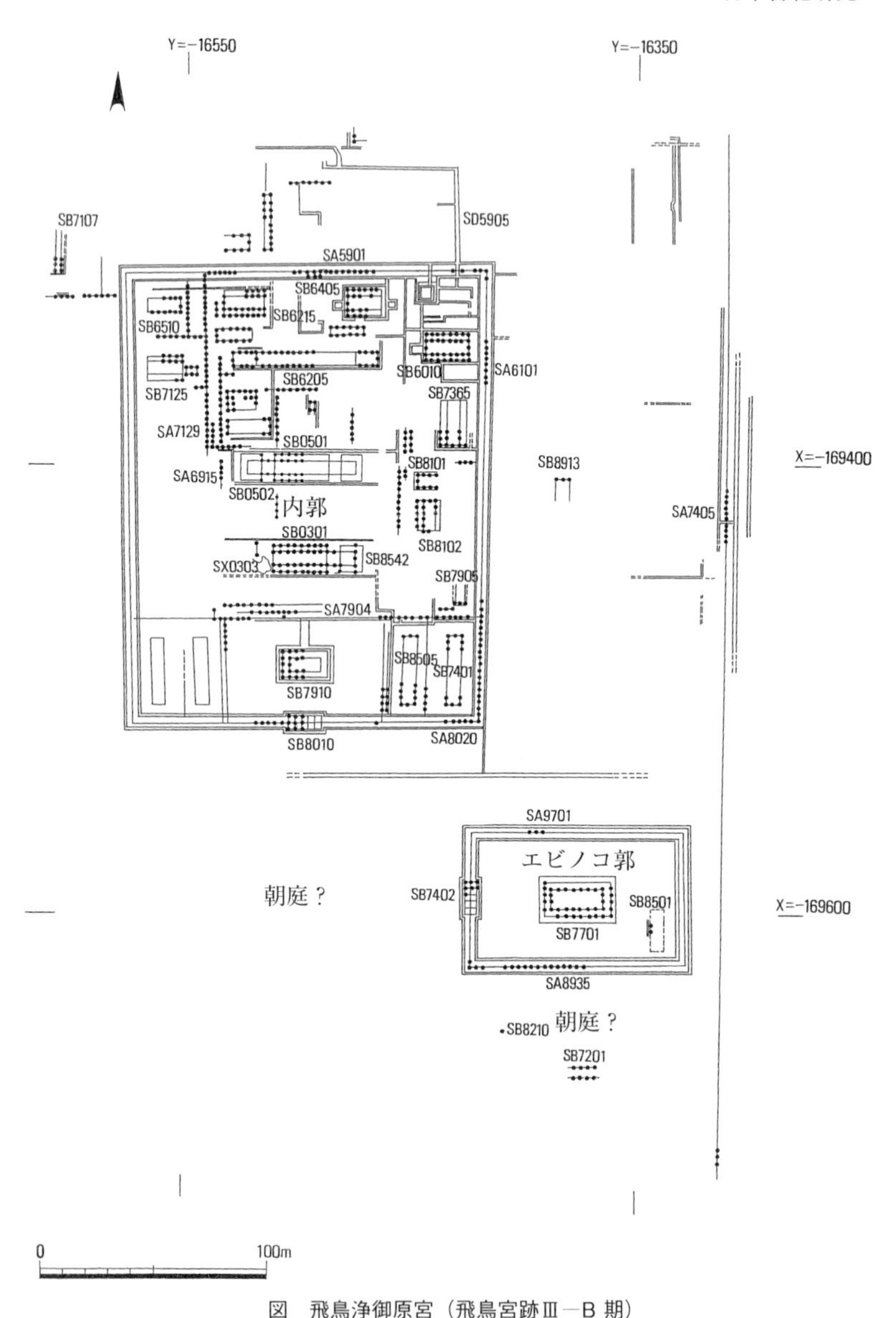

図　飛鳥浄御原宮（飛鳥宮跡Ⅲ—B 期）

奈良県立橿原考古学研究所編『飛鳥京跡—内郭中枢の調査(１)—奈良県立橿原考古学研究所調査報告書第102冊』(2008年)、219頁図より転載、加筆。

そして本章で問題にしている、「朝庭」と天皇を同一視する天皇観は、天武朝から持統朝の官人たちが昇叙の前提条件である上日を満たすため、日々浄御原宮「朝庭」に参集後、「朝堂」で執務を行い、天皇への「仕奉」を「朝庭」への参集と「朝堂」の執務という形で具現化していくなかで形成されてきたものとみられる。

これは逆にいうと、「朝庭」への参集や「朝堂」での執務を昇叙の前提条件にするという実利と結合しない状況では「朝庭」への参集や「朝堂」での執務の定着も進展せず、そこから「朝庭」と天皇を同一視する天皇観も形成されにくいということを意味する。先述した、昇叙と「朝参」の結合が未確立な段階である舒明八年七月当時、「群卿及百寮朝参巳懈」という状況が起きていたことや過去の天皇とその治世を「朝庭」と表現することが天武朝以降の史料からしか確認されないということは、これを裏付けるものと考える。

また、上日を昇叙の前提条件にすることを契機に「朝庭」への参集と「朝堂」での執務が定着していくということは、結果として「族姓」や「氏姓大小」のもつ意味を後退させていくことにつながるものとみられる（先述した持統四年四月の詔では、「考仕令」の規定によって「善最功能、氏姓大小」を基準に「冠位」を授与するとあるが、その前提条件は「以二其上日一、選二定九等一」めた後、「四等以上」になること、すなわち「上日」を一定数満たすことであった）。

そして、このことが文武天皇の即位宣命や大宝選叙令・考課令の規定のなかに「族姓」や「氏姓大小」への言及がないことにもつながっていくものとみられる。また、天皇と「朝庭」を同一視する天皇観が、唐の官僚制の仕組みを受容する過程のなかで形成されてきたものとみられることは、この天皇観が氏族の尊卑を重視した大和政権以来の氏姓制的原理ではなく、実際は唐以前からの門閥を誇る貴族層に有利な制度や運用が存在していたとはいえ[49]、建前上は唐選挙令・考課令などの規定にあらわれた個々人の才能や日々の勤務態度を重視した唐の官僚制的原理で支えられている側面が強いということも意味している。

おわりに

本稿では三章にわたって、ミカドの原義と語句そのものがもつ性格を確認したうえで、天皇をミカドと呼称するようになり始めた時期が具体的にいつであり、どのような天皇観を背景に出現したものであったのかを考えてきた。その概略をまとめると以下のようになる。

第一章では、ミカドの原義が宮殿の門（カド）へ尊称のミを冠したものであったことと、ミカドという語句から宮殿や天皇そのものの意味が派生してきた原因に古代の門に居住者の象徴という性格があったことや、ミカドに皇族の尊貴性を表現するための語句という性格が含有されていたことなども関係していることを確認した。

第二章では、ミカドと天皇の意味が結合した時期について、八世紀中期とみた武田佑吉氏と田中卓氏の研究を再検討することを通して考えた。そして両氏の根拠とした史料を再検討し、過去の天皇とその治世を「朝庭」と表現するあり方をてがかりにすると、天皇とミカドの意味が結合した時期は八世紀中期以前、具体的には天武朝頃にまでさかのぼることを述べた。

第三章では、ミカドが天皇の呼称になった背景を「朝庭」をてがかりにして考えた。天皇や皇族の宮殿の門から宮殿そのものの意味にまで派生したミカドという語句は、「朝庭」という語句を媒介にすることを通して、天皇そのものの呼称として定着していく。「朝庭」という空間は、推古朝の中国儀式の導入政策のなかで天皇（大王）の宮殿内に出現したが、ミカドという語句と「朝庭」が結合した時期は、上限が孝徳朝、下限が天武朝の範囲におさまる可能性が高いことを確認した。そのうえで、天皇と「朝庭」を同一視した天皇観が、天武朝から持統朝にかけて行われた官人の昇叙と「朝庭」参集後の勤務態度を結合させる仕組みの形成を契機に定着したものであること、またこの天皇観が大和政権以来の氏姓制的原理よりも唐の官僚制的原理で支えられる側面が強いものであったことを述べた。

すなわちミカドという天皇の呼称は、律令国家が形成された七世紀に中国的儀式と中国的官僚制の仕組みを受容するなかで成立してきた呼称であった。第二章表②からは、八世紀に天皇と「朝庭」を同一視した天皇観が定着していく様子がうかがえる。これは八世紀における、官僚制的原理の浸透と氏姓制的原理の後退を反映した事象とみられるが、『続日本紀』以降の国史をみていくと「掛畏支柏原御門（桓武天皇）乃天朝」（『続日本後紀』天長十年〈八三三〉三月壬辰条）、「掛畏平城宮尓天下所知之倭根子天皇御門（光仁天皇）」・「掛畏御門」（『日本文徳天皇実録』斉衡三年〈八五六〉十一月辛酉条）、「掛畏岐田邑御門（文徳天皇）」（『日本三代実録』貞観十八年〈八七六〉十二月二十九日条）などの表現がみられるようになる。

『日本文徳天皇実録』斉衡三年十一月辛酉条の「天皇御門」は、文武天皇の即位宣命にみられた「天皇朝庭」に通じる表現であろう。また、「掛畏御門」は前後の「今月廿五日河内国交野乃原尓。昊天祭為止志天。掛畏御門乎主止定奉天可レ祭事乎」という文脈から宮殿の門への敬称ではなく、光仁天皇そのものの意味で使用されていることがわかる。

これらの史料は、平安前期に陵墓への宣命という公的な場面で天皇を「御門（ミカド）」と表現していたことがわかるとともに、ミカドという語句が「朝庭」という表記を離れて、天皇の呼称として完全に定着している様子がうかがえる。

また、はじめにで先述したように『竹取物語』の会話文では天皇を「御門」と表現しており、先の国史の例と合わせると、平安前期には天皇をミカドと呼称することが広くおこなわれていたことがわかる。
平安前期以降、儀式・政務の空間としての「朝庭」は形骸化し、内裏が天皇・貴族の儀式・政務の中心的空間となっていくが、(50)「朝庭」を媒介にして定着したミカドという天皇の呼称は、はじめにで述べたように以後も日本の歴史のなかで長く存続していくことになる。

註

(1) ミカドは、主な古語辞典では以下のように説明される。
○『時代別国語大辞典　上代編』(一九六七年)。
ミは接頭語。①御門。特に皇居の御門を指していう。②御殿。宮殿。皇居。③朝廷。④天皇。帝。①が原義であるが、宮殿を代表するものとして、②宮殿全体をさすことにもなり、一方、③朝廷・国家の意にも、また④そこにおられる天皇をさしても用いられるに至ったもの。建物の名をもって居住者をさす例はほかにも多い。
○『小学館　古語大辞典』(一九八三年)。
「み」は接頭語。①門の敬称。②特に皇居の門。③皇居。宮殿。④皇室。朝廷。⑤天皇に対する敬称。⑥天皇の統治する国土。国家。『万葉集』では②の用例が多く、文脈に応じて③④の意を帯びて用いられ、外国と対比しては⑥に及ぶこともあったが、天子の御所の門のある故国の意に用いたもので、「みかど」すなわち「国家」「朝廷」などの意になることはなかった。⑤の用法は上代には用例を見ず、中古になってから確立・固定したもので、頻繁に用いられ、誤解のおそれがなければ太上天皇も単に「みかど」と呼び、天皇と区別する必要があると「院のみかど」と称した。
○『岩波古語辞典　補訂版』(一九九〇年)。
ミは神・天皇のものにつく接頭語。①皇居の門。宮門。②皇居。③天皇の敬称。帝。④皇室。天皇の家系。⑤朝廷。宮廷。⑥天皇が治める国。国家。
○『角川古語辞典』(一九九九年)。

「み」は接頭語。①貴人の屋敷の門の敬称。②特に皇居の門。③宮殿。皇居。朝廷。政庁。④天皇、その位。また、上皇。⑤国家、国土。

（2）アーネスト・サトウ（坂田精一訳）『一外交官の見た明治維新』（岩波文庫、一九六〇年）。

（3）武田祐吉「御門考」（『文学』十―三、一九四二年）。

（4）田中卓「奈良時代におけるミカド思想の展開」（『田中卓著作集五　壬申の乱とその前後』国書刊行会、一九八五年、初出一九五三年）。

（5）山田孝雄「『あめのみかど』考」（『芸林』二―一、一九五一年）。なお、この問題に関しては近年、小久保崇明氏の「『あめのみかど』考」（『政経研究』四九―三、二〇一三年）が論じている。

（6）橋本義則「草創期の豊楽院」（同氏『平安宮成立史の研究』塙書房、一九九五年、初出一九八四年）。なお、律令国家における王宮諸門の機能については、浅野充「古代天皇制国家の成立と宮都の門」（同氏『日本古代の国家形成と都市』校倉書房、二〇〇七年、初出一九九〇年）を参照。

（7）本説話について津田左右吉氏は、神功皇后が新羅王の門前に杖矛を立てたという『古事記』や『日本書紀』の叙述を、もとより説話に過ぎず、事実らしくないと述べる（同氏『日本古典の研究　上』〈『津田左右吉全集　第一巻』岩波書店、一九六三年、初出一九四六年〉第二篇　神武天皇から仲哀天皇までの記紀の記載　第一章「新羅に関する物語」）。

また、三品彰英氏はこの説話を空想的な話であり日本古来の降伏の習俗にもこのような類のことはないので、全くの机上の潤色であるとみられるが、新羅の王宮門庭に聖標として蘇塗系の神竿・水竿の類が立てられていたとすれば、それにヒントを得た可能性はあると述べる（同氏『日本書紀朝鮮関係記事考証　上巻』吉川弘文館、一九六二年）。近年では、大隅清陽氏の言及もある（「日本律令制における威物儀容の性格―養老儀制令13儀戈条・15蓋条をめぐって―」同氏『律令官制と礼秩序の研究』吉川弘文館、二〇一一年、初出一九九九・二〇〇一年）。

なお、『日本書紀』の「封㆓重宝府庫㆒、収㆓図籍文書㆒」めたという記事は、『漢書』巻一、高帝紀の劉邦が秦の都咸陽に入城した際、「封㆓秦重宝財物府庫㆒」じ、「収㆓秦丞相府図籍文書㆒」めたという記事をもとにした述作とされるが（岩波文庫『日本書紀　二』、一四九頁、注一五）、高帝紀には劉邦が秦の宮殿の門前に杖矛を立てたという記事はなく、神功皇后が新羅王の居所の門前に杖矛を立てたという部分は『日本書紀』編纂時に加えられた説話であり、日本古代の門の性格を反映した述作である。

神功皇后の説話が成立した時期については、津田氏は六世紀の継体・欽明朝頃、直木孝次郎「神功皇后伝説の成立」（同氏『日本古代の氏族と天皇』塙書房、一九六四年、初出一九五九年）は神功皇后の説話は七世紀以降に推古・皇極・持統女帝をモデルに創作されたものとみるが、塚口義信「神功皇后伝説の形成とその意義」（同氏『神功皇后伝説の研究　日本古代氏族伝承研究序説』創元社、一九八〇年、初出一九七二年）は、その中核に息長氏の系譜伝承があったと述べる。塚口氏は近年、「神功皇后伝説の成り立ち」（『皇學館大學神道研究所紀要』二八、二〇一二年）で神功皇后の物語の祖型となった伝承は古くから存在し、この伝承が雪ダルマ式に大きくなって、『古事記』・『日本書紀』に定着したと述べている。

近年の神功皇后伝説研究の動向については、中村啓信「神功皇后説話の形成」（『国学院雑誌』一一二―一一、二〇一一年）も参照。

(8) 吉村武彦「天下の主者と政治的支配」（同氏『日本古代の社会と国家』岩波書店、一九九六年、初出一九八八年）。

(9) 生江臣氏については、岸俊男「越前国東大寺領庄園をめぐる政治的動向」（同氏『日本古代政治史研究』塙書房、一九六六年、初出一九五二年）、藤井一二「初期荘園と地方豪族」（同氏『初期荘園史の研究』塙書房、一九八六年、初出一九七五年）、『福井県史　通史編一　原始・古代』（福井県、一九九三年）第五章「福井平野に広がる東大寺の荘園」（舘野和己氏担当）などを参照。

(10) 生江臣家道女については、註(9)前掲岸論文、舘野論文などを参照。

(11) なお、トホノミカドのミカドについては、田村圓澄「『遠の朝廷』考」（『古代文化』四二、一九九〇年）のように天皇の被支配地・被支配者の総体と解釈すべきという理解もある。

(12) 佐竹昭「古代宮室における『朝庭』の系譜」（『日本歴史』五四七、一九九三年）。

(13) 奈良国立文化財研究所飛鳥資料館編『日本古代の墓誌』（同朋舎、一九七九年）の解説によれば、「船首王後墓誌」は天武朝末年以降に船氏の墓域を明示する意図もあって追葬されたもので、その時期は八世紀初頭までは降らない。また、「小野朝臣毛人墓誌」は持統朝以降の追納とみるべきであり、毛人の子で和同七年（七一四）に死去した毛野の時代に毛人を顕彰し、その墓域の山の領有を明示することを目的として追納されたものとされる。

(14) 過去の天皇の治世を宮の所在地で表現しようとする意識については、関和彦「民衆世界の天皇」（大津透他『日本の歴史〇

八　古代天皇制を考える』講談社、二〇〇一年）を参照。

(15)「朝庭」に天皇やその治世の意味が加わってきたことについては、佐竹昭「朝廷の語義について」（『古代文化』四六、一九九四年）も参照。

(16) 註(12)前掲論文を参照。

(17) 坂本太郎『六国史』（吉川弘文館、一九七〇年）第二　日本書紀　四　内容。

(18)「采女氏塋域碑」については、三谷芳幸「采女氏塋域碑考」（『東京大学日本史学研究室紀要』創刊号、一九九七年）を参照。

(19) 註(15)前掲論文を参照。

(20) 註(6)前掲橋本著書所収、同氏「朝政・朝儀の展開」（初出一九八六年）。

(21) 吉川真司「王宮と官人社会」（上原真人他編『列島の古代史　ひと・もの・こと　三　社会集団と政治組織』岩波書店、二〇〇五年）。

(22) 註(21)前掲論文を参照。

(23) 岸俊男「朝堂院の初歩的考察」（同氏『日本古代宮都の研究』岩波書店、一九八八年、初出一九七五年）。

(24) 鈴木靖民「遣隋使と礼制・仏教」（『国立歴史民俗博物館研究報告』一五二、二〇〇九年）、倉本一宏「大王の朝廷と推古朝」（『岩波講座日本歴史　第二巻　古代二』岩波書店、二〇一四年）などを参照。

(25) 平林章仁「日の御子・大鷦鷯尊」（同氏『「日の御子」の古代史』塙書房、二〇一六年、初出二〇一一年）。

(26) 渡辺信一郎『天空の玉座　中国古代帝国の朝政と儀礼』（柏書房、一九九六年）第一章「朝政の構造　中国古代国家の会議と朝政」。

(27) 新川登亀男「小墾田宮の匍匐礼」（同氏『日本古代の儀礼と表現』吉川弘文館、一九九九年、初出一九八六年）。

(28) 註(21)前掲論文、註(24)前掲倉本論文などを参照。

(29) 註(7)前掲大隅著書所収「唐の礼制と日本」（初出一九九二年）。

(30) 註(12)前掲論文を参照。

(31) 孝徳朝の「朝庭」儀式の整備については、西本昌弘「元日朝賀の成立と孝徳朝難波宮」（同氏『日本古代の王宮と儀礼』塙書房、二〇〇八年、初出一九九八年）を参照。

(32) 難波長柄豊碕宮については古市晃「難波宮発掘」(森公章編『日本の時代史三　倭国から日本へ』吉川弘文館、二〇〇二年)、古市晃「難波地域の開発と難波宮・難波京」(吉村武彦・山路直充編『都城　古代日本のシンボリズム』青木書店、二〇〇七年)などを参照。

(33) 「仕奉」の意識については、註(8)前掲吉村著書所収「仕奉と氏・職位—大化前代の政治的結合関係」(初出一九八六年・一九九三年)、註(7)前掲大隅著書所収「律令官人制と君臣関係—王権の論理・官人の論理—」(初出一九九六年)などを参照。

(34) 註(12)前掲論文は、本宣命中の「天皇朝庭」という表現が天皇の語に加えられた尊称と指摘する。

(35) 野村忠夫『律令官人制の研究　増訂版』(吉川弘文館、一九六七年)第一編第一章「令制考叙法の基本的問題」。

(36) 註(32)前掲森編書所収、同氏「倭国から日本へ」、坂上康俊「律令制の形成」(『岩波講座日本歴史　第三巻　古代三』岩波書店、二〇一四年)などを参照。

(37) 野村忠夫『律令官人制の研究　増訂版』(吉川弘文館、一九六七年)序編第一章「天武・持統朝の官人法—考選法の整備過程を中心に—」。上日の意味については、註(21)前掲論文や註(33)前掲大隅論文なども参照。

(38) 註(36)前掲論文を参照。

(39) 註(36)前掲論文を参照。

(40) 註(36)前掲論文を参照。

(41) 註(36)前掲坂上論文を参照。

(42) 青木和夫「浄御原令と古代官僚制」(同氏『日本律令国家論攷』岩波書店、一九九二年、初出一九五四年)、野村忠夫『律令官人制の研究　増訂版』(吉川弘文館、一九六七年)第二編第一章「蔭子孫・位子・白丁—官人の出身区分—」・総論第四「律令官人の出身法と階層構成」など。近年では、註(36)前掲坂上論文なども同様の見解を述べる。

(43) 長山泰孝「古代貴族の終焉」(同氏『古代国家と王権』吉川弘文館、一九九二年、初出一九八一年)。

(44) 仁藤敦史「蔭位授与制度の変遷について—慶雲三年格を中心にして—」(同氏『古代王権と官僚制』臨川書店、二〇〇〇年、初出一九八九年)。

(45) 註(43)前掲論文を参照。

(46) 註(23)前掲論文を参照。

（47）小澤毅「飛鳥浄御原宮の構造」（同氏『日本古代宮都構造の研究』青木書店、二〇〇三年、初出一九九七年）、林部均「飛鳥浄御原宮の庭と朝庭・朝堂」（同氏『古代宮都形成過程の研究』青木書店、二〇〇一年、初出一九九八年）は、エビノコ郭南に「朝庭」を想定し、志村佳名子「飛鳥浄御原宮における儀礼空間の復原」（同氏『日本古代の王宮構造と政務儀礼』塙書房、二〇一五年、初出二〇〇八年）は、内郭南・エビノコ郭西に「朝庭」を想定する。

（48）註（47）前掲小澤論文、林部論文を参照。なお、林部氏は、この見解を後に撤回し、内郭南区画内に「朝堂」を想定する（同氏「飛鳥宮Ⅲ－B期遺構と『日本書紀』－その殿舎名をめぐって－」奈良県立橿原考古学研究所編『飛鳥京跡－内郭中枢の調査（1）－奈良県立橿原考古学研究所調査報告書第一〇二冊』二〇〇八年）。

（49）唐の官僚制が制度や運用において、門閥貴族に有利な要素をもっていたことは、註（33）前掲大隅論文や、築山治三郎「唐代官僚の仕官と選授」・「地方官僚の遷転と考課について」（同氏『唐代政治制度の研究』創元社、一九六七年、初出一九六〇年・一九六一年）、砺波護「貴族の時代から士大夫の時代へ－宋代士大夫の成立－」・「律令体制とその崩壊」（同氏『唐の行政機構と官僚』中公文庫、一九九八年、初出一九六八年・一九七〇年）などを参照。

（50）註（21）前掲論文を参照。

引用史料テキスト

『大宝令』（『唐令拾遺補』）、『養老令』（日本思想大系）、『令義解』・『令集解』（新訂増補国史大系）、『延喜式』（新訂増補国史大系・訳注日本史料）、『日本書紀』（新訂増補国史大系・岩波文庫）、『続日本紀』（新古典文学大系）、『日本後紀』・『日本紀略』（訳注日本史料『日本後紀』）、『続日本後紀』・『日本文徳天皇実録』・『日本三代実録』（新訂増補国史大系）、『釈日本紀』（新訂増補国史大系）、『万葉集』（新編日本古典文学全集・岩波文庫〈新版〉）、『古事記』（岩波文庫）、「生江臣家道女本願経貢進文」（『大日本古文書』）、「船首王後墓誌」・「小野朝臣毛人墓誌」・「金銅威奈大村骨蔵器」（大阪府立近つ飛鳥博物館図録　三四　古墳から奈良時代墳墓へ　古代律令国家の墓制』）、「江田船山古墳出土鉄刀銘」（東京国立博物館編『江田船山古墳出土・国宝銀象嵌銘大刀』吉川弘文館、一九九三年）、「稲荷山古墳出土鉄剣銘」（埼玉県教育委員会編『稲荷山古墳出土鉄剣金象嵌銘概報』一九七九年）、「采女氏塋域碑」（『寧楽遺文　下巻』）、『漢書』・『隋書』（中華書局）、『唐令』（『唐令拾遺』・『唐令拾遺補』）。

古代外国使の迎接と客館

八木　充

一　外国使の迎接

七世紀以降における東アジアの国際情勢は、諸国間の連合と抗争・戦乱を反復する対外的緊張の時代であった。六世紀末中国で北朝の隋が南朝の陳を滅ぼし統一王朝を樹立すると、朝鮮半島の百済・高句麗、さらに新羅があいついで入隋、倭もまた推古十五年（六〇七）これに追随した。同二十六年隋が滅亡し唐が勃興すると、舒明二年（六三〇）第一次遣唐使を派遣、翌々年唐使が来朝した。以後も中国・朝鮮諸国と倭国は相互に遣使、往来したが、国際関係の動静はそれぞれの国内事情に規定されながら、外交関係を維持・継承した。そのなかで百済は斉明六年（六六〇）、高句麗は天智七年（六六八）滅亡し、文武二年（六九二）には高句麗遺民による渤海（震）が建国された。その後延喜七年（九〇七）になって唐が、延長四年（九二六）渤海、承平六年（九三六）新羅が滅亡した。倭国も東アジアの広汎な激動のなかで、七、八世紀の交に日本国（律令国家）に転進した。

上記諸国からの使節の来航にあたって、対応する列島内では、停泊・安置、さらに迎接・外交儀礼・行事とそのための施設や空間が必要であった。(1)『日本書紀』推古十六年四月条によると、隋使裴世清らが帰国する遣隋使小野妹子らを伴って入国したさい、次のような顛末が記されている。四月筑紫に到着、難波吉士雄成を遣わして使者を召し、その間、難波高麗館の上手に唐館を新造した。六月丙辰（十五日）隋使は難波津に淳泊、掌客によって新客館に安置されている。八月癸卯（三日）海石榴市を経て入京、飛鳥小墾田宮の朝廷に参向して、持参の信物を庭中に進め、「皇帝問二倭王一（中略）知下皇介二居海表一撫二寧民庶一、境内安楽、風俗融和、深気至誠、遠脩中朝貢上、丹款之美、朕有レ嘉焉（中略）、故遣二鴻臚寺掌客裴世清等一、稍宣二往志一。幷送レ物如レ別」（『書紀』推古十六年八月条）と認めた国書を進呈、退去して朝廷で饗応された。その後、難波大郡において饗宴をうけ、九月辛巳（十一日）帰国の途についた。

ところで天智初年の百済の役後、天武二年（六七三）閏六月乙亥（十五日）新羅は天武の賀騰極使と天智の弔喪使（調使ともいう）が送使に伴われて筑紫に到着した。送使は戊申（二十四日）筑紫で饗され、帰途についたが、賀騰極使は八月戊申（二十五日）京に喚ばれ、九月庚辰（二十八日）難波で饗をうけ、禄を賜わり歌舞が奏されて、十一月朔日帰途する。一方弔喪使は筑紫に留まり、同壬申（二十一日）筑紫大郡で饗禄を賜わっている。

また天武四年入朝した新羅調使の一行は、送使に伴われて二月筑紫に到着、送使は三月戊午（十四日）筑紫で饗され帰国、調使は四月難波に達し、八月丙寅（二十五日）賓礼を終え、発船した。持統元年（六八七）九月甲申（二十三日）来航した新羅使は、国政を奏請し調賦を献じたが、二年正月壬寅（二十三日）先帝の崩御を告げられ、三月庚寅（二日）大宰府から右の調物を貢進、己亥（十日）筑紫館で饗応された。また八月辛亥（二十三日）来朝した耽羅使も九月戊寅（二十三日）同じく筑紫館で饗されている。三年四月壬寅（二十日）来航した新羅弔使は六月乙巳（二十四日）筑紫小郡で設応をうけ、七月壬子（一日）帰国の途についた。

これに対し、浄御原令施行の末期から大宝律令施行後は、例えば『続日本紀』によると、文武元年（六九七）十月新羅使が来朝し、陸海両路から迎客使が派遣されて入京、二年一月一日大極殿で拝賀、甲子（三日）調物を進上した後、二月甲午（三日）乗船、帰国した。海外使節の筑紫から両路による上京が許されたのは、さらに和銅二年（七〇九）三月新羅使、また天平宝字六年（七六二）八月唐使の入国時にも記録されたといっても、両路を使って上京したのではなかった[2]。

東アジア諸国からの使者の来朝にあたって、停泊・安置の場所、さらには外交儀礼や関連行事の催行は、九世紀までを含めて、宮都・難波・筑紫あるいは北陸地方が主要地点であり、王都では朝廷（『書紀』推古十六年（六〇八）八月条、他）・朝（同上、他）・大極殿（『続紀』文武二年（六九八）一月条）・朝堂（『書紀』皇極二年（六四三）十月条、他）など、また難波においては難波津（舒明元年（六二九）二月条、他）・難波（津）館（継体六年十一月条、他）・隋館（推古十六年（六〇八）四月条）・新羅館（舒明二年歳条）・百済館（皇極二年三月条、他）・高麗館（推古十六年四月条、他）、あるいは難波大郡（欽明二十二年（五六一）歳条、他）・難波小郡（敏達十二年（五八三）歳条、他）・難波郡（皇極元年二月条、他）、さらに阿斗桑名館（推古十八年七月条、他）・相楽館（欽明三十一年四月条、他）・高楲館（欽明三十一年七月条）・穴門館（欽明二十二年歳条）、他方筑紫では博多津（『続紀』天平宝字八歳（七六四）七月条）・筑紫館（持統二年（六八八）二月条）・鴻臚館（『文徳実録』仁寿二年（八五二）十二月条、他）・大津館（『善隣国宝記』菅原在良勘文）・筑紫大郡（『書紀』天武二年（六七三）十一月条）・筑紫小郡（持統三年六月条）、加えて北陸地方の能登客館（『日本後紀』延暦二十三年（八〇四）六月条）、越前松原客館（『扶桑略記』延喜十九年（九一九）十月条）などが知られる。

これら列記した外国使節を迎える上記接応施設のうち、もっとも早期に記録されるのは、朝鮮伽耶地方をめぐる帰属問題が緊迫化した時期の『書紀』継体六年（五一二）十二月条に、百済調使が任那四県の割譲を上奏した際、大連物部麁鹿火が滞在する難波館に継体の勅を伝えることになったといい、難波館が勅旨伝達の場であったことが分かる。次いで欽明二十二年（五六一）新羅調使が難波大郡で百済使と席次を争い、館内に入らず穴門館に退着した。また舒明二年（六三〇）条に「改修二理難波大郡及三韓館一」とあり、四年十月条に来朝した隋使を推古十六年（六〇八）四月条にみえる高麗館の上方に造営された隋館に迎え入れた。皇極二年（六四三）三月難波の百済客館が火災にあっている。斉明六年（六六〇）五月には年初筑紫に来泊した高麗使が難波館に到着した。持統六年（六九二）十一月新羅使は難波館で饗をうけ、『続紀』大宝三年（七〇三）正月条に新羅使を難波館で饗応、天平勝宝四年（七五二）閏三月大宰府が新羅使の来泊を奏し、六月拝朝、七月条に難波館で賜物が行われたと述べる。以上に関連して来朝使が停泊した難波津が舒明四年十月条・皇極元年二月条・五月条・二年六月条などに記録されている。

上記客館の記述に対し、難波大郡・小郡、難波郡が知られる。既述の欽明二十二年、舒明二年条をはじめ、推古十六年九月隋客を難波大郡で饗応し、さらに白雉二年（六五一）三月条に天皇が大郡から新宮難波長柄豊碕宮に遷居したとある。一方難波小郡は敏達十二年（五八三）是歳条・大化三年是歳条・天武元年七月条に見える。そのうち大化三年条では小郡を壊して難波小郡宮を造営し、天武元年（六七二）条では壬申の乱中、大海人皇子方の将軍坂上吹負が難波小郡で、以西国司の官鑰などの接収を命じた。また難波郡は皇極元年（六四二）二月条に大夫を難波郡に派遣、半月前難波津に停泊した高麗使の貢進物を点検、翌日高麗使と年初に来航した百済弔使を難波郡で饗応したという。また二年七月大夫を難波郡に遣わし、百済使の貢進物を検査したさい、前例に背くと詰責したとある。

以上、飛鳥・難波関連の接応施設にたいし、外国使入京後その場となったのは、正月拝賀における朝廷（慶雲三年（七〇六）正月条、他）、表函呈示や信物貢上の朝廷（推古十六年（六一八）八月条、他）、宴会の朝（舒明十一年（六三九）十一月条）・難波大郡（推古十六年（六〇八）九月条）、授位の朝廷（宝亀三年（七七二）二月条）などで、これらのほか催行の場が伝えられない事例も少なくないが、行事には上記のほか賜禄・返書・信物贈与など多く宮内で行われたことは指摘するまでもない。

列挙の施設・空間のうち、難波大郡・小郡、難波郡の異同に関し、従来諸説があって帰一するところがない。舒明二年是歳条などの記述から朝鮮諸国や中国からの使節の宿泊を主体とする単なる客館とは異なることは明らかであるが、大・小の別、さらにはこれらの郡自体の実態・機能は必ずしも明確ではない。長沼賢海は難波郡は推古十六年の隋使入朝時、大郡と小郡に分けられ、大郡に隋・唐の使、小郡は朝鮮三国の使を迎える施設であったとする。[3]直木孝次郎は難波大郡は外交用の庁舎、小郡は内政用の庁舎とみるべきであり、難波郡は大郡・小郡の総称か、またはいずれか一方、とくに難波大郡の略称を意味する語であろうとする。[4]また鎌田元一は、孝徳紀に集中して現れる難波郡こそ本来の名称で外交上の施設であり、のちに難波宮の造営にかかわって大郡・小郡の区別が生じ、孝徳紀をさかのぼる大郡・小郡の名称は追記的表現とする。[5]これに対し平野卓治は、難波大郡・小郡に関しては直木説を支持、加えて七世紀前半までは、饗応、調物の検校、列立に関する外交儀礼が展開される大郡と宿泊・安置を主体とする館の二種類の施設によって行われ、孝徳期の長柄豊碕宮以後、大郡における外交儀礼は大王の宮に吸収され、宮と館とで外交儀礼は完結したが、天武八年（六九二）以降、持統六年までは入京は実現せず、筑紫大郡・筑紫小郡・筑紫館が外国使節の迎接の場となった。入京再開後、難波館が難波大郡・小郡を統合して、饗応・儀式の場に転じた。さらに律令国家の成立に伴い、饗宴の場が藤原宮の朝堂に転じたとする。[6]

森公章は、難波大郡は外交面での機能をもつ施設で、外国使節の饗宴の場、貢納品を献ずるため外国使節が列席、また大夫等が派遣され、貢納品を検査する場であったという。一方難波小郡は難波館に付設され、外交・儀礼の雑事を掌る部署の可能性があると評した。さらに難波郡は大小郡のどちらかと同じか、あるいは両者の総称で、外交上の役割が大きく、その点難波大郡と共通する。また難波郡は基本的には外国使を安置・供給する場所で、各国指定の館があり、その総称が難波館であったという。(7)また平野邦雄は、郡は貢調・献物を検するなど、外交儀礼に、館は宿泊・休養の記事にかかわり、郡は館の上級概念で、ヤケ(政庁)・クラ(倉)・ムロツミ(客館)その他の屋倉を含むと解する。そのうえで難波小郡は小郡宮・長柄豊碕宮に、難波大郡は大郡宮・味経宮に展開したとする。(8)

以上指摘した先行諸説に照らし、私見を付け加えると、海外使節の国内到着地における難波館は、停泊・安置の施設で、館は「客館」(『和名抄』十、居所部)とあり、饗応も入京もしない一行に対し、あるいは出帆前での処遇の場であった。一方難波大郡・小郡、さらに難波郡は使節の序列統制の空間となり、貢進物を点検し、やがて大郡の場合難波長柄豊碕宮、小郡は小郡宮へと変転したと伝えられる。難波小郡は難波大郡と同格の施設と解され、ただその区別については、あらためて第三節でとりあげる。

七、八世紀における外交儀礼執行の建造物と場所については、上記の記録のほか、次節以下でとりあげる筑紫地方での迎接の場の展開がある。その中核的位置を占めたのは、北部に所在した大宰府とその前身となった筑紫大宰にほかならない。そのために筑紫地方の外客施設の検討するまえに、大宰府そのものの成立過程を検討することにする。

二　筑紫大宰府と大宰府

東アジア諸国からの使節や渡来者は大略まず筑紫地方の北岸部に到着する。推古十七年（六〇九）四月庚子条に、

筑紫大宰奏上言、百済僧道欣・恵弥為レ首、一十人、俗七十五人泊二于肥後国葦北津一、是時、遣二難波吉士徳摩呂・船史竜一、以問之曰、何来也、対曰、百済王命以遣二於呉国一。其国有レ乱不レ得レ入、更返二於本郷一、忽逢二暴風一漂二蕩海中一。然有二大幸一而泊二于聖帝之辺境一、以歓喜、

とある。その一か月余り後、再度難波吉士徳摩呂らを遣わし、本国に帰還させようとしたところ、対馬に留まらんことを願い、元興寺に止住することになったという。筑紫大宰が筑紫地方に駐在したことは明らかであるが、そこが『書紀』宣化元年（五三六）条に設置を記す那津官家の地であったかどうか定かではない。舒明四年（六三二）第一次唐使来朝のさいの記録では、対馬に立寄ったのち、次に停泊したと記すのは難波津であって、入京ルート上、筑紫はまったく記録されていない。単なる記録上の空白といって看過すべきかも知れないが、ただ文献上初見となった筑紫大宰は官司名ではなく、初現的な官職名とすべきで、以後筑紫大宰＋人名とする表記が天武元年（六七二）六月条（栗隈王）、五年九月条（屋垣王）、七年四月条（丹比嶋）、十二年正月条（同）、持統三年（六八九）正月条（粟田真人）、六月条（同）、四年十月条（河内王）などが見える。筑紫大宰の宰を付けた官名は令制では使用されていないが、任那や百済・新羅に派遣された倭の使者に関して採用され、敏達六年（五七七）五月条に「遣二大別王与二小黒吉士一、宰二於百済国一。（王人奉レ命、為レ使二三韓一、自称爲レ宰、言レ宰二於韓一、蓋古之典乎、如今言レ使

也)」と述べ、『播磨国風土記』揖保郡香山里項に「号二鹿来墓一、後至二道守臣為レ宰之時一、乃改レ名為二香山一」とある。『釈日本紀』十一所引の私記に宰を「師注、令レ持二天皇御言一之人也、故称二美古止毛知一」とある。

推古十七年(六〇九)紀以後、筑紫大宰帥(大化五年(六四九)三月条、斉明四年(六五八)正月条)、筑紫率(天智七年(六六八)七月条、八年正月条、十年六月条)、筑紫帥(天智十年(六七一)六月条)、筑紫大宰(持統六年閏五月条、八年四月・九月条)などが見える。これら筑紫大宰をめぐる官名の変遷・異同については諸説があり(9)、私見を述べたことがある(10)。当時、筑紫総領—筑紫帥—筑紫大宰—筑紫大宰帥—筑紫総領—大宰帥と変遷を復元したが、現時点においてあらためて大宝令施行による大宰帥までは、一貫して大宰であったと理解する。帥は書紀編集に伴う追記、率は帥の通音で、新訂増補国史大系本は寛文九年(一六六九)刊本の筑紫帥を採択したという。

筑紫大宰は上述のように官職名で、その駐在した施設はあるにしても、きわめて単純な組織であったにすぎないといえる。その存在が機能的に組織されてくる時期として推定されるのは、百済の役後、朝鮮半島からの全面的な撤退を直接的契機として、筑紫北部に大宰府が成立した天智初年の時期と推定できる。官制機能を整備した筑紫大宰府は、とりわけ軍事的・外交的役割を付与され、実現したことになる。その所在地は、百済の役の前進基地となった朝倉橘豊庭宮の地から、四王寺山南麓の現都府楼地区に移動、占拠したのであろう(第一次大宰府史跡一帯)。『善隣国宝記』所引「海外国記」によると、天智三年(六六四)四月入国した唐使郭務悰の一行は、対馬を経て、おそらく那津に営まれた客館に宿泊し、

> 九月大山中津守連吉祥、大乙中伊岐史博徳、僧智弁等称二筑紫太宰府辞一、実是勅旨、告二客等一、今見二客等来一、状者非二是天子使人一、百済鎮将私使、亦復所レ賚文牒、送二上執事一私辞、是以使人不レ得レ入レ国、書亦不レ上二朝廷一、

と、勅旨が筑紫大宰の辞として呈示され、筑紫大宰が唐使との外交当事者として記述されていないのが分かる。推古朝以降に記録された初期筑紫大宰に対し、二次的筑紫大宰といってよい(11)。

これに伴い、大宰府自体の記述は、天智十年（六七一）十一月条に、

対馬国司、遣二使於筑紫大宰府一言、月生二日、沙門道久・筑紫君薩野馬・韓嶋勝裟婆・布師首磐四人従レ唐来曰、唐国使人郭務悰等六百人、送使沙宅孫登等一千四百人、総合二千人、乗二船卌七隻一、倶泊二於比知嶋（下略）、

とあって、筑紫大宰府が外国使節来訪の連絡先となっている。天智六年十一月条では、

百済鎮将劉仁願、遣二熊津都督府熊山縣令上柱国司馬法聡等一、送二大山下境部連石積等於筑紫都督府一、

といい、筑紫大宰府に対外実務組織が形成されたことが分かる。律令時代の大宰府管下の諸司・諸所が一斉に編成されたとはいえないにしても、初現的・組織的な官司制が実現したといってよい。その長官となったのが第二次筑紫大宰であった。

筑紫大宰の名称と役割が判明するのは、上記の通り記録上推古期以降であるが、官制的に明確に位置づけられるのは、東アジアの国際的緊張が極度に高まった天智期以降とみなされることは、『書紀』に散見できる個別的な記述をからも容易に察知できる。この事態に即応し、筑紫大宰機能が急速に強化されたことをより明確に示唆するのは、第一に持統五年（六九一）正月条の詔に記す、

直廣肆筑紫史益、拝二筑紫大宰府典一以來、於今廿九年矣、以二清白忠誠一不二敢怠惰一、是故賜二食封五十戸・絁十五匹・綿廿五屯・布五十端・稲五千束一、

の一節である。二十九年間の勤続というから、逆算して天智二、三年前後に着任したことになり、筑紫大宰府の

成立がその前後の時期であったことを推知させる。持統五年当時浄御原令規定による直広肆は大宝官位令の従五位下に相当し、また職員令による大宰府大典・少典の位階は正七位上・正八位上に相当するから、益の地位はそれよりやや高かったことになる。ウジ名から筑紫地方の中級豪族の出身であったとみられる。

天智初年に筑紫大宰府が成立したことを裏付けるもう一つの根拠となるものは、大宰府史跡に関する考古学上の成果にもとづく。昭和四十三年に始まる大宰府政庁跡の発掘調査による貴重な知見は、遺跡が第Ⅰ期から第Ⅲ期に区分でき、第Ⅰ期の遺構は、南門・中門地区、回廊東北隅部、北門地区、正殿地区などで検出され、王宮の朝堂院プランと類似する構造物配置を構成することが明らかとなった。そのうち中門地区・正殿地区の掘立柱建物・柵列などは天智初年の構造物とされ[12]、推定大宰府創設との符合を認めることができる。

さらに付け加えると、七世紀後半における地方行政組織が、天智朝には全国的に国―評―五十戸制に編成され、宮都への貢進物荷札に例をとると、「乙丑年十二月三野国ム下評」「大山五十戸造ム下ア知ツ」（『飛鳥・藤原宮発掘調査出土木簡概報』〈一七―13下〉）は天智四年（六六五）、「戊寅年十二月尾張海評津嶋五十戸」「韓人マ田根春米斗加支各田了金」（『奈良県遺跡調査概報』二〇〇一―四）は、天武七年（六八一）におけるそれぞれ国―評―五十戸制の実施を示し、それぞれ五十戸規模で税物を飛鳥の王都に貢進したのが知られる。ところが西海道地方において、筑紫・豊・肥・日向の諸国はすでに成立していたとみられながら、これらの地域からの貢進物荷札は、飛鳥・藤原京跡からは一点も出土していない[13]。つまり西海道地方からの調物は同地域を総宰する大宰府に進納される規定であったことが分かる。『延喜式』民部上に「凡諸国貢㆓調庸㆒者（中略）、西海道納㆓大宰府㆒（其出納帳並附㆓正税帳㆒申送）」とあり、一般京への行程・海路は、西海道諸国の場合、大宰府までの行程・海路を記すにとどまっている。天智・天武朝に西海道諸国から京への貢進物荷札が出土しないことは、すでに西海道における筑紫大宰府の成立を標示する重要な証左といわなくてはならない。

筑紫大宰府は、以後大宝令の成立・施行によって、帥以下の官人と税司・公文所などの官司組織を擁する律令大宰府となって、東アジア諸国との対外交渉の窓口となり、あわせて対外的防衛拠点を担当するとともに、西海道九国三島を総管する古代最大規模の地方機関となった。

三　外国使迎接空間の実態

七、八世紀、東アジア諸国からわが国に来航した使節にたいし、通常筑紫北部を経て難波・宮都において、各種の外交儀礼や行事が特定の場をめぐって催行された。そのうち難波・宮内における迎接の具体的な内容については、すでに第一節で記述したが、本節以下では筑紫における諸行事や実施施設をとりあげることにする。

天智・天武期以後の外国使入朝時における北部筑紫地方における役割に関し、これまで諸説がある。例示すると、時代的な変遷に関し、田村圓澄は天智期四度にわたる唐使来朝は、いずれも難波または飛鳥に達せず、到着した筑紫から帰国した。天武期新羅の使者は六年入京した例もあるが、「新羅→筑紫→新羅が、来日する新羅の使者の公式ルートと考えられる」という。難波ないし飛鳥に迎えられることがなかったのは、白村江の戦いで唐・新羅に完敗し、強固な防衛体制を確立、強化する軍事的配慮と新羅の使者を京に迎えるには、新羅の国都慶州に較べ、飛鳥京は見劣りすると判断されたからではなかったかと推測する。その後新羅の使者を饗応する場所が、持統四年ころを境に筑紫から難波に移り、さらに慶雲三年以後藤原宮の朝堂に転じたのは律令政府の治部省玄蕃寮や藤原宮の成立期と関連しているとする。(14)

酒寄雅志は、外国使に対し「天武元年から十年までの間は、二つの形態がある。すなわち一つは、新羅遣日使送使および進調使、また高句麗人使は筑紫で饗応しただけで帰国させているが、もう一つは賀騰極使・王子・請政使等の入京は許すという形態である。（中略）それが天武七年（六八一）以降、新羅の正使である告国王喪使・王子・請政使等ですら入京させることなく、朝廷から使者を派遣して筑紫の地において外交交渉を行なわせるようになってくる」として、筑紫が外交交渉の正式な場へと発展していったことが窺えるという。[15]

さらに、ブルース・バートンは、白村江の戦いから文武期までの新羅使の来朝に関し、天智七年（六六八）・十年度に外交儀礼は朝廷で行われ、天武二年（六七二）・四年、持統六年（六九二）、大宝三年（七〇三）の使節は難波で活躍する事例もあるが、天武元年以降しばしば筑紫で迎接が行われる。使節が筑紫に到着すると、大宰府から来朝の旨を朝廷に報告、朝廷が非入京も決めると、朝使が大宰府に遣わされ、調を受け取り、饗を給わったという。要するに天智期には一般的に迎接行事は朝廷で行われ、ただ唐使だけが筑紫に止められ、そのため筑紫に外国使のための設備が必要となり、大宰府が一応完成したと理解する。次いで天武・持統期では、難波で迎接が行われた天武二年・四年、持統六年度を除き、大宰府を使節接待の場に転用しようとする積極的な政策が読みとれると述べる。文武期になると、大宝三年の一例を除いて、藤原宮における大極殿の成立に伴い、すべての新羅使が入京し、外交儀礼は朝廷で行われたのに迎接施策の特徴があるとする。要するに「天智朝では朝廷、天武～持統両朝では難波か筑紫（主に後者）、文武朝以後では朝廷に統一される、という公式を得た」[16]と述べる。また平野卓治は、「天武八年以降持統六年までは、連年のように新羅使と高句麗使の来朝があるにもかかわらず入京は停止され（中略）、これに対応するように筑紫大郡・筑紫小郡・筑紫館での饗応が現われ、筑紫が蕃客饗応の場、外交交渉の場として整備、発展したことを示している」[17]と述べる。

以上、これまでの主要先行諸説を略記してきたが、海外使節の主要接迎ルートとなった筑紫―難波―飛鳥の行程の維持・変更に関しては、大局的には差異があるとはいえないが、細部を点検すると参差を見出すことができる。具体的に新羅来朝使の動向をみると、天智朝に飛鳥の朝廷に到来した例はまったくみられない。この点、唐（百済鎮将）使の場合も異同はない。天智三年（六六四）・四年・六年・十年正月・十一月の五回来航するが[18]、まず三年度については、五月甲子（十七日）条に、

百済鎮将劉仁願、遣二朝散大夫郭務悰等一、進三表函与二献物一、

とあり、十月乙亥（一日）条に、

宜下発二遣郭務悰等一勅上。是日、中臣内臣遣二沙門智祥一、賜二物於郭務悰一

と記し、戊寅（四日）条に「饗二賜郭務悰等一」、十二月乙酉（十二日）条に「郭務悰等罷帰」とある。

今次の来朝に関し、『善隣国宝記』所引「海外国記」（一部第二節に引用）に、

天智天皇三年四月、大唐客来朝、大使朝散大夫上柱国郭務悰等卅人・百済佐平禰軍等百余人、到二対馬島一、遣大山中采女連信侶・僧智弁等来、喚二客於別館一、於レ是智弁問曰、有二表書并献物一以不、使人答曰、有二将軍牒書一函并献物一、乃授二牒書一函於智弁等一、而奉上、但献物検看而不レ将也、九月大山中津守連吉祥・大乙中伊岐史博徳・僧智弁等、称二筑紫大宰辞一、実是勅旨、告二客等一、今見二客等来一、状者非二是天子使人一、百済鎮将私使、亦復所レ賚文牒、送二上執事一私辞、是以使人得レ入レ国、書亦不レ上二朝廷一、故客等自事者、略以二言辞一奏上耳、十二月、博徳授二客等牒書一函一、函上著二鎮西将軍一、日本鎮西筑紫大将軍牒下在二百済国一大唐行軍摠管上、使人朝散大夫郭務悰等至、披二覧来牒一、尋二省意趣一、既非二天子使一、又無二天子書一、唯是摠管使、乃為二執事牒一、牒是私意、唯須二口奏一、人非二公使一、不レ令レ入レ京、

とあり、唐使は筑紫の別館にとどまっている。

次いで、『書紀』天智四年（六六五）九月壬辰（二十三日）条は、

　唐国遣二朝散大夫沂州司馬上柱国劉徳高等一（等謂二右戎衛郎将上柱国百済禰軍、朝散大夫柱国郭務悰一、凡二百五十四人、七月廿八日、至二于対馬一。九月廿日、至二于筑紫一、廿二日、進二表函一焉）、

と記し、十一月辛巳（十三日）条に「饗二賜劉徳高等一」、十二月辛亥（十四日）条に「賜二物於劉徳高等一」、同月条に「劉徳高等罷帰」とある。また十年十月庚午（七日）条には「新羅遣二沙飡金万物等一進レ調」、十二月乙卯（十七日）条に「新羅進調使沙飡金万物等罷帰」と記し、筑紫で接応が行われたことは明らかである。一方唐使郭務悰らは天智十年来朝、翌年大津館に安置、皇帝の書を進呈し（『善隣国宝記』所引「菅原在良勘文」）五月帰国した。大津館は筑紫館を指すのであろう。

天武元年（六七二）十一月辛亥（二十四日）条に「饗二新羅客金押実等於筑紫一」、十二月癸未（二十六日）条に「金押実等罷帰」とあり、これに対し二年閏六月入国の新羅賀騰極使は己亥（十五日）条に「遣二韓阿飡金承元・阿飡金祇山・大舎霜雪等一、賀二騰極一幷遣二一吉飡金薩儒・韓奈末金池山等一、弔二先皇喪一（一云調使）、其送使貴干宝・眞毛、送二承元・薩儒於筑紫一」、戊申（二十四日）条に「饗二貴干宝等於筑紫一、賜レ祿各有レ差、即従二筑紫一返二于国一」、八月戊申（二十五日）条に「喚二賀騰極使金承元等、中客以上廿七人於京一」、さらに九月庚辰（二十八日）条に「饗二金承元等於難波一」、十一月壬子（一日）「金承元罷帰之」と記し、弔喪使は壬申（二十一日）筑紫大郡で饗されている。以後、天武四年の新羅貢調使、五年の請政使、八年貢進送使、また四年・六年の躭羅朝貢使などは入京または難波に到っている。七年次の新羅進調使は遭難のため送使が代わって向京した。

ところが天武八年十月の新羅朝貢使以後、十年十月・十二年十一月・十四年十一月（請政・進調使）、持統元年

（六八七）九月（同）、三年四月（弔使）、高麗使の天武元年五月、十一年六月、耽羅の持統二年八月の来朝使は、いずれも筑紫で迎接の行事が催行された。このうち天武十年次の新羅貢調使に対し、十二月乙丑（十日）河辺臣子首らを筑紫に遣わして饗し、翌年正月乙巳（十一日）、再び筑紫で饗されたのち、二月乙亥（十二日）帰国した。また十四年次（十一月乙巳（二十七日））の請政・進調使には、翌年正月川内王ら五人を饗宴のため筑紫に派遣し、四月壬午（十三日）には川原寺の伎楽を筑紫に搬送、新羅の調は筑紫から京進された。

これに対し、持統六年十一月戊戌（八日）新羅使が進調し、辛丑（十一日）難波館で饗したとされる。次いで文武元年（六九七）十月辛卯（二十八日）新羅使が来朝、翌年正月一日朝賀に参列し、二月甲午（三日）帰還した。また四年十一月壬午（八日）新羅使が入国、王母の喪を告げ、翌大宝元年正月元日の新賀に参列した。さらに慶雲二年（七〇五）十月丙子（三十日）新羅朝貢使が来朝、十二月丙寅（二十日）入京、翌一月元日拝朝、壬午（七日）朝堂で饗、丁亥（十二日）出航となっている。持統朝後半から文武朝以降、新羅使が宮都で迎接されることになったのに対応し、文武元年（六九七）十一月癸卯（十一日）条に迎新羅使を既述のように陸路と海路の両路に派遣したといい、この時点で新羅使の入京方針が確立したと理解できる。

七、八世紀における海外使節の接応の場を跡付けてみると、筑紫がとくに選定されたのは、天智三年五月入国の唐使からであり、下限は持統四年（六九〇）九月の唐留学僧・軍丁をめぐる新羅送使の事案となる。前者に関しては、筑紫に外客応接の施設・機能が整備されてきた事情を考慮する必要がある。第二節で述べたように筑紫大宰府は百済の役後の天智初年に機構化され、筑紫大宰の機能の原型も形成されつつあった。筑紫で安置・供給されたのち、表函・信物を呈し、饗宴をうけた。

饗応の場は、筑紫（大宰府）のほか、筑紫大郡があった。筑紫大郡に関する所伝は、天武二年（六七三）閏六月

来航した新羅弔使金薩儒と八月入国の高麗朝貢使邯子が、十一月壬申（二十一日）条に、

饗二高麗邯子・新羅薩儒等於筑紫大郡一、賜レ祿各有レ差、

と見えるだけであり、その性格・役割は十分に理解しがたい部分がある。これに対し筑紫小郡が伝えられ、持統三年四月乙巳（二十日）条に、到着の新羅弔使を六月乙巳（二十四日）条に、

於二筑紫小郡一、設二新羅弔使金道那等一、賜レ物各有レ差、

と述べる。筑紫小郡もこのほかには記録がみえないので、性格・機能は十分判明しがたいが、小郡にせよ、また大郡にせよ、来航の国別で区分されたとは考えがたい。国名を付した客館の場合に準じて大小の別があったとは、まったく想定外といわなくてはならない。第一節で言及した難波大郡・難波小郡の場合から判断して、筑紫大郡は筑紫大宰府に付属して外国使節の接応に当たり、筑紫小郡は大郡の補助的機能を果たした外交使節であったと理解できるのではなかろうか。

関係史料の乏しいなかで、次のように理解できないであろうか。

天武二年（六七三）十一月筑紫大郡で饗応された高麗・新羅の使者の位階がそれぞれ位頭大兄（3／10位）、韓阿湌（5／17位）であるのにたいし、持統三年（六八九）六月筑紫小郡において設饗された新羅弔使の位階は級湌（9／17位）を帯するので、身分差による分別ともいえようか。あるいは使節の慶弔による差異による差異であろうか。弔使であれば少人数の使節となり、持統三年六月条のように小郡で対応できたのであろう。大郡・小郡は使節の構成規模によって振り分けられた公算が大きいといえよう。

外国使節往来における筑紫の役割にとって、もう一つの画期となり、接応地が宮都や難波に転換したのは、持統五年前後とみることができる。百済の役で捕虜となった軍丁らに対する新羅送使は、持統四年九月筑紫に達し、

十月戊午（十五日）条に、

遣二使者一、詔二筑紫大宰河内王等一曰、饗二新羅送使大奈末金高訓等一、准下上二送学生土師宿禰甥等一送使之例上。
其慰労賜レ物、一依二詔書一、

とあり、天武十三年十二月、新羅が在唐留学生や唐に没せられた軍丁を筑紫に送還した前例に准じて、筑紫において措置されたことを示す。ところが持統六年十一月戊戌（八日）来航した新羅進調使は、辛酉（十一日）難波館で饗され、また九年三月己酉（二日）には、新羅からの使節は国政を奏請、調物を献呈している。藤原宮における朝儀の一端を示していると思われる。

儀礼空間の変動の要因となったのは、筑紫大宰府の付属施設であった筑紫郡のうち、筑紫小郡の下限史料が持統三年六月乙巳（二十四日）条に記す四月壬寅（二十日）来航使に関し、「於二筑紫小郡一、設二新羅弔使金道那等一、賜レ物各有レ差」にみえる。その直後の庚戌（二十九日）、浄御原令二十二巻が諸司に頒布され、新令に依拠して律令国家の全国的な行政組織が実現し、中央政府による官司体系が機能することになった。外交・渉外機関としての治部省玄蕃寮が成立したのも、持統四、五年のころに求められるといい[19]、筑紫大小郡、あるいは難波大小郡の機能は、中央政府の治部省玄蕃寮の「蕃客辞見、讌饗送迎」の所掌事項に吸収されることになった。さらに外交儀礼・迎接の場が畿内となったのは、皇権の確立に伴い、外交権が天皇の大権として確立したことの表出であった[20]。

天武八年（六七九）から持統期前半にいたる新羅使の筑紫来着後の行程をみると、天武二年・四年・持統六年度については、難波において迎接の儀を行っているが、天武八年十月甲子（十七日）条に、

新羅遣二阿飡金項那・沙飡薩藥生一、朝貢也、

とあり、九年四月己巳（二十五日）条に、

饗二新羅使人項那等於筑紫一、

六月戊申（五日）条は、

新羅客項那等帰国、

と記す。このほか天武十年・十二年・十四年・持統元年・三年・四年の来朝の場合も、筑紫が接応の場となっている。この点、天武八年・九年・十年・十一年度の高麗使、持統二年の耽羅使に関しても異同はない。律令制国家機構の体系化に対応しつつ、筑紫における接応機能が相対化され、中央政府の出先的役割を担うようになったといえる。外国使におけるその送使については、天武二年閏六月己亥（十五日）入朝の新羅送使の場合、戊申（二十四日）条に、

饗二貴干宝等於筑紫一、賜レ祿各有レ差、即従二筑紫一返二于国一、

とあり、四年二月来航の場合、送使は三月戊午（十四日）条に、

饗二金風那等於筑紫一、即自二筑紫一帰之、

と記す。また十四年十一月己巳（二十七日）来航した新羅正使は翌年朱鳥元年五月戊辰（二十九日）条に、

饗二金智祥等於筑紫一、賜レ祿各有レ差、即従二筑紫一退之、

とあって、いずれも筑紫で饗応し「即」、帰国したことになる。饗応の場からそれほど隔たっていない地点から出帆したことを示唆する。すなわち筑紫大宰府内ではなく、次節で述べる筑紫館での饗宴であったのではなかろうか。

四　筑紫客館と大宰府客館

筑紫の沿岸地域が外国使節の到着地であったことは、容易に理解できる。『善隣国宝記』に引く「菅原在良勘文」に、

天武天皇元年郭務悰等来、安二置大津館一、客上二書函一、

とあり、大津館は東アジア諸国から来航する使節、あるいは諸国に派遣される使節の発着地となった筑紫大津之浦（斉明五年（六五九）七月条）、娜大津（同七年三月条）、大宰博多津（天平宝字八歳（七六四）七月条）に設置された筑紫の客館であったといってよい。難波館が遅くとも継体六年紀に記され、筑紫館も外客の宿泊目的で東アジア諸国との外交関係の成立に伴い、筑紫の北岸に出現したとも考えられるが、ただ推古十六年（六〇八）隋使来朝の際、裴世清らは「至二筑紫一（中略）客等泊二難波津一」（推古十六年四月・六月条）といい、筑紫館の記述は見えない。筑紫館が記録上登場するのは、持統元年（六七八）九月新羅使王子金霜林らの一行が国政を奏請、調賦を献ずるため来航し、二年正月壬午（二十三日）天武の崩御を告げられ、二月辛卯（二日）調賦や土貢を献じたのち、己亥（十日）条に、金霜林らを、

饗二霜林等於筑紫館一、

の記述が初見である。さらに二年八月戊寅（二十五日）入国した耽羅使を九月戊寅（二十三日）条に、

饗二耽羅佐平加羅等於筑紫館一、賜レ物各有レ差、

と述べ、筑紫館が外国使の饗応空間として記録される。饗応の場は天武元年（六七二）十一月辛亥（二十四日）条

の、

饗二新羅客金押実等於筑紫一、

の記事、あるいは持統四年十月戊午（十五日）条の、

遣二使者一詔二筑紫大宰河内王等一曰、饗二新羅送使大奈末金高訓等一、准下上二送学生土師宿禰甥等一送使之例上。

其慰労賜レ物、一依二詔書一、

と記すように、筑紫で饗応が行われている。その施設を掲示しない場合も、天智四年十一月で九月に筑紫に到着したのち、表函を進呈し饗応したことから推測して、いずれも筑紫での催行であったとみることができる。

筑紫館は『万葉集』に見える天平八年（七三六）度の遣新羅使阿倍継麿ら一行の、

至二筑紫館一、遠望二本郷一、悽愴作歌（巻十五―三六五二～五五）

の題詞にも記され、作歌の情景から斟酌して、筑紫館が内陸部の大宰府付近ではなく、筑紫地方北辺の沿岸部に位置したと推察して差支えない。持統六年（六九二）以降外国使節饗応の場は、筑紫から放還になった場合を除き、都城の宮室、とりわけ宮内の朝堂を中心に催されるのが通例となった。筑紫館は弘仁年間、殿閣・門号に漢風称号が採用されたのに伴い、筑紫鴻臚館と改称されたようで（『日本紀略』弘仁九年（八一八）四月二十七日条参照）、『日本三代実録』貞観十五年（八七三）十二月二十二日条に、対馬に漂着した新羅人を鴻臚館に送ったことが知られ（後述）、さらに『延喜式』兵部省に兵牧馬を鴻臚館に分置する条文がある。

筑紫館・鴻臚館にかかわる遺跡が、現在福岡市中央区域内で確認された鴻臚館跡である。昭和六十三年から着手された発掘調査の成果によると、第Ⅰ期から第Ⅴ期まで時期区分され、七世紀後半から八世紀初頭までの第Ⅰ期、八世紀前半の第Ⅱ期、八世紀後半～九世紀前半までの第Ⅲ期、さらに九世紀後半～十世紀前半までの第Ⅳ期、

十世紀後半～十一世紀前半までの第Ⅴ期となり、それぞれ遺構と遺物が検出されている。

第Ⅰ期遺構の全体構造は、南北二館で構成され、南館は南北棟二棟、東西棟二棟の掘立柱建物が検出され、地層に瓦片が含まれていることから、一部瓦葺であった可能性がある。北館は谷状地形によって南館と分離し、七一・五×五五・四メートルのロ字形の柱列区画の内部に掘立柱建物一棟が確認された。第Ⅱ期では南館は布掘り掘立柱（塀）によって東西に長い長方形区画で東門を設け、北館は布掘り塀と東門を設ける。石垣・陸橋・瓦・須恵器などが検出された。また南館・北館とも南西区画外にトイレ遺構が見つかっている。第Ⅲ期には大型礎石建物が建ち、南館で南北棟一棟、東西棟一棟、木橋・陶磁器などが出土した。さらに第Ⅳ・Ⅴ期にも、第Ⅳ期の廃棄された土壙が第Ⅲ期の礎石建物基壇を切る形で発見され、南館北東部では第Ⅴ期の区画溝を検出、また出土瓦は十世紀代を示し、瓦葺き建物の存続を示している(21)。

以上既述の遺跡のうち、『書紀』に記載された筑紫館は、鴻臚館跡第Ⅰ期に相当し、来航する外国使節を最初に安置・供給し、あるいは饗応の場となり、さらに遣唐使・遣新羅使などの出国地点にも選ばれた臨海の対外施設であったと理解できる。

ところで外客迎接の儀式や行事の場は、筑紫のほか、難波や宮内・京城内にも造営されている。飛鳥諸宮や藤原京内における客観相当施設は、文献上あるいは遺跡としても、現在確認されていないが、平安京内では、左右両京の七条一坊の朱雀大路沿いに東西鴻臚館が占拠した（『拾介抄』一九、宮城部）。これに対し、筑紫の場合、上述の筑紫館のほか、大宰府域内に新たな内外使節用に客館が新設されることはなかったであろうか。『養老令』職員令、治部省玄蕃寮頭の職掌事項に、「監当館舎」とあり、天平十年（七三八）前後に成立した『令集解』古記説は、「館舎謂在二京及津国一、館舎者惣検校也」と注し、玄蕃頭所掌対象を本文で「在京夷狄」とのみ記している点から、当面の筑紫館などは大宰府管轄下であったため、その監当対象とならなかったことを示唆する。では筑紫における客館は、沿岸部に造営された筑紫館のみであろうか。平城宮期には治部省管轄の内外使節用の客館は、摂津の難波館のほか、上記の通り平城京内に遅くとも古記成立時期までには機能していたことになる。この推論を文献上裏付けるのは、『続紀』天平四年（七三二）十月癸酉（三日）条の、

始置二造客館司一、

の記述である。当記事にはその所在地を示しておらず諸説あるが、平城京内における客館の新営官司であったとする見解が支持できる[22]。当客館が同年ただちに竣工したとはいえないにしても、天平十二年正月丙辰（二十九日）条に、「遣レ使就二客館一、贈二渤海大使忠武将軍胥要徳従二位、首領无位己閼棄蒙従五位下一、并賻二調布一百十五端、庸布六十段一」とみえる。翌日天皇は中宮閤門に御し、当使が本国の楽を奏し、翌々日帰国したとあるから、その客館は平城京内に造営され、すでに使用されていたことが分かる。

これに対し、大宰府域内における客館の設置や構造を再現させ、ひいては平城京内の客館理解にも有用であるのは、大宰府域内のいわゆる左郭十五条二坊[23]（舊西日本鉄道操車場跡地）で検出された南北二棟の掘立柱長大建物と遺物である。北棟は桁行十六間（二九・五メートル）、梁行五間（八・七メートル）、南棟は桁行十一間（二四・八メートル）、梁行五間（八・八メートル）で、両棟とも西側二間分は庇となっている。八世紀第Ⅱ四半期に築造され、八世紀第Ⅲ四半期までを区切るも、最終的には九世紀中期から後期に廃絶したとされる[24]。出土遺物のなかで特筆されるのは、匙・皿・鋺などの佐波理製品、鋺・坏などの銅製品、また須恵質の新羅土器などである。

なお追記すると、大型建物の西側に庇を付け、南北二棟とも西向きの建物であることが分かる。平安京鴻臚館の位置関係から推測して、大宰府域の中心南北街路をはさんで、西方にも同じ役割を担った長大建物が存在した

可能性がある。この点、その地区の大路東側の長大建物地区と同じ字名芝原内に包摂されているのも注目できる。これらの両地区の位置は南北大路沿いで、しかも御笠川支流の鷺田川の流域にあって、筑紫館（筑紫鴻臚館）から御笠川の水運によって結ばれる交通上好利便の立地にあった。筑紫館とは直線的な官道の利用とあわせて、あらためて検討される必要があるように思われる。

その長大建物が八世紀の第Ⅱ四半期にはじまるとされるから、天平四年における平城京内客館の造営着手、あるいは供用開始を契機に大宰府直轄下において、沿岸部の筑紫館のほかに、府域内に新たに大宰府の客館とも称されうる建造物一画が具体化されることになったのではないであろうか。この事態を直接伝える記録は現在伝えられていないが、天平七年以後発生した西海道管内における疾瘡の流行や十二年に挙兵した大宰少弐藤原広嗣の反乱などがあって、造営工事は順調に着手、進捗できなかったと推測される。

しかし『続紀』天平十四年（七四二）二月戊寅（三日）条によると、「大宰府言、新羅使沙飡金欽英等一百八十七人来朝」とあり、二日後に恭仁「新京草創、宮室未レ成、便令下右大弁紀朝臣飯麻呂等、饗中金欽英等於大宰上、自レ彼放還」と記す。大宰府はすでに同年十一月辛亥（五日）条で廃止された後であるから、この大宰は大宰府を指すのではなく、饗応したのは、他でもなく大宰の客館、すなわち大宰府客館、あるいは大宰客館であったと解して差支えないのではなかろうか。放還された新羅使の来朝を言上したのが大宰府と記すが、実は筑前国であったと解される。[25] 平城京内における客館の新造や大宰府の廃止などに伴い、外交迎接の場として筑紫館のほか、新たに大宰府域内に、いわば大宰館が造営、整備され、その遺跡が上記の長大二棟建物にほかならないと思うのである。

来航する外国使節にたいし、入朝の理由をただす尋問は、記録上天平七年二月、「問新羅使入朝之由」とあるのに初見するが、その場所は中納言多治比真人県守を兵部省曹司に遣わして行われたのに対し、天平十五年来朝の新羅使は筑前国司の言上をうけ、検校新羅客使多治比真人土作を筑前国に派遣して「検校使客之事」を担当させた。以後、恒常化した問来朝由使の端緒となった。

大宰府組織は天平十七年復活したが、大宰客館はその前後引きつづき存続、機能した。廃絶期に関しては記録が残されず、長大建物跡からも確認しがたいが、八世紀第Ⅲ四半期以降とみられているから、衰退理由の一つに挙げられているのは、外国使節のうち唐使の最終入国が宝亀十年十月と伝えられるので、それを契機に以後大宰府館の機能が低下することになったのではなかろうか。

天平宝字五年（七六四）八月甲子（十二日）条に、第十次遣唐使藤原清河を迎える使者となった高元度が帰還し、大宰府に安置されたと記し、六年正月乙酉（六日）条に唐客大使沈惟岳を大宰府に饗したとある。これらの大宰府は政庁内ではなく、府域内に天平中期に設置されたとみられる大宰府客館であったと解して差支えない。宝亀五年（七七四）三月新羅使の来航にあたって、やはり問新羅入朝由使が派遣された癸卯（四日）条に、

新羅国使礼府卿沙飡金三亥已下二百卅五人到二泊大宰府一、遣二河内守従五位上紀朝臣広純、大外記外従五位下内蔵忌寸全成等一、問二其来朝之由一、（中略）於レ是勅下問二新羅入朝由一使等上曰、新羅元来称レ臣貢レ調、古今所レ知而不レ率二旧章一妄作二新意一、調称二信物一、朝為二修好一、以レ昔准レ今、殊無二礼数一、宜下給二渡海料一、早速放還上、

とあり、二百人を越す一行が宿泊した。当の大宰府は、いうところの大宰府客館以外には考えられないであろう。また第十七次遣唐使一行の第一・第二船が承和三年（八三六）七月出航後、遭難したため甲申（十七日）の勅符によって、

宜下安二置府館一、迄二于更発一、依レ旧供億上、

と達せられている（『続日本後紀』）。府館と称するのは他でもなく、大宰府客館を指すと解して不当ではない。さらに『日本三代実録』仁寿二年（八五二）十二月二十二日条に記す参議小野朝臣篁の薨伝には大宰府鴻臚館が見え、また『園城寺文書』貞観五年（八六三）十一月三日付、円珍奏上（『平安遺文』九―四四九二）に、大中十二年（八五八）六月「十九日平明、傍山行至二本国西界肥前国松浦県菅美旻楽埼一、天安二年（八五八）六月廿二日、廻至二大宰府鴻臚館一」と記す。以上の断片的な史料を通じて、わずかに大宰府客館が現実に機能しつづけたことをうかがい知ることができるといってよい。

古代来朝使節や遣外使節を対象とした安置・供給施設であった客館には、畿内における京域と難波に設置された客館・鴻臚館とあたかも対応する関係で、西海道北端における大宰府客館・大宰府鴻臚館と筑紫客館・筑紫鴻臚館が並立し機能したのである。このうち筑紫館・筑紫鴻臚館の文献上における最終記事は、先にふれたように『日本三代実録』貞観十五年（八七三）十二月二十二日条の、

先レ是大宰府言、去九月廿五日。新羅人卅二人乗二一隻船一、漂二着対馬嶋岸一、嶋司差二加使者一、送レ府、即禁二其身一著二鴻臚館一、

であった(26)。

遺構・遺物による考古学資料との適合関係は截然としないが、律令国家において鴻臚館の筑紫客館としての性格・役割の変容を考慮する必要があろう。

古代大宰府の実態解明には、政庁地区とさらに府域地区との両領域にわたる今後のさらなる調査・研究の進展が不可欠となろう。このうち政庁域に関しては、第二節で述べた通り、施設の構造や配置、その時代的変遷が大略明らかとなった(27)。また政庁周辺官衙地区についても、漸次究明が進んでいる。これに対し、府域をめぐっては

政庁域南側の不丁地区や政庁域正面広場などの実態が判明し、[28]さらに各条坊痕跡なども再現されつつある。[29]ただ府域の全面的な解明となるまでには、現在なおいたっていないといえよう。そのなかで新たに長大建物二棟の客館としての検出と意義付けは、古代大宰府の全体的な解明と役割分析に大きく寄与できるといってよい。来航する海外諸国使の迎接と宿泊の前進基地として、またその長大建物の所在地からの解明を通して、府域中央部の御笠川水系における当地域の重要性もまた見逃すことのできない新事実である。律令国家の今後における大宰府理解にとっての新たな地平を拓く貴重な発見・成果と評して過言ではない。

註

（1）古代東アジア諸国間の公的対外交渉における外交儀礼としての賓礼に関しては、田島公「日本の律令国家の「賓礼」」（『史林』六八―五、一九八五年）、とくに第二章。
（2）平野卓治「山陽道と蕃客」（『国学院雑誌』一二五、一九七八年）三二頁。
（3）長沼賢治『邪馬台国と大宰府』一九八五年、大宰府天満宮文化研究所、一四七〜一四八頁。
（4）直木孝次郎「難波小郡と長柄豊碕宮」（難波宮址を守る会『難波宮と日本古代国家』一九七七年、塙書房）五八〜六〇頁。
（5）鎌田元一「評制施行の歴史的前提」（『律令公民制の研究』二〇〇一年、塙書房、初出一九八〇年）二〇八頁。
（6）平野卓治「日本古代の客館に関する一考察」（『国学院雑誌』八七―三、一九八五年）四七〜四九頁。
（7）森公章「古代難波における外交儀礼とその変遷」（『古代日本の対外認識と通交』一九九八年、吉川弘文館、初出一九九五年）三一〇〜三一一頁。
（8）平野邦雄「鴻臚館の成立」（『古代文化』四二―一二、一九八〇年）一一頁。
（9）津田左右吉『日本上代史の研究』（一九四七年、岩波書店）一九八頁、波多野晥三「大宰府淵源考」（『日本歴史』七三、一九五四年）三九〜四〇頁、倉住靖彦『古代の大宰府』（一九八五年、吉川弘文館）一三一〜一三三頁、狩野久「筑紫大宰府の成立」（『九州史学』一四〇、二〇〇五年）四六〜四七頁。

(10) 八木充「筑紫大宰とその官制」（『日本古代政治組織の研究』一八八五年、塙書房、初出一九八二年）三〇一〜三〇二頁。
(11) この点、倉住靖彦、注(8)書、一一一頁、北條秀樹「大宰府成立史小論」（『日本古代国家の地方支配』二〇〇〇年、吉川弘文館、初出一九八七年）一四一頁は、前期筑紫大宰と後期筑紫大宰ととらえる。
(12) 『大宰府政庁跡』（二〇〇二年、九州歴史資料館）五八〜六九頁、三八五〜三八九頁、杉原敏之「大宰府政庁のⅠ期について」（『九州歴史資料館論集』三二、二〇〇七年）は、百済白村江の敗戦後を契機とする水城・大野城・椽城の築造とともに軍事的機能強化とあわせて、大宰府Ⅰ期は設置されたとする。一五〜一六頁。
(13) 吉川真司「律令体制の成立」（歴史学研究会・日本史研究会編『日本史講座』1、東アジアにおける国家の形成、二〇〇四年、東京大学出版会）二一〇〜二一一頁。養老賦役令集解調庸物条古記が引用する民部省式によると、調庸物の京進期限が十二月卅日の遠国中に竺紫国が含まれているが、『延喜式』民部上に「凡諸国貢調庸者（中略）西海道納二大宰府一（其出納帳並附二正税帳使一申送）」とある。
(14) 田村圓澄「玄蕃寮成立考」（『飛鳥仏教史研究』一九六九年、塙書房、初出一九六三年）九〇頁。
(15) 酒寄雅志「七・八世紀の大宰府」（『国学院雑誌』八〇―一一、一九七九年）三六〜三七頁。
(16) ブルース・バートン「律令制下における新羅・渤海使の接待法―大宰府外交機能の解明へ―」（『九州史学』八三、一九八五年）一二頁。
(17) 平野卓治、注(7)論文、四八頁。
(18) 天智八年是歳条と十年十一月癸卯条。唐使の来航記事は同事重出で、前者の記事は具体性に欠ける。坂本太郎「天智紀の史料批判」（『坂本太郎著作集』二、古事記と日本書紀、一九八八年、吉川弘文館、初出一九五五年）三二〇〜三二一頁。
(19) 田村圓澄、注(14)書、九〇頁。
(20) 田島公「外交と儀礼」（『日本の古代』7、まつりごとの展開、中央公論社、一九八六年）二二六頁。
(21) 『史跡鴻臚館跡』二〇、二〇一三年、福岡市教育委員会、四頁。
(22) 平野卓治、注(6)論文、四〇頁。
(23) 井上信正「大宰府の街区割りと街区成立についての予察」（『条里制・古代都市研究』一七）三節。
(24) 『大宰府条坊跡―県道観世音寺二日市線建設に伴う調査―』三六、二〇〇八年、とくに二〇八〜二〇九頁、『同―二五一・二

五三・二五七次調査―』四二、二〇一二年、とくに一八〇頁、大宰府市教育委員会、井上信正「大宰府朱雀大路沿いの大型建造物と出土品」（『都府楼』四二、二〇一〇年）五四頁。

(25) 『続日本紀』二、新日本古典文学大系、四〇四頁、脚注、一九九〇年、岩波書店。

(26) 田島公「大宰府鴻臚館の終焉」（『日本史研究』三八九、一九九五年）一〇頁。

(27) 注(12)報告書、第Ⅴ章。

(28) 『大宰府政庁周辺官衙跡Ⅰ―政庁前広場地区―』二〇一〇年、『同―日吉地区』二〇一一年、『同―不丁地区遺跡編―』二〇一二年、九州歴史資料館。

(29) 井上信正「大宰府条坊区画の成立」（『考古学ジャーナル』五八、二〇〇九年）。

八　木　　充（やぎ・あつる）

1931年生。京都大学大学院文学研究科博士課程中退。日本古代史専攻。山口大学名誉教授。文学博士。

『律令国家成立過程の研究』（塙書房、1968年）・『日本古代政治組織の研究』（塙書房、1986年）・『日本古代出土木簡の研究』（塙書房、2009年）・『古代日本の都』（講談社現代新書、1974年）・『研究史飛鳥藤原京』（吉川弘文館、1996年）など。

執筆者紹介

生　田　敦　司（いくた・あつし）

1973年生。博士（文学）。大谷大学・龍谷大学非常勤講師。「『日本書紀』にみえる春日県主について」（『塚口義信博士古稀記念　日本古代学論叢』和泉書院、2016年）・「気候変動データと『日本書紀』の記載」（『気候適応史プロジェクト成果報告書２』総合地球環境学研究所、2017年）など。

上遠野　浩一（かどの・こういち）

1961年生。関西大学文学部史学地理学科卒業。京都教育大学大学院修士課程修了。日本古代史・歴史地理学専攻。大阪府立淀川工科高等学校教諭。「難波からの北上路」（『歴史地理学』49−５、2007年）・「茨田と交野の開発」（『歴史地理学』52−２、2010年）・「都亭駅について」（『古代学研究』189、2011年）・「古代楠葉をめぐる交通路」（『日本書紀研究』第二十九冊、塙書房、2013年）など。

西　川　寿　勝（にしかわ・としかつ）

1965年生。奈良大学文学部文化財学科卒業。日本考古学専攻。大阪府立狭山池博物館学芸主査。『三角神獣鏡と卑弥呼の鏡』（学生社、2000年）・「古墳時代のはじまりを探る」（『考古学と暦年代』ミネルヴァ書房、2003年）・「鏡がうつす邪馬台国体制の成立と崩壊」（『邪馬台国』雄山閣、2010年）など。

宇　野　愼　敏（うの・まさとし）

1953年生。関西大学文学部史学科卒業。博士（文学）。元福岡大学非常勤講師。『九州古墳時代の研究』（学生社、2006年）・「周防・長門における初期横穴式石室の出現とその背景」（『山口考古』第36号、2016年）・「豊前北部における古墳時代終末期の３つの様相」（『塚口義信博士古稀記念　日本古代学論叢』和泉書院、2016年）など。

中井　かをり（なかい・かをり）

1951年生。大阪大学薬学部製薬化学科卒業。大阪大谷大学大学院文学研究科文化財学専攻博士後期課程修了。博士（文学）。「伊勢大神と天照大神の関係」（『日本書紀研究』第二十八冊、塙書房、2013年）・「古代における神宮」（『塚口義信博士古稀記念　古代学論叢』和泉書院、2016年）など。

中　塚　　武（なかつか・たけし）

1963年生。京都大学理学部を卒業後、名古屋大学理学研究科で大気水圏科学を修めた。1991年から教員として名古屋大学と北海道大学で海洋学や古気候学の研究に取り組み、2013年から総合地球環境学研究所にて古気候学と歴史・考古学を結ぶ文理融合プロジェクトを主宰中。『環境の日本史①日本史と環境』（吉川弘文館、2012年、分担執筆）など。

長谷川　恵理子（はせがわ・えりこ）

1960年生。日本社会事業大学社会福祉学部児童福祉学科卒業。奈良大学文学部文化財歴史学科卒業。日本考古学専攻。市町村文化財調査補助員。

長谷部　寿彦（はせべ・としひこ）

1978年生。龍谷大学大学院文学研究科修士課程修了。「古代的天皇観の廃絶と内宴・菊花宴」（『龍谷史壇』第130号、2010年）・「律令国家成立期の天皇観と儀制令天子条天子号規定」（『史学研究』第281号、2013年）など。

日本書紀研究会のご案内

日本書紀研究会ではひろく会員と月例会参加者・研究発表者を募集しております。月例会は毎月原則として第四木曜日午後六時半より、ハートピア京都（京都市上京区烏丸丸太町）会議室で行っています。詳細は日本書紀研究会ホームページ、もしくは事務局までお問い合わせください。

日本書紀研究（にほんしょきけんきゅう）　第三十二冊

平成29年11月10日　第1版第1刷

編　者　日本書紀研究会

発行者　白石タイ

発行所　株式会社　塙書房

〒113-0033　東京都文京区本郷6-8-16
TEL　03（3812）5821
FAX　03（3811）0617
振替　00100-6-8782

亜細亜印刷・弘伸製本

日本書紀研究会事務局　〒616-8164　京都市右京区太秦桂木町5-14　楢崎干城
TEL　075-871-5803
ホームページ　http://shokiken.sakura.ne.jp/

ISBN978-4-8273-1532-5　C3321